深叩孔孟

黃俊傑・著

目次

第二講

第三講

第十講　人如何面對死亡？

第十一講　人如何面對宗教信仰？

第十二講

結論

自序

《深叩孔孟》這部書，是我在二〇一八年在臺大開授同一名稱的通識課程的講課稿本，講課完畢之後經數次增刪修訂而成，希望可以提供對於儒家思想有興趣的讀友一些初步參考。在本書付梓之際，我想就本書旨趣與內容略加說明，以就教於讀者諸君子。

二十一世紀是一個風狂雨驟、浪捲雲奔的時代，也是一個危疑震撼、人心惶惶的時代，更是一個旋乾轉坤、貞下起元的新時代。二戰以後全球化發展趨勢，在高新科技助威之下迅猛發展，因而在國際之間與各國國內，都加深了貧富的鴻溝與社會的不公不義，流弊所及遂激起了反全球化的滔天巨浪；國際政經結構的重組，使國際關係與圖換稿，世界秩序重新建構；進入二十一世紀以後，許多國家都出現「民主退潮」的現象。除此之外，氣候巨變日益嚴峻，火災、水災與旱災、暴雨接踵而來；二〇二〇年開始新冠病毒肆虐全球，更是人類最重大的挑戰，使人類永續發展成為最根本而重大的課題。

數十年來，我誦讀《論語》與《孟子》這兩部經典的時候，常常想像：如果孔孟生活在我們的時代，他們對二十一世紀的重大問題與挑戰，會提出什麼看法？孔孟對處於變動劇烈恍如漩渦的二十一世紀的人類，特別是處於新冠病毒肆虐荼毒生靈的二十一世紀的人類，會提出什麼建議，讓人的「自我」能夠安身立命，在黯兮慘悴中仍能持守「不動心」的境界？孔孟面對二十一世紀知識經濟與「人工智慧」（AI）飛躍發展的新時代，會建議我們如何學習？學什麼？孔孟在二十一世紀會如何思考家庭問題？如果「王道」政治理想還有當代啟示的話，孔孟對二十一世紀歧路亡羊的國家治理或「全球治理」（所謂“global governance”），會提出什麼建議？孔孟如果面對二十一世紀的「政治認同」與「文化認同」問題，他們會如何抉擇？為什麼？二十一世紀的每個人都很像飄泊的浮萍、失根的蘭花，「自我」與「他者」都處於既頻繁互動而又飄浮不定的狀態，孔孟如果生在二十一世紀會如何看待「友誼」？孔孟會建議我們如何維持「友誼」？二十一世紀的核心價值在「自由」與「民主」，但也正是在二十一世紀，從美國開始許多「民主」國家的「民主」，受到史無前例的傷害甚至凌遲。在新冠病毒肆虐、各國鎖國、封城、斷航的苦難日子裡，如果「克己復禮為仁」還有新意義的話，孔孟會如何思考「主體自由」與「客觀秩序」互動的問題？在二十一世紀的狂流中，孔孟如何面對不可避免的死亡問題？二〇〇一年九一一紐約恐怖攻擊事件，預告了人類的未來繫於「跨宗教的對話」，孔孟如何面對宗教信仰問題？以上這些問題，都是長久以來使我困惑而想向孔孟叩問的問題。

為了與青年世代一起探索以上這些問題，我在二〇一七年決定在臺大開授一門新通識課程：《深叩孔孟》。我用了一年半時間備課、準備PPT、撰寫授課稿本，在二〇一八年課程講授完畢以後，並應臺大之邀在二〇一九年臺大與Coursera教育科技公司合作的「磨課師」（MOOCs，大陸稱為「慕課」），再講一次（影音檔見：https://www.coursera.org/learn/inquiry-into-confucius-and-mencius），後來並多次作為線上課程開授。現在這本《深叩孔孟》，就是最近三年來在授課原稿以及後來講課時增益的內容基礎上，經過多次修訂改寫的書稿。我衷心感謝李欣庭同學、盧啟聰同學與陳芝吟同學，在本書寫作及長期修訂的過程中，協助打字、借書、查核資料及校對修訂等工作。聯經出版公司林載爵發行人、涂豐恩總編輯與編輯同仁，為本書的出版投入大量心力，我衷心感謝，謹敬致謝意。

民國三十四（一九四五）年六月，抗戰即將勝利前，當代新儒家的精神導師熊十力，在大後方四川重慶北碚寫完《讀經示要》，在自序中曾以「空山夜雨，悲來輒不可抑；斗室晨風，興至恆有所悟」，形容他感受經典召喚的心情。我對孔孟思想世界，慚愧未能窺其堂奧，發其義蘊，但是對於孔孟很有一千多年前，王安石的詩所說「沉魄浮魂不可招，遺編一讀想風標」的崇敬之心。風雨如晦，雞鳴不已，這部書可以說是我對《論語》與《孟子》這兩部偉大而深刻的經典，進行瞎子摸象的一點淺薄心得，如能獲得讀者諸君子指正批謬，以補我之所不足、匡我之所未逮，則是我馨香以禱之事。

黃俊傑

於台北文德書院

二〇二一年八月一日

第一講

導論

引言：課程說明

本課程開宗明義，我想首先介紹本課程的內容與進度，以及為什麼講授這門課。我首先說明：所謂「深叩」的出發點，為什麼是「孔孟」而不是「程朱」，或者不是其他的儒者？接著要說明我的教學方法是什麼？這種方法應該經過方法論的批判，經過批判以後，我會對這些論點給予再批判，最後我會提出結論。我今天主要提出課程的整體規劃，讓各位老師與同學第一次上課就有全盤的了解。

首先，為什麼在二十一世紀我們必須重溫以孔孟為代表的儒家人文精神和生命智慧呢？我們可以從兩個問題切入來思考：（一）二十一世紀出現哪些新的發展趨勢？（二）儒家人文精神與生命智慧的內涵如何？有何二十一世紀的新啟示？

我們都知道，孔孟思想是中華文化的主流思想，也是我們現代人從事各種思考，包括政治的、社會的、經濟的、文化的、個人生命的思考時的重要文化資源。中國與亞洲的崛起，是本世紀最重要的劃時代事件之一，對世界局勢影響深遠。二十一世紀中國與亞洲再起的同時，孔孟思想也重新獲得世界各國知識界的重視，歐美學界都在爭取儒學的發言權，這是一個國際學術界的新趨勢。這門課程要從二十一世紀出發思考，從二十一世紀的觀點提出十個大問題，來叩問孔子和孟子，要進行「古」與「今」的對話，開發古典儒學的現代意涵。我們還要跟孔孟辯論，開發孔孟思想對二十一世紀的啟示。我們每個禮拜講課之後，均有「閱讀作業」、「思考問題」、「延伸閱讀」、「關鍵詞」及各講「內容架構圖」，提供各位老師與同學課後自學時參考。

隨著二十一世紀的來臨，世界不同文明之間的互動日益密切，中華文明與域外文明之間的對話日益重要。本課程的教學目標，希望以十個問題來引導各位深思孔孟的智慧，及其在二十一世紀的新意義與新啟示。本課程特別重視經典的閱讀，也就是《論語》與《孟子》。《論語》全書正文共一萬五千九百八十八個字（可能不同版本如定州本或敦煌本有些微字數差異），幾乎每一章對我們現代人都有極大的啟示；《孟子》全書正文共三萬四千六百八十五個字，但是要把它讀懂，就需要深入思考，特別是像《論語》「克己復禮」章、《孟子》〈公孫丑上・二〉〈告子〉上下篇等意涵深刻的篇章，意蘊豐富，索解不易。我們提倡的經典研讀，並不是傳統的、以背誦為主的經典研讀；我們要從二十一世紀出發思考，與孔孟進行心靈的對話，厚植我們在二十一世紀參與文明對話的本土思想資源。

有人問：為什麼要在此時此刻的台灣，提出這十大問題來深叩孔孟呢？因為從文化角度來看台灣這個小小的島嶼，是大中華的瑰寶。二戰以後台灣的民間社會未經大動亂，保留最多最寶貴的傳統文化，特別是儒家價值理念，就像空氣一樣，是尋常老百姓生活中的價值理念，深深地潤澤著台灣的民間社會。

為了因應二十一世紀新挑戰，我們應該深思以下十個具有現代意義的問題：

（一）到底「人」是什麼？「完整的人」如何可能？

（二）人應如何學習？學習的目標是什麼？

（三）「自我」是什麼？人應如何轉化「自我」？

（四）人應如何思考婚姻與家庭？

（五）在二十一世紀如何治理國家？如何安立合理的政治體制？

（六）在二十一世紀「政治認同」與「文化認同」的張力中如何抉擇？

（七）在二十一世紀全球化時代中，如何維持友誼？「自我」與「他者」如何互動？

（八）在二十一世紀「自由」與「秩序」的張力之中，人應如何安身立命？

（九）人如何面對死亡？

（十）人如何面對宗教信仰？

我們要以這十大問題深叩孔孟，與孔孟進行批判性的對話，提煉孔孟思想在二十一世紀的新啟示。本課程主要教材是朱子（晦庵，一一三〇—一二〇〇）的《四書章句集注》（台北：臺灣大學出版中心，二〇一六），這個版本的《四書》在每一篇、每一章上面都注明章數，也注明朱注所引用的學者的姓名，非常方便讀者閱讀。二十世紀偉大儒者馬一浮（一八八三—一九六七）先生對朱子《四書章句集注》推崇備至，馬先生說：「朱注字字稱量而出，深得聖人之用心，故謂治群經必先求之四書，治四書必先求之朱注」，[1] 可稱為對《四書章句集注》最公允的論斷。朱子自己也說：「《語孟集注》，增一字不得，減一字不得。」[2]《四書》的思想內涵，可以參閱現代學者的翻譯與譯注，[3] 英文翻譯非常多，其中以已故劉殿爵（D.C. Lau，一九二一—二〇一〇）教授翻譯的《論語》、《孟子》最稱信、達、雅。[4]

關於孔子的傳記，國學大師錢穆（賓四，一八九五—一九九〇）先生有《孔子傳》一書，[5] 錢先生的《論語新解》[6] 備採眾說，折衷求是，義蘊深刻，自成一家之言。許同萊（一八八一—？）先生有《孔子年譜》，在孔子生平每年事蹟之後，均附有「時事紀要」，摘錄《左傳》同年所發生的史事，使孔子行誼的歷史背景為之豁然彰顯，極便參考。[7] 曾獲日本文化勳章的日本作家井上靖（一九〇七—一九九一）撰有一部小說體的《孔子》（台北：時報出版，一九九〇），寫得非常傳神，由劉慕沙（一九三五—二〇一七）女士翻譯成中文。井上靖為了寫孔子傳，依孔子走過的路綫，去周遊列國六次。井上靖文筆優美，他用日文寫作，翻成中文後可讀性還是很高。一九九三年我有一本《孟子》（台北：東大圖書公司，一九九三年）、杜維明（一九四〇—）先生有一本《儒教》（原著係英文，有中譯本，台北：麥田出版，二〇〇二年），也很適合一般讀者。加州大學（伯克萊）大學的戴梅可（Michael Nylan，一九五〇—）與另一個學校的教授魏偉森（Thomas Wilson），出版一本討論孔子兩千年來形象的變化的書，最近也有了中文翻譯本。[8] 我也編過一本介紹東亞孔子形象與思想的論文集。[9] 李澤厚（一九三〇—二〇二一）先生著有《論語今讀》，[10] 李先生是當代很有成就的哲學家，在大陸改革開放初期對中國思想界影響極大。馬一浮先生著有《復性書院講錄》，[11] 如果各位對儒家思想有興趣，這是很好的入門書。我十八歲讀大學一年級的時候，接觸到二十世紀儒學大師馬一浮、熊十力（一八八五—一九六八）先生的書，讀後深受啟發，內心悸動。馬先生天生穎悟，是早慧天才，一九〇三至一九〇四年任清政府駐美使館留學生公署祕書一年，在美期間曾遊歷歐洲，離美後在日本居留數月，精通儒佛學問，他在抗戰時期的四川興辦復性書院，聲動全國知識界。[12] 拙著《東亞儒家人文精神》[13] 則是多年前我為所開授的課程而撰寫的一本講稿。另外，曾任臺大校長的經濟學家孫震（一九三四—）先生，曾出版《半部論語治天下：論語選譯今釋》[14] 以及《儒家思想在二十一世紀》[15] 兩本新著，從現代觀點對儒學傳統提出新解釋，很有參考價值。最近孫震先生的新著《孔子新傳》，[16] 在敘述孔子行誼與思想時，讀入了孫先生畢生生命歷程的體認，也以近現代西方經濟學家如亞當·斯密（Adam Smith，一七二三—一七九〇）的思想，與孔子對話，頗能出新解於陳篇，弘揚孔子思想於二十一世紀。

何謂「深叩」？

在進入課程之前，我們先解釋什麼是「深叩」？各位老師、各位同學，二十一世紀青年必須傾聽來自孔子（五五一—四七九BCE）與孟子（三七一—二八九？BCE）的呼喚。為什麼呢？舉例言之，《論語．衛靈公》第三十二章中，孔子說：「知及之，仁不能守之；雖得之，必失之。」[17] 這句話用現代白話文可以這樣解釋：你在知識上知道這個價值理念，但是你在道德上持守不住這個理念，你雖然得到知識，但你最後一定會失去。

舉例言之，幾年前新竹清華大學畢業的化工博士以專業知識生產純度最高的毒品被捕判刑，澈底告訴我們「知及之，仁不能守之；雖得之，必失之」。我們可以再舉二〇一四年科學界一件大事來說明。日本地位崇高的國立理化學研究所，是全日本唯一自然科學的綜合性研究所，二〇一四年該所有一位青年研究人員是早稻田大學博士，被當時日本科學界認為是科學界的明日之星。日本是自然科學已經扎根的國家，日本獲得諾貝爾獎的學者已有二十餘人。這位青年學者研究幹細胞，但實驗數據造假被發現，最後被撤銷早稻田大學博士學位，也從研究工作解職，她的上司因為慚愧而自殺，這是國際科學界二〇一四年最大的一件醜聞。除了這個震動國際學術界的個案之外，國內外學術界層出不窮的造假或抄襲案件，也指不勝屈。是的，

「知及之，仁不能守之，雖得之，必失之。」孔子在兩千六百多年前，似乎已經預知我們這個時代會發生的事情，所以我們怎能不傾聽孔孟的呼喚呢？

歷代學者解釋孔子這句話言論極多，我認為明末三大儒之一王夫之（船山，一六一九—一六九二）在《四書箋解》中的解釋可稱確解：[18]

> 「知及」者，已曉得此事當如此作，方合於理而宜於人也。在愚者思維不到，「知」乃周徹。「仁守」者，明明事理如此，而私欲未淨，則為外物所誘而改其知之所已及者，故必存心天理，而不為物欲所亂，乃可守所知而行之不失。

王夫之以「存心天理」來拉近「知及」與「仁守」之間的鴻溝，以淨除「私欲」。這是很有見識的解釋。

我們「深叩」孔孟必須從二十一世紀出發思考，並迴向個人的安身立命之道，因為生命的悲劇常常起於文化資源的貧困。二十一世紀多少青年成為飄泊的浮萍、失根的蘭花、歷史的浪人，就是因為他們缺乏文化與精神的資源，這門課程希望帶給各位老師和同學扎實的文化資源。

本課程中所謂「深叩」有兩個立場，第一是從二十一世紀文化出發思考。從我們現代社會與文化出發，正如荀子（二九八—二三八BCE）在《荀子》〈性惡篇〉所說：「故善言古者，必有節於今」，[19] 東漢王充（二七—？CE）《論衡》則倒過來講：「夫知古不知今，謂之陸沉。」[20] 可是我們也不能「食古不化」，《中庸》第二十八章早已提醒我們：「生乎今之世，反古之道。如此者，災及其身也。」[21] 因為食古不化的人，很容易像《史記》所講的「膠柱鼓瑟」、[22]《呂氏春秋》講的「刻舟求劍」，[23] 或《後漢書．馬援傳》說的「畫虎不成反類犬」。[24] 所謂「從二十一世紀出發思考」的含義，就是在我們自己的時代來找問題，而在過去的時代裡找答案。二十世紀國學大師錢穆先生在《中國歷史精神》這部書中說，研究歷史應該注重兩點，要「求其變」、「求其久」。[25] 本課程致力於「鑑古知今」、「究往窮來」，在二十一世紀開發孔孟思想中的普世價值與現代意義。

本課程第二個立場是我們要從自我出發思考。現代教育有很多特徵，其中一個特徵就是力求知識的「數量化」、「標準化」，才能追求「商品化」。我使用的這三個名詞，出自於二戰以後德國法蘭克福學派（Frankfurt School）哲學家，對十八世紀歐洲近代「啟蒙文明」（Enlightenment）的批判歸結在這三個詞上面。[26] 現代大學校園裡，知識的傳播正勇猛地向「數量化」、「標準化」、「商品化」的道路邁進。現代大學生的學習方法，基本上是「出乎其外」（etic approach）大於「入乎其內」（emic approach）。現代大學生作為知識的「觀察者」角色常常遠大於「參與者」。現代大學生學習的價值理念，大多沒有進入身心之中，因為現代大學的學習方法不是「入乎其內」的方法。也因此，現代大學生基本上都是知識的旁觀者，而不是參與者，所以現代大學教育之知識傳遞，多半與學生自我生命的成長關係較遠。因此，大學生的生命的狀態確實有待提升。孔孟思想正是哲學家牟宗三（一九〇九—一九九五）先生在一九六一年提出的所謂「生命的學問」，[27] 深具東方文化的智慧。

希望這門課程對我們生命的提升有所幫助，所以本課程從「自我」出發，以十個問題深叩孔孟。

何以「孔孟」？「孔」如何而「孟」？

西元第十世紀是孔子與孟子形象的轉捩點。「紛紛五代亂離間，一旦雲開復見天」，[28]《水滸傳》一開始就引用邵雍（康節，一〇一一—一〇七七）這一首詩，講大宋帝國在西元九六〇年的建立，是一個重大的歷史轉捩點。第十世紀是中國歷史的分水嶺，也是儒學發展史的分水嶺。在第十世紀之前，一般知識分子習慣以「周孔」並稱，關鍵詞是「周孔」。孔子因為久「不夢見周公」[29] 而感嘆自己的衰老。中國史學鼻祖司馬遷（一四五／一三五—八七〔九〇？〕BCE）在〈太史公自序〉引他的父親司馬談（一六五？—一一〇BCE）：「自周公卒五百歲而有孔子。」[30] 東漢第一個注孟子的人趙岐（?—二一〇CE）注《孟子》時以孔子為「素王」，[31] 注重孔子之事功，趙岐以周公作為歷史的分水嶺。在「周孔」並稱的時代裡，周公的地位高於孔子，孔子是繼周公而來。當然，其中亦有例外，東漢末年王充著《論衡》，〈問孔〉、〈剌孟〉兩篇以孔孟並列，這種狀況在漢朝比較少見。直到唐代（六一八—九〇七）如「文起八代之衰」的韓愈（七六八—八二九）所撰〈原道〉，也是以孔子繼周公。

由「周孔」到「孔孟」的轉向有何思想史意義呢？二十世紀當代新儒家學者牟宗三先生說：[32]

> 周、孔並稱，孔子只是堯、舜、禹、湯、文、武、周公之驥尾。對後來言，只是傳經之媒介，此只是從外部看孔子，孔子並未得其應得之地位，其獨特之生命智慧並未凸現出。但孔、孟並稱，則是以孔子為教主，孔子之所以為孔子始正式被認識，故二程品題聖賢氣象唯是以孔、顏、孟為主。

我們可以進一步說：孟子的創見在於他補足了孔子思想內部的問題，尤其以這兩個問題最重要：（一）人的自覺心如何證成？孟子提出「四端之心」說與性善論；（二）政權合法性的依據在哪裡？孟子提出民本政治論。孔子、孟子所揭示的理想「王道」政治的精神原鄉，直到今天還是海峽兩岸人民的鄉愁。為什麼呢？所謂「鄉愁」，就是我們曾經有過那樣的故鄉，但因為時移世易而回不去了。因為回不去了，所以那個故鄉永遠召喚著離土遊子的歸來。

孔子和孟子思想不同，主要原因是因為他們所處的時代互異。孔子生於春秋時代（七二二—四八一BCE），雖然周文凋敝，封建制度已崩而未潰，但是末世亂象已現，司馬遷在《史記》記載春秋時代就說「春秋之中，弒君三十六，亡國五十二，諸侯奔走不得保其社稷者，不可勝數，〔……〕」；[33] 孟子則生於風狂雨驟的戰國時代（四八〇—二二二BCE），各國互爭雄長，如孟子所親證：「爭城以戰，殺人盈城。」[34] 歷史環境的不同，可以部分地解釋孔孟思想及其人格與風格的差異。孔子提出生命「存有」（Being）的問題，而孟子將「存有」的問題放在「活動」中來了解，攝「存有」於「活動」來加以發揚。誠如牟宗三先生說：[35]

> 在孔子，存有問題在踐履中默契，或孤懸在那裡，而在孟子，則將存有問題之性即提升至超越面而由道德的本心以言之，是即將存有問題攝于實踐問題解決之，亦即等于攝「存有」于「活動」（攝實體性的存有于本心之活動）。

牟先生說孟子攝「存有」於「活動」，「心」「性」合一，最具卓識。

誰的「孔孟」？什麼時代的「孔孟」？

現在，我們要問一個具有後現代意味的問題：本課程中所謂「孔孟」，是誰的「孔孟」？是什麼時代的「孔孟」？請問：所謂「孔孟」是帝制中國的皇帝的「孔孟」嗎？還是民間知識分子的「孔孟」？我們知道歷史上，幾千年來中國有些皇帝文化水平不太高，例如出身草莽的明太祖朱元璋（一三二八—一三九八）登基以後，親自撰寫〈大明御製皇陵碑〉「特述艱難，明昌運，俾世代見之」，[36] 講述他從小到成為皇帝的過程。因為是皇帝親自寫的，而且刻在很大的石碑上，〈大明御製皇陵碑〉見證了中國古代皇帝的文化水平，清代史學家趙翼（甌北，一七二七—一八一四）說：「鳳陽〈皇陵碑〉，粗枝大葉，通篇用韻，必非臣下代言也。此固其聰明天亶，然亦勤於學問所致」，[37] 確實很不容易，但是，歷代皇帝都在權力網絡中解讀孔孟，例如朱元璋聽到孟子有關民本政治的言論，就勃然大怒，要將孟子牌位逐出孔廟而後快，[38] 所以，歷史上的皇帝所理解的孔孟，當然是不可信的。

漢高祖劉邦（二五六／二四七—一九五BCE）即將獲得楚漢相爭的勝利時，儒生陸賈（二四〇—一七〇BCE）來求見。劉邦有一個癖好，他最看不起讀書人，喜歡將讀書人戴的帽子摘下來，當場小便，擲出門外。陸賈拜見快要掌握國家最高權力的劉邦，勸他要讀儒家的典籍。

結果劉邦問他「迺公馬上得天下，安事《詩》、《書》？」，這是歷代皇帝最經典的表述之一。「迺公」一詞是劉邦的時代下階層百姓的語言，是民間的鄙俗俚語。陸賈挑戰他：「馬上得天下，能馬上治之否乎？」劉邦政治意識很高，他立即站起來對陸賈敬禮，請教怎麼樣不能「馬上治天下」。陸賈回去之後寫了一部書《新語》，[39] 獻給劉邦，[40] 劉邦非常讚賞。

所以，我們這裡談的「孔孟」是漢高祖（劉邦，二五六／二四七—一九五BCE）的「孔孟」嗎？還是罷黜百家獨尊儒術的漢武帝（劉徹，一五七—八七BCE）與董仲舒（一九二—一〇四BCE）〈天人三策〉時代的「孔孟」？還是漢宣帝（劉詢，九一—四八BCE）時代的「孔孟」？漢宣帝時太子見宣帝所用多文法吏，以刑名繩下，曾建議宣帝：「陛下持刑太深，宜用儒生」，結果漢宣帝很生氣地說：「漢家自有制度，本以霸王道雜之，奈何純住德教，用周政乎！」[41] 漢宣帝說漢朝自有一套方法，是霸道、王道交互運用，宣示了大漢帝國治術的本質。

我們這門課講的是民間知識分子的「孔孟」，不是皇帝的「孔孟」。那麼，我們還要進一步問：本課程的「孔孟」是作為政治意識形態的「孔孟」嗎？是作為生活方式的「孔孟」嗎？是作為學術思想的「孔孟」嗎？還是二十一世紀作為文化商品的「孔孟」嗎？針對這些問題，我們可以回應：我們講的不是作為政治意識形態，或作為文化商品的「孔孟」，而是作為生活方式、作為學術思想的「孔孟」。

我們再進一步追問：我們講的「孔孟」是什麼時代的「孔孟」呢？是原典「孔孟」？還是

大漢帝國獨尊儒術以後的「孔孟」？是魏晉時代道家化的「孔孟」？還是宋明理學家思想中道學化的「孔孟」？是五四時代「打倒孔家店」時代的「孔孟」？還是文化大革命時代，在「四海翻騰雲水怒，五洲震盪風雷激」[42]的氛圍中，被斥為「臭老九」的「孔孟」？是太平洋戰爭前後，日本帝國主義者將《論語》的〈學而篇〉，解釋為明治天皇（一八五二—一九一二，在位於一八六七—一九一二）的《教育敕語》的儒家版本的「孔孟」？[43]還是日據時代臺灣知識分子的「孔孟」？我們知道日本統治時代，台灣在政治高壓的氛圍裡，當時台灣文化協會諸君子，在台北公會堂（今中山堂）講《論語》，日本的思想警察坐在第一排監聽這些台灣知識分子演講，他們以孔孟思想作為反抗日本帝國主義、殖民主義的思想資源。本課程的所謂「孔孟」，是日本殖民統治時代台灣知識分子的「孔孟」嗎？還是二十一世紀台灣有些人想像中的，與民主的、進步的、海洋的相對而言的專制、落後、黑暗的「孔孟」？

在這門課程中，我們的立場是原典「孔孟」，我們要撥開雲霧見青天，要撥開兩千年來歷史所產生的雲山霧海，回到孔孟的精神原鄉，也就是回到原典「孔孟」。

《論語》這部書共有一五，九八八個字，根據日本學者山下寅次（一八七七—一九七〇）考證，《論語》大概是編成於西元前四七九年（孔子卒）與四〇〇年（子思卒）之間；[44]而《孟子》一書共三四，六八五個字，一般認為大約編成於戰國時代末期孟子還在世的時候，這是根據《史記・孟子荀卿列傳》「退而與萬章之徒序《詩》、《書》，述仲尼之意，作《孟子》七篇」[45]

的講法。但是，清儒崔述（一七四〇—一八一六）認為：「謂《孟子》一書為公孫丑、萬章所纂述者，近是；謂孟子與之同撰者，或孟子所自撰，則非也。（……）七篇中，於孟子之門人多以子稱之，如樂正子、公都子、屋廬子、徐子、陳子皆然；不稱子者無幾。果孟子所自著，恐本必自稱其門人皆曰子，（……）細玩此書，蓋孟子之門人萬章、公孫丑等所追述，故二子問答之言在七篇中為最多，而二子在書中亦皆不以『子』稱也。」[46] 崔述的說法較為可信。

我們的方法是回歸原典的孔孟思想，二十一世紀的我們就好像太平洋的鮭魚（Salmon）。鮭魚產卵的時候，都在溪澗，魚卵隨着小溪流到太平洋，在太平洋長大。可是成長以後，牠要拚搏牠生命最後的力量，回到原鄉。美國西雅圖港口是太平洋鮭魚返鄉的重要據點，每年在秋冬之際，大批鮭魚要游回原生地，西雅圖市政府還做了魚梯，讓魚可以跳過去，一路跳回牠原生的地方。每年鮭魚返鄉的時候，海獅便守候在港口吃鮭魚，還可以順道帶走餵小海獅。西雅圖港口管理局還設立特定的計畫，專門趕海獅，讓鮭魚安全返鄉。我們今天類似二十一世紀的鮭魚，要用我們生命的力量，回歸孔孟的精神原鄉。這個比喻具有悲壯的意涵，鮭魚回去之後就會死去，但是我們回歸原典孔孟是為了取得文化與思想新生命。正如南宋大儒朱熹〈送林熙之〉的詩所說「明明直照吾家路，莫指并州作故鄉」。[47] 在二十一世紀，我與各位老師和同學一起努力，如同「初唐四傑」之一的王勃（子安，六四九—六七六）〈滕王閣序〉所說「潦水盡而寒潭清，煙光凝而暮山紫」，[48] 我們必須撥開歷史積澱的雜質，才能看到清澈的潭水，回到孔孟的精神原鄉，也就是回歸原典孔孟。

所謂「回歸原典孔孟」，具體來講，就是要回歸到孔孟言談時候的語境與脈絡。孔子生卒年是五五一—四七九BCE，「BCE」是最近半世紀以來西方學術界新的寫法，因為以前的寫法是「BC」，即Before Christ，被認為具有基督教文化的偏見，西元後AD即Anno Domini。最近大概四十幾年來，西方學術界也很有自我警覺，要跳脫西方文化的偏見，所以「西元前」改作Before Common Era（BCE），「西元後」改為Common Era（CE）。我們要回到孔孟言談時的語境，回到孔子和孟子討論深刻問題時候的特定脈絡。我所說的「回歸原典孔孟」的另一種說法，就是要回歸孔孟時代的歷史背景和它的社會氛圍。

孔孟所處的時代與氛圍都不一樣，孔子的時代王綱解紐，王命不行，各國篡弒頻仍，周代封建制度雖崩解而尚未完全潰爛，孔子周遊列國時，對各國政治狀況尚能「夫子溫、良、恭、儉、讓以得之」。[49] 孟子的時代則是狂風暴雨的時代，孟子常激於義憤，斥責他人。孟子見梁襄王，別人問他印象如何，孟子的回答是「望之不似人君」。[50] 孟子被質疑到處跟人爭辯，他說：「予豈好辯哉？予不得已也。」[51]「不得已」這三個字非常傳神，完全烘托出孟子的人格與風格，孟子是挺立在戰國中晚期狂風暴雨的時代裡的一個「孤獨的靈魂」。

接著，我要針對本課程的方法，進行方法論的批判，接著再針對這些批判進行再批判，這就正如青年馬克思（Karl Marx，一八一八—一八八三）在《黑格爾法哲學批判・導言》所說的：

「批判的武器不能代替武器的批判」，[52] 我們必須針對批判者的武器，進行再批判，加以回應。剛才我們說過這門課採取「回歸原典」的方法，但是，我們首先需要對這個方法和武器本身提出一種批判，並且進行第二層次的再批判，本課程的方法論立場才能豁然彰顯。我先對本課程提出以下四個批判：

首先，二十一世紀的人可能會質疑我們：孔孟經典根本是歷史的陳跡，是過去兩千多年前的陳腐思想，現在已經時移世易，對二十一世紀的我們而言太過遙遠。這種課程是否浪費教育資源？是否浪費年輕人的生命？我們對這項批判的回應是：所謂的「經典性」（canonicity）中確實有其「歷史性」（historicity），因為經典都是在特定的歷史情境之中所生成，但是正是在經典的「歷史性」中，才潛藏著深刻的「規範性」（normativity），經典中的人物與言說，充滿了人類行為的普遍規範。因此，孔孟經典不是歷史的陳跡，經典中潛藏著太多二十一世紀的新意義與新啟示。二十世紀偉大哲學家伽達瑪（Hans-Georg Gadamer，一九〇〇—二〇〇二）在《真理與方法》一書中，對經典的「歷史性」中潛藏著「規範性」這一點，有詳細的分析。[53]

第二個對我們的批判是：儒家經典《論語》與《孟子》是否只適用於這些經典成書的時代？換句話說，這種質疑主張：《論》、《孟》作為經典是有強烈的「時間性」（temporality）的著作，只適合於春秋戰國時代（七二二—二二二BCE）。西元前二二一年「六王畢，四海一，蜀山兀，阿房出」[54] 以後，整個世界已經翻了多少翻了？「天若有情天亦老，人間正道是滄桑」，[55]

所以，批判這個課程的人可以說：孔孟思想是過時的思想，不適用於二十一世紀。我們對這項批判的再批判就是：正是從「經典性」中的「時間性」，我們可以抽離出「超時間性」（super-temporality）的規範，[56] 使孔孟對二十一世紀發出「召喚」（calling），所以，不能說《論語》與《孟子》只適用於兩書成書的時代。

第三個對這門課程的批判來自二戰以後興起的女性主義（feminism）。戰後從歐陸與美國開始，女性主義風起雲湧，人們開始反問：為什麼克麗奧佩脫拉（Cleopatra，六九—三〇BCE）之所以進入歷史，是因為凱撒（Julius Caesar，一〇〇—四四BCE）覺得她很美麗，為何歷史上的女性總是作為男性的附屬物而被記憶？二十幾年前某大學校務會議有一位女老師代表質疑，為何台上所有一級主管全是男性，連一個女老師都沒有，所以本校是「男性沙文主義」，當時包括校長在內所有的人都噤若寒蟬，一個禮拜後校長火速任命一名女老師為一級主管。一九七〇年代，台灣贈送孔子銅像給紐約中央公園，結果當地女性主義團體包圍孔子銅像，批判孔子是「男性沙文主義」，因為孔子說「唯女子與小人為難養也，近之則不孫，遠之則怨」；[57] 而且孔孟是將家庭倫理置於國家法律之上，《孟子》書中有以下這一段對話：[58]

> 桃應問曰：「舜為天子，皋陶為士，瞽瞍殺人，則如之何？」孟子曰：「執之而已矣。」「然則舜不禁與？」曰：「夫舜惡得而禁之？夫有所受之也。」「然則舜如

之何？」曰：「舜視棄天下猶棄敝蹝也，竊負而逃，遵海濱而處，終身訢然，樂而忘天下。」

以上這一段對話，從現代立場來看，豈不是將家庭倫理置於國家法律之上嗎？針對這項批判，我們的回應是：儒家其實很注重夫婦之道的，《中庸》第十二章：「君子之道，造端乎夫婦，及其至也，察乎天地」，[59] 孔孟並不是將父子之情置於國家法律之上，而是主張「愛有差等，施由親始」。[60] 我們在本課程第五講，會針對這個問題，再深入分析。

第四個對我們的批判是：儒家經典只是個人修心養性之書，無補於二十一世紀的危機。二十一世紀是個什麼時代呢？當代法國經濟學家皮凱提（Thomas Piketty，一九七一—）著有《二十一世紀資本論》，[61] 這部書與馬克思的《資本論》[62] 相比較，馬克思當時沒有大數據（Big Data）與研究團隊，從皮凱提的新著的立場看來，馬克思當年的研究可能沒有那麼精準。二〇一八年皮凱提的研究團隊提出了一份《世界不平等報告二〇一八》，[63] 有很詳細具體的數據。他告訴我們今天世界的危機是，二〇一六年全世界各地收入前一〇%的成年人（二十歲以上）在各地區收入占該地區的百分比的數據是：貧富差距最大是中東，最有錢的一〇%占全部中東人民收入的六〇%；第二是印度；第三是巴西；第四是撒哈拉以南的南非洲地區。美前一〇%的人的收入在全北美地區占全體民眾的四八%；在中國占四一%。中國的貧富差距其實也很嚴重，一個資本主義的幽靈正在神州大地遊蕩。皮凱提告訴我們，當前世界的危機是貧富差距愈來愈大，隨著人工智慧（AI）的發展，這個差距將來會大到不可想像的地步。另外，二〇一九年年底開始新冠肺炎病毒（COVID-19）肆虐全球，重創世界各國經濟，將近百歲的前美國國務卿季辛吉（Henry A. Kissinger，一九二三—），已經開始憂心病毒將永遠改變現在的世界秩序。[64] 這才是迫在眉睫的全球危機。我們讀這些孔孟思想有什麼用？孔孟可以因應二十一世紀的危機嗎？

針對這項質疑，我們可以這樣回答：「世界」由無量無邊的「個人」所構成，每一個人的修心養性，自我完善，正是因應二十一世紀世界危機最重要的切入點。孔孟告訴我們「自我」的轉化，是「世界」轉化的起點，也是「世界」轉化的基礎。所以，孔孟主張：二十一世紀世界危機的因應，正是從每一個個人自己做起。我們怎麼能說孔孟思想與二十一世紀無關呢？

孔孟思想的精神在於「實學」，儒家並不是把人類的希望寄託在外太空，或不可知的來世、彼岸，或全知全能創造山河大地的人格神之上。孔孟體神化不測之妙於人倫日用之間，這是富有東方文化特色的「實學」。

結論

展望我們所生活的二十一世紀的前景，誠然非常讓人擔心。二十一世紀第一個特徵是全球化與反全球化潮流激烈震盪與拉鋸。全球化趨勢是從工業革命以後快速發展，青年馬克思早就指出，工業革命以後資本家把世界變成了市場。雖然有歷史家說，全球化應該上溯到十五、十六世紀大航海時代，但是它的加速發展基本上是工業革命以後，特別是二戰以後，通訊科技突飛猛進加速了全球化的腳步。然而，因為全球化而失去工作機會、失去希望的人，所激起的反全球化浪潮也非常令人怵目驚心。反全球化浪潮在政治上兩大最重要表現，一是二〇一六年川普（Donald Trump）當選美國總統，二是二〇一六年英國脫離歐盟的公投案。二〇一六年英國脫歐的公民投票的總人數只占全體選民四〇％，而這四〇％的人裡面，贊成脫歐的人民僅占五一％而已。二〇一七年G二〇高峰會在德國漢堡舉行，引來十萬人反全球化的示威人潮，德國警方必須對空鳴槍，才能維持秩序，全球化與反全球化浪潮之激盪，可見一斑。二〇二〇年開始席捲全球的「新冠肺炎」（COVID-19）病毒，使世界各國封鎖邊界，不准外國人入境；使許多國家為了防疫而封城、鎖國、禁航，所激起的反全球化至為可觀，這種「反全球化」的新浪潮，必然對人類未來產生重大影響。最近有國外智庫的研究人員撰文指出，對新冠病毒控制比較成功的國家或地區，都是屬於廣義的儒家文明圈的地區。[65] 在這樣病毒肆虐、人心惶惶的時代裡，我們更有必要再訪儒學，深叩孔孟。

第二，除了以上所說隨著「全球化」而來的，貧富差距擴大的問題之外，二十一世紀的世界面臨的另一個新挑戰，就是進入二十一世紀以後許多民主國家出現的所謂「民主退潮」（Democratic recession）的問題。[66] 川普就任之前兩天，美國全國公共電視網（PBS）連續兩個晚上黃金時段，播放了電視節目名為「分裂的美國」（Divided States of America）（與美利堅合眾國United States of America之國名正好相反），諷刺川普當選，撕裂美國。川普與媒體關係極為對立，曾有三百五十多家美國的媒體，在同一天發表同樣內容的社論痛批川普。川普下台之前，還鼓動「川粉」攻占美國國會。美國民主是否因為川普而死亡？關鍵就在媒體的公立性、司法體系的獨立性與國會的制衡力量。這個問題對東亞地區而言更形複雜而重要。東亞地區共有十七個國家，總人口占全球人口三〇%。東亞政治體制多元多樣，有「自由民主政體」（Liberal democracy）、「選舉的民主政體」（Electoral democracy）、「選舉的威權政體」（Electoral authoritarianism）與「政治封閉的威權政體」（Politically closed authoritarianism）等不同政體，雜然紛陳，前景未卜。有些政治學家對全球民主政治的前途頗為悲觀，[67] 「民主政治」已淪為「民粹政治」，造成「民主內戰」、「強人政治」再興，都是近年來世界許多民主國家的普遍現象。新冠病毒肆虐全球，更使許多民主國家的領導人，假防疫之名，行擴權之實，使「民主政治」大為倒退。

第三，二十一世紀「人工智慧」（AI）快速發展，也是人類的前途上最大的隱憂。第一是AI出現武器化的新發展，南韓的韓國科學技術院（Korea Advanced Institute of Science and Technology，簡稱KAIST）正在力推AI武器化，引起許多科學家抵制，拒絕進行學術交流。李開復先生曾任蘋果、微軟、谷歌等跨國科技公司全球副總裁，他最近的新書《AI新世界》提出以下的論點：[68]

> 展望未來的經濟發展，AI會創造出人類史上前所未見的財富，這點應當值得慶賀；但如果任其自然發展，AI也會造成全球財富分配更嚴重不均。AI弱國沒有機會攀爬經濟發展的階梯，甚至可能淪落到永遠屈從的地位；AI強國會累積巨大的財富，但也會目睹經濟壟斷的情形變得越來越嚴重，而且二分化的就業市場，會讓社會的經濟階級變得非常明顯。

除此之外，AI的發展如脫韁野馬，動搖人類的身分認同與人生目的感，使人類面臨不可測的深淵。李開復指出：「AI為人類社會帶來的混亂，將發生在政治、經濟和社會層面，也會在個人層面造成巨大的影響（……）傷害的遠遠不只是財務生活，也會直接打擊到我們的身份認同和人生目的感。」[69]這是一位在AI領域的重要人士，對AI與人類未來的憂心，深具遠見。

面對二十一世紀各種問題，讓我們共同學習孔孟的智慧。是的，在歷史地平線上，孔孟的呼喚繚繞耳畔，撥動心弦，經由「深叩孔孟」，我們可以在二十一世紀尋求個人安身立命與社會國家長治久安之道。從二十一世紀出發深叩孔孟，發潛德之幽光，使「古」為「今」用。在原典孔孟中，我們才能溫故而知新，轉「識」成「智」。正如南宋大儒朱熹的詩「問渠哪得清如許？為有源頭活水來！」[70]所啟示我們：在有限生命中，讓我們經由「深叩孔孟」而回歸儒學的源頭活水，開創無限的生命意義。

附錄

一、**閱讀作業：**

1. 黃俊傑，〈東亞儒家傳統中的人文精神〉影片：https://www.youtube.com/watch?v=lThcecHsvW4

二、**延伸閱讀：**

1. 孫震，《儒家思想在21世紀》（台北：天下文化出版公司，二〇一九）。

三、**思考問題：**

1. 東亞儒家人文精神具有哪些面向？
2. 孔孟思想與二十一世紀有何關係？為什麼？試申論之。

四、**關鍵詞：**

1. 孔子
2. 孟子
3. 二十一世紀
4. 全球化
5. 反全球化

五、本講內容架構圖：

第一講・導論

- 引言
  - 課程說明
  - 課程進度
  - 課程教材
- 何謂「深叩」？
  - 二十一世紀青年必須傾聽孔子與孟子的呼喚
  - 從二十一世紀出發思考
  - 從「自我」出發思考
- 何以「孔孟」？「孔」如何而「孟」？
  - 孔子的生命智慧
  - 從「周孔」到「孔孟」：以第十世紀為分水嶺
  - 從孔子到孟子
  - 孟子的人格與風格
- 誰的「孔孟」？什麼時代的「孔孟」？
  - 誰的孔孟？
  - 什麼時代的孔孟？
  - 本課程方法：回歸孔孟原典
  - 本課程的方法論批判及其再批判
  - 孔孟思想的遺產：實學精神
- 結論
  - 二十一世紀的特徵
  - 經由「深叩孔孟」，而在二十一世紀尋求安身立命之道

注釋

1 馬一浮，《復性書院講錄》（台北：廣文書局，一九七一），卷一，頁一，上半頁。

2 〔宋〕黎靖德編，《朱子語類》，卷一九，〈語孟綱領〉，收入《朱子全書》（上海：上海古籍出版社；合肥：安徽教育出版社，二〇〇二），第一四冊，頁六五五。

3 楊伯峻，《論語譯註》（北京：中華書局，二〇〇九）、《孟子譯註》（北京：中華書局，一九六〇）。

4 D. C. Lau, trans., *The Analects*（Hong Kong: The Chinese University Press, 1992）; D.C. Lau, trans., *Mencius*（Hong Kong: The Chinese University Press, 2003）。

5 錢穆，《孔子傳》，收入《錢賓四先生全集》編輯委員會編輯，《錢賓四先生全集》（新北：聯經出版公司，一九九四—一九九八），第四冊。

6 錢穆，《論語新解》，收入《錢賓四先生全集》編輯委員會編輯，《錢賓四先生全集》，第三冊。

7 許同萊，《孔子年譜》（台北：中華文化出版事業委員會，一九五五）。

8 Michael Nylan, and Thomas A. Wilson, *Lives of Confucius: Civilization's Greatest Sage Through the Ages*（New York: Doubleday, 2010），中譯本：何劍葉譯，《幻化之龍：兩千年中國歷史變遷中的孔子》（香港：香港中文大學，二〇一六）。

9 黃俊傑編，《東亞視域中孔子的形象與思想》（台北：臺灣大學出版中心，二〇一五）。

10 李澤厚，《論語今讀》（北京：生活・讀書・新知三聯書店，二〇〇四）。

11 馬一浮，《復性書院講錄》（台北：廣文書局，一九七一）。

12 參考劉夢溪，《馬一浮與國學》（北京：生活・讀書・新知三聯書店，二〇一五）。
13 黃俊傑，《東亞儒家人文精神》（台北：臺灣大學出版中心，二〇一六）。
14 孫震，《半部論語治天下：論語選譯今釋》（台北：天下文化出版公司，二〇一八）。
15 孫震，《儒家思想在二十一世紀》（台北：天下文化出版公司，二〇一九）。
16 孫震，《孔子傳》（台北：天下文化出版公司，二〇二一）。
17 〔宋〕朱熹，《論語集注》，收入《四書章句集注》（台北：臺灣大學出版中心，二〇一六），頁二三四。
18 〔明〕王夫之，《四書箋解》（長沙：嶽麓書社，一九九一），卷四，下論，頁二五二。
19 〈荀子・性惡篇・二三〉，引文見〔清〕王先謙撰，沈嘯寰、王星賢點校，《荀子集解》（北京：中華書局，一九八八），頁四四〇。
20 〔漢〕王充，《論衡》（上海：上海古籍出版社，一九九〇），〈謝短〉，頁一二六。
21 引文見〔宋〕朱熹，《中庸章句》，收入《四書章句集注》，頁四八。
22 〔漢〕司馬遷著，〔日〕瀧川龜太郎注，《史記會注考證》（台北：洪氏出版社，一九八六），卷八一，〈廉頗藺相如列傳第二十一〉：「王以名使括，若膠柱而鼓瑟耳。括徒能讀其父書傳，不知合變也」，頁九九四。
23 〔戰國〕呂不韋著，〈慎大覽・察今〉：「楚人有涉江者，其劍自舟中墜於水，遽契其舟，曰：『是吾劍之所從墜。』舟止，從其所契者入水求之。舟已行矣，而劍不行，求劍若此，不亦惑乎？」見〔戰國〕呂不韋著，陳奇猷校釋，《呂氏春秋新校釋》（上海：上海古籍出版社，二〇〇二），上冊，頁九四五。
24 〔劉宋〕范曄，《後漢書・馬援傳》（北京：中華書局，一九九七），頁二三三。
25 錢穆，《中國歷史精神》（北京：九州出版社，二〇一二），頁八。
26 參看：Max Horkheimer and Theodor W. Adorno, *Dialectic of Enlightenment* (Stanford, Calif.: Stanford University Press, 2002)；本書有中譯本：林宏濤譯，《啟蒙的辯證》（台北：商周出版，二〇〇九）。

27 牟宗三，〈關於「生命」的學問——論五十年來的中國思想〉，收入氏著，《生命的學問》（台北：三民書局，二〇一八），頁三三—三九。

28 〔宋〕邵雍，〈觀盛化吟〉，收入《邵雍全集》（上海：上海古籍出版社，二〇一五），第四冊，頁二九八。

29 《論語・述而・五》，見〔宋〕朱熹，《四書章句集注》，頁一二六。

30 〔漢〕司馬遷著，〔日〕瀧川龜太郎注，《史記會注考證》，卷一三〇，〈太史公自序第七十〉，頁一三七〇。

31 〔漢〕趙岐在《孟子注疏》中屢稱孔子為「素王」。《公孫丑上・二》中「以予觀於夫子，賢於堯舜遠矣」一句，趙注云：「以為孔子賢於堯舜，以孔子但為聖，不王天下，而能制作素王之道，故美之。」又見於《滕文公下・九》章中「《春秋》，天子之事也。是故孔子曰：『知我者其惟《春秋》乎！罪我者其惟《春秋》乎！』」趙注云：「孔子懼正道遂滅，故作《春秋》，因魯史記，設素王之法，謂天子之事也。」上二段引文見〔漢〕趙岐，《孟子注疏》（北京：北京大學出版社，二〇〇〇），頁九五、二一〇。

32 牟宗三，《心體與性體》，收入氏著，《牟宗三先生全集》（新北：聯經出版公司，二〇二〇），第五冊，頁一六。

33 〔漢〕司馬遷著，〔日〕瀧川龜太郎注，《史記會注考證》，卷一三〇，〈太史公自序〉，頁一三七〇。

34 《孟子・離婁上・一四》，見〔宋〕朱熹，《四書章句集注》，頁三九六。

35 牟宗三，《心體與性體》，收入氏著，《牟宗三先生全集》，第五冊，頁二八—二九。

36 〔明〕朱元璋：〈皇陵碑〉，收入杜聯喆輯，《明人自傳文鈔》（台北：藝文印書館，一九七七），頁六七—六九。

37 〔清〕趙翼著，王樹民校證，《廿二史劄記》（訂補本）（北京：中華書局，一九八四），下冊，〈四七九明祖文義〉，頁七三八。

38 〔清〕張廷玉等，《明史》（四部備要本），卷一三九，頁一b。〔清〕全祖望，《鮚埼亭集》，收入《四部叢刊・

正編》（新北：臺灣商務印書館，一九七九年景印上海涵芬樓刊本），卷三五，〈辨錢尚書爭孟子事〉，頁三七一。全祖望以為孟子罷配享應在洪武二年（一三六九）。容肇祖以為應在洪武三年（一三七〇），見容肇祖，〈明太祖的《孟子節文》〉，《讀書與出版》卷二第四期（一九四七年四月），頁一六—二一。亦參考陳登原，《國史舊聞》（台北：台灣大通書局影印本），上冊，〈非孟與孟子節文〉條，頁二七三—二七六。

39 〔漢〕陸賈撰，王利器校注，《新語校注》（北京：中華書局，一九八六）。

40 〔漢〕司馬遷著，〔日〕瀧川龜太郎注，《史記會注考證》，卷九七，〈酈生陸賈列傳第三十七〉：「高帝罵之曰：『迺公居馬上而得之，安事詩書！』陸生曰：『居馬上得之，寧可以馬上治之乎？〔……〕』，陸生乃麤述存亡之徵，凡著十二篇。每奏一篇，高帝未嘗不稱善，左右呼萬歲，號其書曰『新語』」，頁一一〇四。

41 〔漢〕班固，《漢書》（台北：鼎文書局，一九八六），卷九，〈元帝本紀〉，頁二七七。

42 毛澤東，〈滿江紅・和郭沫若同志〉，見《毛主席詩詞》（北京：人民文學出版社，一九六三），頁四七。

43 〔日〕伊藤太郎，《日本魂による論語解釋學而第一》（津市：論語研究會，一九三五）。

44 〔日〕山下寅次，〈論語編纂年代考〉，收入氏著，《史記編述年代考》（東京：六盟館，一九四〇），頁一八七—二五二。

45 〔漢〕司馬遷著，〔日〕瀧川龜太郎注，《史記會注考證》，卷七四，〈孟子荀卿列傳第十四〉，頁九四四。

46 〔清〕崔東壁著，《孟子事實錄》，收入崔東壁著，顧頡剛編訂，《崔東壁遺書》（上海：上海古籍出版社，一九八三），卷下，頁四三三。

47 〔宋〕朱熹，〈送林熙之詩五首〉，《晦庵先生朱文公文集》，卷六，收入《朱子全書》，第二十冊，頁四一八。

48 〔唐〕王勃，〈秋日燕滕王閣詩序〉，收入〔宋〕祝穆撰，《新編事文類聚・續集別集》（京都：中文出版社，一九八九），第三冊，卷七，頁一二七〇。

49《論語・學而・一〇》，見〔宋〕朱熹，《四書章句集注》，頁六六。

50《孟子・梁惠王上・六》，見〔宋〕朱熹，《四書章句集注》，頁二八六。

51《孟子・滕文公下・九》，見〔宋〕朱熹，《四書章句集注》，頁三七八。

52馬克思（Karl Marx）著，《黑格爾法哲學批判・導言》，收入中共中央馬克思恩格斯列寧斯大林著作編譯局編譯，《馬克思恩格斯選集》（北京：人民出版社，一九七二），卷一上，引文見頁九。

53伽達瑪著，洪漢鼎譯，《真理與方法》（台北：時報文化，一九九三），卷一，頁三七八—三七九。

54〔唐〕杜牧：〈阿房宮賦〉，收入〔清〕董誥等編，《全唐文》（太原：山西教育出版社，二〇〇二），卷七四八，頁四五六四。

55毛澤東，〈人民解放軍占領南京〉，見《毛主席詩詞》，頁二四。

56傳統中國歷史思維浸潤在儒家傳統之中，所以，中國歷史思維常常從具有「時間性」的史實之中提煉「超時間性」的道德教訓，參看：黃俊傑，《儒家思想與中國歷史思維》（台北：臺灣大學出版中心，二〇一四），第一章第二及第三節，頁三八—五一。

57《論語・陽貨・二五》，見〔宋〕朱熹，《四書章句集注》，頁二五五。

58《孟子・盡心上・三五》，見〔宋〕朱熹，《四書章句集注》，頁五〇四。

59引文見〔宋〕朱熹，《中庸章句》，收入《四書章句集注》，頁二九。

60《孟子・滕文公上・五》中，孟子拒墨者夷子所堅持的「愛無差等，施由親始」一說，朱熹注曰：「孟子言人之愛其兄子與鄰之子，本有差等」，見朱熹，《四書章句集注》，頁三六五—三六六。

61托瑪・皮凱提（Thomas Piketty）著，詹文碩、陳以禮譯，《二十一世紀資本論》（新北：衛城出版，二〇一四）。

62馬克思（Karl Marx）著，中共中央馬克思恩格斯列寧斯大林著作編譯局譯，《資本論》（新北：聯經出版公司，二〇一七）。

63 阿瓦列多、江瑟、皮凱提、賽斯、祖克曼等著，劉道捷譯，《世界不平等報告二〇一八》（新北：衛城出版，二〇一八）；網頁版參見：https://wir2018.wid.world/files/download/wir2018-summary-chinese.pdf

64 Henry A. Kissinger, "The Coronavirus Pandemic Will Forever Alter the World Order," *Wall Street Journal*（二〇二〇／四／四）；網頁版參見：https://www.wsj.com/articles/the-coronavirus-pandemic-will-forever-alter-the-world-order-11585953005 。

65 Bruno Maçães, "Coronavirus and the Clash of Civilizations," *National* Review, March 10, 2020：網頁版參見：https://www.hudson.org/research/15801-coronavirus-and-the-clash-of-civilizations 。

66 這是史丹佛大學「民主、發展與法治研究中心」主任Larry Diamond提出的名詞，見Larry Diamond, "Facing up to the Democratic Recession," in Larry Diamond and Marc F. Plattner eds., *Democracy in Decline?*（Baltimore: Johns Hopkins University Press, 2015）, pp. 98-118。

67 Jason Brennan, *Against Democracy*（Princeton: Princeton University Press, 2016）; David Runciman, *How Democracy Ends*（New York: Basic Books, 2018）.

68 李開復，《AI新世界》（台北：天下文化出版公司，二〇一八），頁二七四。

69 同上注，頁二七五—二七六。

70 〔宋〕朱熹，〈觀書有感二首〉，《晦庵先生朱文公文集》，卷二，收入《朱子全書》，第二〇冊，頁二八六。

第二講

「人」是什麼？「完整的人」如何可能？

引言

中西哲學家都重視「人是什麼」這個問題。英國二十世紀哲學家懷海德（A. N. Whitehead，一八六一—一九四七）曾經說過，整個西方哲學兩千多年的發展，可以被視為柏拉圖哲學的註腳。柏拉圖（Plato，四二七—三四七BCE）的政治哲學最重要的著作是《理想國》（*Republic*），[1]《理想國》第一卷就思考「正義」的定義。Politics這個字的字源是"Polis"，就是指古希臘的城邦（city state）的意思，「政治學」（politics）這個字就是Polis衍生出來，原意指與城邦生活相關的學問。在柏拉圖的思想中，「政治學」就是與城邦生活相關的學問。柏拉圖思考「正義」如何可能，並提出一個理想國家（城邦）的人口組成成分：城邦最好要有三個階級——立法者、衛士階級與戰士階級，並認為一個國家要獲得「正義」，必須三個階級各盡其分。這樣的說法，與孔子「君君、臣臣、父父、子子」[2]的「正名」主張可以互相發明。柏拉圖說一個人也有三種品質，就好像國家也具有三種品質：節制、勇敢、睿智。

柏拉圖在古希臘「城邦」的脈絡裡思考「正義如何可能」的問題，令人想起青年馬克思在《路易波拿巴的霧月十八日》裡，說歷史上所有重大的事件都出現兩次，第一次是以喜劇，第二次則是以鬧劇的方式出現。馬克思接著說：「人們自己創造自己的歷史，但是他們並不是隨心所欲地創造，並不是在他們自己選定的條件下創造，而是在直接碰到的，既定的，從過去承繼下來的條件下創造歷史。」[3] 我們可以說，柏拉圖正是在他所處的城邦的具體而特殊的條件之中，思考「正義如何可能」這個問題。

儒家自孔子以降，可以說是在古代中國文化的「天人合一」的脈絡下，思考「完整的人如何可能」這個問題。余英時（一九三〇—二〇二一）先生晚年所寫的《論天人之際：中國古代思想起源試探》一書，[4] 就深入探討「天人合一」這個理念的起源及其轉化問題。除此之外，「人與禽獸有何差別？」這也是中國哲學最根本的問題，也就是人性論的問題，孟子特重「人禽之別」，這個問題在朝鮮時代（一三九二—一九一〇）獲得朝鮮儒者的重視，開展關於「人性物性異同論」的諍論。

相對於中國人文精神，古代希臘人文精神在人與神對抗的脈絡裡發展。西元前四九〇年馬拉松戰役，希臘聯軍戰勝波斯帝國以後，希臘文化飛躍發展，出現三大悲劇作家：索福克勒斯（Sophocles，四九〇—四〇六BCE）、歐里庇得斯（Euripides，四八〇—四〇六BCE）、埃斯奇勒斯（Aeschylus，五二五／五二四—四五六BCE）。埃斯奇勒斯筆下的《普羅米修斯的束縛》一書中，[5] 描述人類剛來到世界的時候一片漆黑，奧林帕斯山上的諸神之一的普羅米修斯，把火從神中之神宙斯（Zeus）那裡偷來，交給了人類，人類掌握了火，開創了文明，人開始了對神的不服從。宙斯非常震怒，於是把普羅米修斯綁在高加索山上，白天讓老鷹吃他的內臟，晚上又讓內臟重新長出來，以這樣周而復始的苦痛，作為「永恆的懲罰」。宙斯派了天使來向普羅米修斯問罪，只要普羅米修斯承認把火偷給人類是一個錯誤的行為，則一切的懲罰頃刻之間可以消失。但普羅米修斯拒絕認錯說：「叫宙斯讓太陽從西邊升上來吧，讓他叫海洋停止咆哮吧！要我承認我把我送給人類這個正義的行為是不正義的，並不比說服海洋停止咆哮、太陽從西邊上來更容易一點。」從悲劇作家筆下的這一段對話，我們可以看到古代希臘人文精神，起源於人之不服從神對人類既定的命運安排。但是，中國文化不是走這種思路，中國文化對「人」的思考，是在天人合一的脈絡中進行。

本講從三大問題進行論述：「人」是什麼？「完整的人」如何可能？孔孟的人性觀有何問題？有何新啟示？關於孔孟的人性論，許多學者已有精詳的先行研究，[6] 今天我們不僅要深叩孔孟的正面啟示，也要從現代的觀點對孔孟的人性觀提出叩問。

孔子對「人」的看法

首先，孔子主張「人」具有自由意志。關於這一項主張，我們可以從孔子對歷史書寫的評論開始討論。在西元前六〇七年，魯國史官寫「趙盾弒其君」，趙盾（?—六〇一BCE）說他冤枉，因為他沒有殺死國君，史官回答趙盾說：「子為重卿，亡不越境，返不討賊，非子而誰？」[7] 在史官看來，趙盾是國家的行政長官，出國尚未越過國境，因此責任還在，而趙盾回來以後也不討伐兇手，所以趙盾必須承擔國君被殺的責任。從現代觀點來說，這位史官是把「道德判斷」壓在「事實判斷」之上。可是孔子卻稱讚史官為「古之良史」，[8] 這是因為孔子肯定「人」是具有「自由意志」的行動者，人要為人自由意志下的行動負起最後責任。孔子所持這種肯定「人」具有「自由意志」的觀點，在《論語》隨處可見。例如《論語・子罕》第二十五章：「子曰：三軍可奪帥也，匹夫不可奪志也。」[9] 朱子引用宋代理學家侯仲良（師聖，生卒年不詳）的說法注云：「三軍之勇在人，而匹夫之志在自己」，[10] 所以三軍的指揮官可以被奪，但是匹夫的志卻不可奪。這個解釋與宋代鄭汝諧（舜舉，一一二六—一二〇五）在《論語意原》說「可奪者，所主在人。不可奪者，所主在我」[11] 互相呼應。更積極地說，《論語・述而》第二十九章：「仁遠乎哉？我欲仁，斯仁至矣。」[12] 孔子說，「仁」這個美德難道離我很遠嗎？我下定決心要成為一個仁人，那麼我就可以得到仁。朱子引程頤（正叔，一〇三三—一一〇七）曰：「仁者，心之德，非在外也。」[13] 說「仁」不是存在於人之外，這是孔子的核心價值理念。

第二，孔子對人的看法，認為「人」心靈的愉悅超越物質的快樂。《論語・述而》第十五章：「子曰：飯疏食飲水，曲肱而枕之，樂亦在其中矣。不義而富且貴，於我如浮雲。」[14]

所謂「孔顏樂處」，是宋代以後中國讀書人魂牽夢縈的生命境界，孔子跟顏淵（顏回，五二一—四八一BCE）所「樂」的地方是什麼？這是宋明理學家最關心的問題之一，直到今天我們都還可以深思。

孔子很欣賞顏回，《論語．雍也》第九章中，孔子稱讚顏回曰：「賢哉回也。一簞食，一瓢飲，人不堪其憂，回也不改其樂。賢哉回也。」[15] 孔子稱許顏回無視於物質生活的艱辛，而能在自己精神世界中獲得悅樂。孔子的話使我想起柏拉圖《理想國》中對「哲學生活」的定義。柏拉圖認為一個人專注於精神的愉悅，而無視於身體的快樂，那就是「哲學的生活」。柏拉圖怎麼定義「死亡」呢？他說「死亡」就是人的精神脫離了他身體的拘束。[16] 從柏拉圖的話裡可以看出來，希臘傳統與猶太基督宗教傳統，都認為「身」與「心」是一個二元結構的關係。在《馬太福音》二十六章中耶穌告訴彼得：「你們要祈禱、要禱告，你們要遠離誘惑，因為你的心誠然是願意的，但是你的身是脆弱的。」[17] 基督宗教對人的內心的軟弱，有非常深刻的了解與警惕，基督宗教的人文精神展現一種對「人之墮落性」（fallibility of man）的深刻認知與警醒。但是，中國人講身心一如，不講身心二分，這是中西思想的一個對比。

第三點，孔子肯定「人」的生命之有限性，認為人的生理的生命必須轉化為人文理性的生命。《論語．季氏》第七章，孔子說：「君子有三戒：少之時，血氣未定，戒之在色；及其壯也，血氣方剛，戒之在鬭；及其老也，血氣既衰，戒之在得。」[18] 孔子這段話警惕我們：有些年紀大的人，已經日薄西山、夕陽西下，因此很容易在生命的落日餘暉中想要抓到什麼，但愈執著卻愈抓不到。朱子引用北宋范祖禹（一〇四一—一〇九八）的話，范祖禹是北宋時期三個協助司馬光（一〇一九—一〇八六）整理《資治通鑑》資料的助理之一，是很有才氣的一個人。朱子引用范祖禹的話，說：「聖人同於人者，血氣也；異於人者，志氣也。」[19] 也就是說，人如果想成為「聖人」的話，那麼就必須將「血氣」轉化成「志氣」。

除了來自人的身體之內的「血氣」之限制，我們在《論語》的字裡行間，也能讀出孔子對於人所不能主宰的「天命」限制之肯定。《論語・子罕》第五章「子畏於匡」，這個「畏」要怎麼解釋呢？清代俞樾（一八二一—一九〇七）《群經平議》說：「畏於匡者，拘於匡也。」[20] 孔子被抓起來了，也非常坦然，孔子說：「天之將喪斯文也，後死者不得與於斯文也；天之未喪斯文也，匡人其如予何？」[21] 孔子以文化的承擔者自許，孔子深信文化之延續，非由匡人所能斷絕。在此章中，孔子認為文化之存亡乃由超越的「天」決定。

孔子面對生命的危難時，他常常將它與「天命」連繫在一起。《論語・憲問》第三十八章：「子曰：『道之將行也與？命也。道之將廢也與？命也。公伯寮其如命何！』」[22] 在儒家的古籍裡，我們有時候看到「命」這個字，有時是「天命」這個詞。這個「命」若單字出現，多半指「命運」，是"Fate"；如果是「天命」，則是"Mandate of Heaven"，是在天人合一脈絡中講「天命」，「天命」既超越於人之上，但又內在於人「心」之中，可以被人所知，所以孔子說「五十而知天命」。[23]用牟宗三先生的說法，就是「天道性命相貫通」，[24]這是中國哲學最重要的命題之一，也是儒家人文精神的核心。

總結以上講孔子對「人」的看法可以歸納三點：（一）人有自由意志；（二）心靈的愉悅超越物質的愉悅；（三）肯定人的生命的有限性，但是強調生理的生命必須轉化為文化的生命。這三大命題，對我們今天仍還有重要的啟示。

孟子對「人」的看法

我們再看看孟子對「人」的看法。

第一點，孟子肯定「人」具有道德本能，他稱為「良知」或者「良能」。「良知」可以翻譯成"innate knowing"，是動態的詞彙，就好像電子產品內建軟體的功能。《孟子・告子上》第六章說：[25]

> 惻隱之心，人皆有之；羞惡之心，人皆有之；恭敬之心，人皆有之；是非之心，人皆有之。惻隱之心，仁也；羞惡之心，義也；恭敬之心，禮也；是非之心，智

也。仁義禮智，非由外鑠我也，我固有之也，弗思耳矣。

孟子認為由四種「心」可以產生四種美德，是「我固有之也」。孟子這個講法，在紛亂的戰國時代挺立了人之尊嚴，孟子主張人的內在美德是「我固有之也」，人只要不「旦旦而伐之」，使它「牛山濯濯」，[26]就會有道德意識。孟子的論點引導我們進一步思考一個問題：道德意識是人的本能嗎？或是必須經過學習才能得到呢？或是道德意識的產生是要經由人的情感才能產生呢？這是倫理學的問題，我們可以思考。

我引用朱子的解釋。朱子寫「愚按」，以示己意與孟子有別。他說：[27]

> 愚按：程子此說才字，與孟子本文小異。蓋孟子專以其發於性者言之，故以為才無不善；程子兼指其稟於氣者言之，則人之才固有昏明強弱之不同矣，張子所謂氣質之性是也。二說雖殊，各有所當，**然以事理考之，程子為密**。

朱子注孟，卻引程子之語以修正孟子，這樣注釋經典的方式比較少見，可見朱子個人思想的主體性非常強烈。在朱子《四書章句集注》中，凡是以「愚按」起頭的文字，都是朱子的一家之言，非常精采。

《孟子．離婁下》第十九章：「孟子曰：人之所以異於禽獸者幾希，庶民去之，君子存之。舜明於庶物，察於人倫，由仁義行，非行仁義也。」[28] 據說人與猩猩的DNA有九九％以上相同，而孟子所注重的則是那一％「異於禽獸」的部分。這一％的差異，一般人會讓它流失，但一個有修養的人會將它保存。孟子認為像舜這樣的人，對一般的事情都很明瞭，他是隨著與生俱來這「異於禽獸」之仁義而行，他不是去行「仁」與「義」。朱子注云：「由仁義行，非行仁義；則仁義已根於心，而所行皆從此出。非以仁義為美，而後勉強行之，所謂安而行之也。」[29] 這裡孟子與朱子所提出的，就是一種內建於人類心中的「良知」、「良能」。

所以，《孟子．離婁下．一二》中說：「大人者，不失其赤子之心者也。」[30] 東漢末年第一個注解《孟子》的趙岐（？—二〇一）注此章云「大人謂君」。[31] 我們從趙岐注可以看到漢儒的思維傾向。在大一統帝國的時代氛圍裡，漢儒常常看到「大人」一詞，便想到統治者。但是在先秦孔孟思想中，「大人」常常不是指統治者，而是有德行的人，是「造次必於是，顛沛必於是」[32] 的人。因此相較於趙岐的說法，朱子的講法比較契合孔學精神。[33] 朱子曾經批評趙岐注《孟子》「拙而不明」，[34] 南宋陸象山（一一三九—一一九三）說趙岐解《孟子》「文義多略」，[35] 是很有見識的意見。

第二點，孟子主張人的「心」具有普遍必然性及優先性。「心」相對於「物」來講，《孟子．公孫丑上》第二章，[36] 記載一段非常精采的對答。孟子說「我四十不動心」，為什麼「不動心」

呢？孟子說：「我善養吾浩然之氣」。孟子又進一步解釋說：「夫志，氣之帥也；氣，體之充也。夫志至焉，氣次焉。」趙岐注「志」，是「心所念慮也」，[37] 朱子注曰：「心之所之也」。[38] 這裡的哲學問題是，孟子認為「心」因為是普遍的，所以是必然的。但「心之普遍必然性」要怎麼證立呢？值得進一步思考。

第三點，孟子認為人的「心」是價值意識的根源與發動機。《孟子・告子上》第十五章：[39]

〔公都子〕曰：「鈞是人也，或從其大體，或從其小體，何也？」曰：「耳目之官不思，而蔽於物，物交物，則引之而已矣。心之官則思，思則得之，不思則不得也。此天之所與我者，先立乎其大者，則其小者弗能奪也。此為大人而已矣。」

這段對話將人的道德思考歸結到一個「天之所與」的宇宙論基礎上，把人的生命高度拉高了。孟子認為：「心」是價值意識的發動機，作為「大體」的「心」，具有「思」的能力，作為「小體」的「耳目之官」，不具有「思」的能力。一切的價值意識，都是根源自於「心」。「君子所性，仁義禮智根於心」，[40] 人性尊嚴建立在「天爵」而不在「人爵」之上，[41] 所以孟子可以在紛紛擾擾的戰國時代裡挺立知識分子的氣象，傲視王侯。這與孟子生活的時代氛圍有關，英年早逝的史學家張蔭麟（一九〇五—一九四二）先生在抗戰時期著有《中國史綱》，他將列國之間的戰爭譬喻為博弈，春秋時代的國君搓的是衛生麻將，戰國國君則嗜賭梭哈，因此常常輸到落跑。[42] 在戰國時代社會氛圍之中，孟子的傲視王侯，並不是來自外在的傲慢，而是來自於內在的「浩然之氣」，這是因為「道義為之根」，[43] 它建立在「天爵」之上而不是在「人爵」之上。

第四點，孟子主張一旦掌握「心」的本質，人的生命就可以躍入宇宙大化之根源。《孟子．盡心上》第一章：「盡其心者，知其性也。知其性，則知天矣。存其心，養其性，所以事天也。殀壽不貳，修身以俟之，所以立命也。」[44]「安身立命」這個名詞就是從《孟子》來的，日本的私立大學中有一所名為「立命館大學」。可是「盡心」、「知性」、「存心」、「養性」就可以「知天」嗎？為什麼呢？針對這個問題，余英時先生在《論天人之際：中國古代思想起源試探》一書中，提出非常具有說服力的解釋。他說孟子這句話顯示兩個層次的合一：一個層次是「人與自己合一」，另一個層次是「人與宇宙合一」，達到「上下與天地同流」的「天人合一」的境界，[45] 這是一個很通達的解釋。

孔孟論成為完整的人之關鍵：「心」

我們接著追問孔孟：成為「完整的人」的過程中的關鍵詞是什麼？孔孟的回答，可能就是「心」這個字。孔孟都認為通過「自我」轉化，就可以完成「世界」轉化的偉大事業。孔子思想中「自我」轉化的關鍵字是「君子」。我們知道在孔子以前，「君子」一詞早已出現在許多文獻中，尤其是《詩經》。《詩經》是周朝王官在今天渭河平原採詩，如司馬遷（一四五／一三五—八七（九〇？）BCE）所說，將不雅馴的內容加以潤色與美化後的詩歌集。《詩經》這部經典中「君子」詞稱共出現一八九次，如「未見君子」「憂心忡忡」，[46] 因為年輕的公子、丈夫、情人都隨周公東征，他們的女朋友、太太，留在渭河平原思念，等候良人回來「執子之手」，「與子偕老」，[47] 在《詩經》中的「君子」的用法，主要是指國君、公子、丈夫、情人。

孔門師生將「君子」一詞的含義加以翻轉，將原來指西周時代指稱社會地位的「君子」，轉化成指成德之人格。《論語》中「君子」一詞共出現一〇七次，《論語・憲問》第四十五章：[48]

> 子路問君子。子曰：「脩己以敬。」曰：「如斯而已乎？」曰：「脩己以安人。」曰：「如斯而已乎？」曰：「脩己以安百姓。修己以安百姓，堯舜其猶病諸！」

孔子的回答，正是對十九世紀中葉青年馬克思（Karl Marx，一八一八—一八八三）的問題最好的回答。青年馬克思在一八四五年春天寫了《費爾巴哈提綱》，在最後一條中，他說：「哲學家們只是用不同的方式解釋，而問題是在於改變世界。」[49] 我們進一步的問題是：世界的改變如何可能？從孔子與子路（五四二—四八〇BCE）的對話看來，孔子會回答：「世界的改變起於自我的轉化。」

自我的轉化要通過「學」。「學」這個字在《論語》全書中共出現六十四次，《論語》中的「學」指成德之學而言。《論語・雍也》第二章：[50]

> 哀公問：「弟子孰為好學？」孔子對曰：「有顏回者好學，不遷怒，不貳過，不幸短命死矣！今也則亡，未聞好學者也。」

魯哀公（在位於四九四—四六八BCE）問孔子學生那麼多，誰最好學。孔子說顏回很好學，可惜短命而死。在《史記》〈仲尼弟子列傳〉中，司馬遷說顏回死時只有二十九歲。[51] 孔子形容顏回的「好學」是「不遷怒，不貳過」，由此可知，孔子的「學」是指「成德之學」。孔子講「十室之邑，必有忠信如丘者焉，不如丘之好學也。」[52] 孔子的「好學」是當時的人所共同稱讚的。

孔子肯定「自我」是意志方向之決定者，最精采是《論語・顏淵・一》「顏淵問仁」這一章：[53]

> 顏淵問仁。子曰：「克己復禮為仁。一日克己復禮，天下歸仁焉。為仁由己，而由人乎哉？」顏淵曰：「請問其目。」子曰：「非禮勿視，非禮勿聽，非禮勿言，非禮勿動。」顏淵曰：「回雖不敏，請事斯語矣。」

需要思考的是，孔子說「一日克己復禮，天下歸仁」。這種推論從現代人看來，是不是太簡單了呢？《論語》「克己復禮」章其實觸及一個重要的哲學問題：「德行」（virtue）與「功業」（achievement）是什麼關係？是邏輯關係（logical relationship）或因果關係（causal relationship）？[54] 以上從西洋哲學提出來的問題，對孔學是很大的挑戰。

當年蘇格拉底（Socrates，四六九—三九九BCE）站在雅典城邦的市場（agora）門口向年輕人詰問：「你快樂嗎？」「你為什麼快樂？」，蘇格拉底因「腐化雅典青年」之罪名，最後被判處死刑，這是人類對哲學所做出的第一次謀殺。蘇格拉底的問題是非常值得深思的問題。針對蘇格拉底的問題，孔子會回答，人會快樂是因為「心」具有自由意志，不是莊子（約三九九—二九五BCE）所說的「至人用心若鏡」，[55] 儒家的「心」不是反映外界現象的鏡子而已。

孔子是說他「三十而立」，這句話可以理解為孔子說他在三十歲建立「心」的自主性，獲得人作為主體的自由。關鍵在於「自主性」，若從孔學的立場來看，所謂「自主性」，就是孔子肯定「心」具有「自我立法」（self-legislature）的功能，無待於「心」以外之力量。譬如我們臺灣大學的教育內容、課程規劃、學生事務等等，是大學本身通過自我立法的意志而完成，無待於大學以外的力量（如政治力或經濟力）之指導，所謂「大學自主」即指此而言。同理，「心」也無待於「心」以外的力量，而成就所謂的「主體自由」。也就是：「人」不再受外界名聞利養之拉扯，可以成為「自由的」行動主體。

孟子進一步主張「心」是價值意識的發動機。他認為人的道德意識具有內在性。《孟子・告子上》第六章：[56]

> 孟子曰：「乃若其情，則可以為善矣，乃所謂善也。若夫為不善，非才之罪也。惻隱之心，人皆有之；羞惡之心，人皆有之；恭敬之心，人皆有之；是非之心，人皆有之。惻隱之心，仁也；羞惡之心，義也；恭敬之心，禮也；是非之心，智也。仁義禮智，非由外鑠我也，我固有之也，弗思耳矣。故曰：『求則得之，舍則失之。』或相倍蓰而無算者，不能盡其才者也。《詩》曰：『天生蒸民，有物有則。民之秉夷，好是懿德。』孔子曰：『為此詩者，其知道乎！故有物必有則，民之秉夷也，故好是懿德。』」

孟子也肯定道德意識的普同性。《孟子・告子上》第七章：[57]

> 孟子曰：「〔……〕口之於味也，有同耆焉；耳之於聲也，有同聽焉；目之於色也，有同美焉。至於心，獨無所同然乎？心之所同然者何也？謂理也，義也。聖人先得我心之所同然耳。故理義之悅我心，猶芻豢之悅我口。」

孟子指出：只要是「人」就喜歡吃好吃的東西，耳朵都喜歡聽好聽的音樂。難道到了我們的「心」，就沒有「同然性」了嗎？什麼是「心」的「同然性」呢？就是人「心」都追求「理」、「義」，只是聖人比我們先得到心之「同然性」而已。所以，「理」跟「義」是讓我的「心」感到快樂，就好像我的口吃到好吃的食物而感到愉悅一樣。儒家的經典很喜歡用譬喻思維，特別是隱喻思維。

孔孟的「心學」必須面對一個嚴肅的挑戰，讓我引用二十世紀自由主義哲學家以撒・柏林（Isaiah Berlin，一九〇九—一九九七）《自由四論》[58] 來提出質疑。柏林是生於莫斯科的猶太人，小時候與父母移民英國前從未學過英文，到了英國以後，很快就能講一口漂亮的牛津腔英文，進入牛津大學學習古典學，而且成為牛津大學最傑出的學生。在學生時代他就獲得洛克獎（John Locke Prize），後來與阿爾弗雷德・艾耶爾（A. J. Ayer，一九一〇—一九八九）、約翰・

奧斯丁（J. L. Austin，一九一一—一九六〇）等哲學家成為摯友，在一九三〇年代共同建立「牛津哲學」（Oxford philosophy），一九七四至一九七八年，更擔任大英學術院（British Academy）院長。他逝世時《紐約時報》（*The New York Times*）頭版稱譽有加，認為他著作的中心主題在於闡釋自由概念與人性之尊嚴。

柏林的牛津大學講座教授就任演說辭〈兩種自由概念〉（"Two Concepts of Liberty"）有一個段落，可以引用來批判儒家「心學」：所謂「心學」到底是「隱退於內心的碉堡中」還是「內在移民」呢？柏林說：[59]

> 禁欲主義者、寂靜主義者、斯多噶學派、佛門聖徒，以及各種教徒或非教徒所一貫使用的「自我解脫」（self-emancipation）之途，他們逃離了世界，逃開了社會與輿論的枷鎖，其方法是某種深思熟慮後的「自我轉變」（self-transformation），這一轉變使他們能不再介意那些世俗的價值，能維持自我的孤立，而獨立自處於世界的邊緣，世界的武器已不能再傷害他們。

柏林上述意見能否用來批判儒家與佛教的「心學」呢？在佛滅度以後，許多佛教徒到山上修行，他們常面對質疑：佛教徒總是說自利利他，卻一天到晚跑到山上去修行，又怎能利他呢？因此，柏林說，凡是講「心學」的人都「隱退於內心的碉堡」，可能並不公允，因為佛教徒可以說，他們之所以退隱於深山，乃是為了蓄積更大的能量，以便將來下山後更能利益眾生。孔孟也可以用同樣的話，來回應對於孔孟「心」學的質疑。

孔、孟的「心學」並不是「逃離世界」，而是「介入世界」，因為孔孟「心學」的要義，第一點是主張「心」對「物」有優先性（priority），認為世界萬事萬物並無獨立實有性，都是依存於「心」或隨「心」而轉；第二點則是相信人的「存心」比「功效」重要，而且「存心倫理學」（ethics of conviction）比「功效倫理學」（ethics of consequence）重要並具有優先性。再加上儒家有一種所謂「儒家整體規劃」（"the Confucian project"），[60]「內聖外王」一詞雖然出自莊子，[61]但是用來形容儒家卻頗為貼切。孟子說：「天下之本在國，國之本在家，家之本在身」，[62]可以說，孔、孟「心」學是建立在「心」與「世界」之互動關係之上的學問。

結論與啟示

在本講論述內容的基礎上，我想提出以下結論與啟示：

第一，孔子所說「學而時習之」的「學」之解釋，自古以來或訓為「覺」，或訓為「效」。

梁代的皇侃（四八八—五四五）引《白虎通》云：「學，覺也，悟也」，並釋云：「言用先王之道，導人情性，使自覺悟也。去非取是，積成君子之德也。」[63] 自北宋以降，以「覺」釋「學」之說大暢，錢時（一一七五—一二四四）以「覺其所固有」[64] 釋「學」。此說必以儒家「心」學作為理論基礎。南宋楊簡（慈湖，一一四〇—一二二五）以孟子的「求其放心」解釋「學」，[65] 陸九淵（象山，一一三九—一一九二）說「學苟知本，《六經》皆我註腳」，[66] 均以「心」之醒覺作為以「覺」訓「學」之基礎。「學」的第二種詮釋進路是朱子之以「效」訓「學」，[67] 朱子後學如陳淳（北溪，一一五三—一二一七）、[68] 金履祥（仁山，一二三二—一三〇三）、[69] 許謙（白雲，一二七〇—一三三七）[70] 均循朱注以「學」指效法先覺。朱子承繼孟子「使先知覺後知，使先覺覺後覺」的說法，[71] 還是回到「學」作為「覺」的中國思想主流中。這種覺醒，是要建立人頂天立地的人格，不被外在力量所牽引，鼓勵人要做自己的主人，努力達到君子的境界。民國時代弘揚律宗的弘一大師（李叔同，一八八〇—一九四二）抄寫的《格言別錄》有一句話說：「花繁柳密處撥得開，方見手段；風狂雨驟時立得定，才是腳跟。」[72] 人們每天的生活都經常處於「花繁柳密處」以及「風狂雨驟時」，這個時候我們需要經由「學」而豐富我們內在的文化資源，才能產生內在強勁的生命力，才能撥得開，才能立得定。孔子所謂的「學」可以這樣解讀。

第二，孔孟論「心」之「覺醒」之方法有二：（一）轉化「自我」，如孔子說「克己復禮

為仁」，孟子說「養浩然之氣」，都是轉化「自我」的方法；（二）主張人應回歸「本心」，例如蘇東坡（一〇三七—一一〇一）的詩說「此心安處是吾鄉」，[73] 一旦回歸本心，人就可以彰顯內在的「仁義之心」，正如孟子所說：「雖存乎人者，豈無仁義之心哉？」[74]

第三，孔、孟主張「仁義內在，即心見性」。[75] 這是牟宗三先生的話，這八個字用來講孔孟之學，切中孔孟思想核心，非常精采。他用來鼓勵人自作主宰，要頂天立地，做自己的主人，不尋求超越的神祕力量或人格化的「神」（personal god）的救贖。因為「仁義禮智根於心」，在日常生活中就能夠「一切時處，如對聖顏」。

第四，孔孟主張「人」的生命之高度決定人的生命風景之差異。在《論語・子張》第二十二章有一句話，可以代表孔門師生共識：「賢者識其大者，不賢者識其小者」，[76] 因此有什麼樣的生命高度，所看到的生命的風景就不一樣。孔、孟的主張就是要我們提升我們的高度，更上層樓，窮千里目，看到更廣袤的生命風景。

附錄

一、閱讀作業：

1. 《論語》：〈陽貨・二〉、〈陽貨・三〉、〈子罕・二五〉、〈述而・一五〉、〈雍也・九〉、〈憲問・一二〉、〈陽貨・二一〉、〈微子・六〉、〈述而・二九〉、〈微子・一〉、〈里仁・一六〉、〈里仁・一一〉、〈述而・三六〉、〈子路・二三〉、〈為政・一四〉、〈子路・二五〉、〈顏淵・一六〉、〈憲問・四五〉、〈季氏・七〉、〈子罕・五〉、〈憲問・三八〉
2. 《孟子》：〈告子上・六〉、〈離婁下・一九〉、〈離婁下・一二〉、〈離婁下・二八〉、〈告子上・一〉、〈告子上・二〉、〈告子上・三〉、〈告子上・七〉、〈公孫丑上・五〉、〈盡心上・一五〉、〈告子上・四〉、〈告子上・七〉、〈盡心上・二一〉、〈離婁上・三二〉、〈告子下・二〉

二、延伸閱讀：

1. 余英時，《論天人之際：中國古代思想起源試探》（新北：聯經出版公司，二〇一四）。
2. 黃俊傑，《東亞儒家仁學史論》（台北：臺灣大學出版中心，二〇一七），第四章，頁一三五—二一〇。
3. 徐復觀，《中國人性論史・先秦篇》

（新北：臺灣商務印書館，一九六九）。

三、思考問題：

1. 在二十一世紀全球化時代裡，「自我」與「他者」常處於緊張之中。您認為這種緊張關係是否可能化解？應如何化解？為什麼？

2. 儒家教育哲學的根本基礎在於「人之可完美性」的信念，試論這個信念的正面意義與負面影響。

四、關鍵詞：

1. 良知
2. 心
3. 君子
4. 自我之法
5. 存心倫理學

五、本講內容架構圖：

第二講：「人」是什麼？完整的人如何可能？

引言

- 中國人文精神與希臘人文精神
- 本講問題：(一)「人」是什麼？(二)「完整的人」如何可能？(三)孔孟的人性觀有何問題？有何新啟示？

孔子對「人」的看法

- 孔子主張「人」具有自由意志
- 孔子主張「人」心靈的愉悅超越物質的享樂
- 孔子肯定「人」之有限性：生理生命必須轉化

孟子對「人」的看法

- 孟子肯定「人」具有道德本能＝「良知」、「良能」
- 孟子思想中「心」具有普遍必然性及優先性
- 孟子認為「心」是價值意識的根源與發動機
- 孟子主張一旦掌握「心」的本質，人的生命就可以躍入大化之源

孔孟論成為完整的人之關鍵：「心」

- 從「自我」的轉化到「世界」的轉化
- 孔子肯定「自我」是意志方向之決定者
- 孔子所說「心」具有自由意志
- 「三十而立」的一種解釋
- 孟子主張「心」是價值意識的發動機
- 質疑：儒家「心」學＝「隱退於內心的碉堡中」或「內在移民」
- 回應：孔孟「心」學不是「逃離世界」，而是「介入世界」

結論與啟示

- 孔子所謂「學」＝「覺醒」＝不被外在力量牽引，做自己的主人＝「君子」
- 孔孟論「覺醒」的方法：(一)轉化「自我」(二)回歸「本心」
- 孔孟主張「仁義內在」、「即心見性」，鼓勵人自作主宰
- 孔孟主張「人」的生命之高度決定生命風景之差異

注釋

1 柏拉圖（Plato）著，侯健譯，《理想國》（新北：聯經出版公司，一九八〇）。

2 《論語・顏淵・一二》，見〔宋〕朱熹，《四書章句集注》，頁一八八。

3 馬克思著，《路易波拿巴的霧月十八日》，收入《馬克思恩格斯選集》，卷一下，引文見頁六〇三。

4 余英時，《論天人之際：中國古代思想起源試探》（新北：聯經出版公司，二〇一四）。

5 Aeschylus, translated by James Scully and C. John Herington, *Prometheus Bound* (New York: Oxford University Press, 1975, 1989).

6 參看：Donald J. Munro, *The Concept of Man in Early China* (Stanford, Calif.: Stanford University Press, 1969)，中譯本：〔美〕孟旦著，丁棟、張興東譯，《早期中國「人」的觀念》（北京：北京大學出版社，二〇〇九）；另參徐復觀，《中國人性論史（先秦篇）》（新北：臺灣商務印書館，一九六九）。

7 《左傳・宣公二年》，見楊伯峻，《春秋左傳注》（北京：中華書局，一九九五），上冊，頁六六二—六六三。

8 《左傳・宣公二年》，見楊伯峻，《春秋左傳注》，上冊，頁六六三。

9 〔宋〕朱熹，《論語集注》，收入《四書章句集注》，頁一五五。

10 引文見〔宋〕朱熹，《四書章句集注》，頁一五五。

11 〔宋〕鄭汝諧，《論語意原》（北京：中華書局，一九八五），卷二，頁四三。

12 〔宋〕朱熹，《論語集注》，收入《四書章句集注》，頁一三四。

13 引文見〔宋〕朱熹，《四書章句集注》，頁一三四。

14 〔宋〕朱熹，《論語集注》，收入《四書章句集注》，頁一三〇。

15 同上注，頁一一七。

16 Paul Friedländer, *Plato: The Dialogues: Second and Third Periods*, trans. from the German by Hans Meyerhoff (Princeton: Princeton University Press, 1970), 63E-69E, pp. 42-43.

17 《新約全書‧馬太福音‧二六》（二六：四一），見《新舊約全書》（香港：聖經公會發行，一九六二），頁四〇。

18 〔宋〕朱熹，《論語集注》，收入《四書章句集注》，頁二四一。

19 引文見〔宋〕朱熹，《四書章句集注》，頁二四一。

20 〔清〕俞樾，《群經平議》（高雄：河洛圖書出版社，一九七五），下冊，頁一九七〇。

21 《論語‧子罕‧五》，見〔宋〕朱熹，《四書章句集注》，頁一四八。

22 〔宋〕朱熹，《論語集注》，收入《四書章句集注》，頁二一九。

23 《論語‧為政‧四》，見〔宋〕朱熹，《論語集注》，收入《四書章句集注》，頁七〇。

24 牟宗三，《中國哲學的特質》第四講，收入氏著，《牟宗三先生全集》，第二八冊，頁二一——二六。

25 〔宋〕朱熹，《孟子集注》，收入《四書章句集注》，頁四五九—四六〇。

26 《孟子‧告子上‧八》，見〔宋〕朱熹，《四書章句集注》，頁四六三。

27 〔宋〕朱熹，《四書章句集注》，頁四六一。

28 〔宋〕朱熹，《孟子集注》，收入《四書章句集注》，頁四一一。

29 引文見〔宋〕朱熹，《四書章句集注》，頁四一二。

30 〔宋〕朱熹，《孟子集注》，收入《四書章句集注》，頁四〇九。

31 〔漢〕趙岐，《孟子注疏》，頁二六〇。

32 〔宋〕朱熹，《論語集注》，收入《四書章句集注》，頁九三。

33 〔宋〕朱熹注云「大人之所以為大人，正以其不為物誘，而有以全其純一無偽之本然」，見《四書章句集注》，頁四〇九。

34 〔宋〕黎靖德編，《朱子語類》（北京：中華書局新校標點本，一九八六），第四冊，卷五一，頁一二一八。

35 〔宋〕陸九淵，《象山全集》（四部備要本），卷三四，頁一〇—一一。

36 〔宋〕朱熹，《孟子集注》，收入《四書章句集注》，頁三一七—三二〇。

37 〔漢〕趙岐注曰：「志，心所念慮也」，見《孟子注疏》，卷三，頁九〇。

38 〔宋〕朱熹注云：「若論其極，則志固心之所之，而為氣之將帥」，見《四書章句集注》，頁三二一—三二二。

39 〔宋〕朱熹，《孟子集注》，收入《四書章句集注》，頁四六九。

40 《孟子・盡心上・二一》，見〔宋〕朱熹，《四書章句集注》，頁四九七。

41 《孟子・告子上・一六》，見〔宋〕朱熹，《四書章句集注》，頁四七〇。

42 張蔭麟，《中國史綱》（南京：江蘇文藝出版社，二〇〇八），第五章〈戰國時代的政治與社會〉第一節：「若把戰爭比於賭博，那麼，春秋的列強，除吳國外，全是涵養功深的賭徒，〔……〕戰國時代的列強卻多半是濫賭的莽漢，把全部家業作孤注一擲。」，頁一〇〇。

43 〔宋〕文天祥，〈正氣歌〉，收入《文文山全集》（台北：世界書局，一九六二），卷一四，頁三七五。

44 〔宋〕朱熹，《孟子集注》，收入《四書章句集注》，頁四八九。

45 參看：余英時，《論天人之際：中國古代思想起源試探》，第三章〈天人關係的新轉向〉，頁一二九—一三一。

46 見〈召南・草蟲〉，收入〔宋〕朱熹集傳，《詩經》（上海：上海古籍出版社，二〇〇九），頁三八。

47 見〈邶風・擊鼓〉，收入〔宋〕朱熹集傳，《詩經》，頁三八。

48 〔宋〕朱熹，《論語集注》，收入《四書章句集注》，頁二二二。

49 馬克思著，〈關於費爾巴哈的提綱〉，收入《馬克思恩格斯選集》，卷一上，頁一六—一九，引文見頁一九。

50 〔宋〕朱熹，《論語集注》，收入《四書章句集注》，頁一一三。

51 〔漢〕司馬遷著，〔日〕瀧川龜太郎注，《史記會注考證》（台北：洪氏出版社，一九八六），卷六七，〈仲尼弟子列傳第七〉：「回年二十九，髮盡白，蚤死」，頁八七八。

52 《論語・公冶長・二七》，見〔宋〕朱熹，《四書章句集注》，頁一一二。

53 〔宋〕朱熹，《論語集注》，收入《四書章句集注》，頁一八一—一八二。

54 儒家政治思想中「德」與「業」之間的關係，在孔孟及歷代儒者對管仲（730-645BCE）這個個案的評論中，表現得最清楚，參看：Hoyt Cleveland Tillman, "The Development of Tension between Virtue and Achievement in Early Confucianism: Attitudes toward Kuan Chung and Hegemon（pa） as Conceptual Symbols," *Philosophy East and West*, Vol. 31, No. 1,（January 1981）, pp. 17-28；黃俊傑，《東亞儒家仁學史論》（台北：臺灣大學出版中心，二〇一七），第九章，頁三七七—四一四。

55 引文見〈內篇・應帝王〉，〔清〕郭慶藩撰，王孝魚點校，《莊子集釋》（北京：中華書局，一九八五），第一冊，頁三〇七。

56 〔宋〕朱熹，《孟子集注》，收入《四書章句集注》，頁四五九—四六〇。

57 〔宋〕朱熹，《論語集注》，收入《四書章句集注》，頁四六二。

58 Isaiah Berlin, *Four Essays on Liberty* (Oxford: Oxford University Press, 1969, 1977)，中譯本：以撒・柏林（Isaiah Berlin）著，陳曉林譯，《自由四論》（新北：聯經出版公司，一九八六）。

59 以撒・柏林（Isaiah Berlin）著，陳曉林譯，《自由四論》，頁二四七。

60 余英時，〈試說儒家的整體規劃〉，收入氏著，《宋明理學與政治文化》（台北：允晨文化，二〇〇四），頁三八八—四〇七，此名詞見頁四〇〇。
61《莊子・天下》：「是故內聖外王之道，闇而不明」，見〔清〕郭慶藩撰，王孝魚點校，《莊子集釋》，第四冊，頁一〇六九。
62《孟子・離婁上・五》，見〔宋〕朱熹，《四書章句集注》，頁三八九。
63〔魏〕何晏集解，〔南朝・梁〕皇侃義疏，〔清〕鮑廷博校，《論語集解義疏》（台北：藝文印書館景印知不足齋叢書本，一九六六），卷一，頁一—四。
64〔宋〕錢時，《融堂四書管見》（新北：臺灣商務印書館景印四庫全書珍本，一九六九—一九七〇），卷一，頁一—二。
65〔宋〕楊簡，《慈湖遺書》（新北：臺灣商務印書館景印文淵閣四庫全書，一九八三），卷一〇，頁一。
66〔宋〕陸九淵，《象山語錄》（台北：臺灣中華書局，一九六六），卷三四，頁一—二。
67參看：〔宋〕朱熹，《論語集注》，收入《四書章句集注》，頁六一；〔宋〕朱熹，《四書或問・論語或問》（上海：上海古籍出版社，二〇〇一），頁一〇三。
68〔宋〕陳淳，《北溪大全集》（台北：臺灣商務印書館景印四庫全書珍本，一九七一），卷一八，頁三—五。
69〔明〕章一陽輯，《金華四先生四書正學淵源》，收入《四庫全書存目叢書》（台南：莊嚴文化，一九九七），第一六三冊，頁六四三。
70〔宋〕許謙，《讀論語叢說》，收入《續修四庫全書》（上海：上海古籍出版社，一九九五），第一五三冊，頁一。
71《孟子・萬章上・七》，見〔宋〕朱熹，《四書章句集注》，引文見頁四三三。
72《格言別錄：弘一法師寫本》（台北：傳文文化事業有限公司，一九九六），頁五—六。
73〔宋〕蘇軾，〈定風波・南海歸贈王定國侍人寓娘〉，收入鄒同慶、王宗堂著，《蘇軾詞編年校注》（北京：

中華書局，二〇〇二），中冊，頁五七九。

74 《孟子・告子上・八》，見〔宋〕朱熹，《四書章句集注》，頁四六三。

75 牟宗三，《中國哲學的特質》：「孟子所代表的一路，中心思想為『仁義內在』，即心說性。孟子堅主仁義內在於人心，可謂『即心見性』，即就心來說性」，收入氏著，《牟宗三先生全集》，第二八冊，頁五七。

76 〔宋〕朱熹，《論語集注》，收入《四書章句集注》，頁二六八。

第三講

人應如何學習？學習的目標是什麼？

引言

進入二十一世紀以後，世界各國大學教育的理念經歷激烈震盪，傳統的大學理念雖然仍居主流，但是新興的大學教育理念，在青年世代失業率增加，以及「人工智慧」（AI）興起等背景之下，強調大學教育的就業導向。日本政府從二〇一九年開始推動「專門職大學」，強調畢業生就業的「即戰力」。台灣有些大學也強調，大學教育應以學習「工具性技能」為主，而且以「實作」為核心，透過實作，提高學生使用能提升就業能力的工具之技能與效率。這樣定義下的「工具性技能」的學習，在分工日益細緻的「後工業社會」（post-industrial society）中，雖然有其時代相應性，但是，從傳統教育哲學的立場來看，以「工具性技能」為主的教育，確實有很大的再討論的空間，因為說到運用「工具性技能」，動物不比人差。黑猩猩會應用石頭敲出核桃，而且完全是實作。因此，我們應該深思的是：人應如何學習？學習的目標是什麼？

古希臘偉大哲學家亞里斯多德（Aristotle，三八四—三二二BCE）告訴我們學習的目標有兩種：一種是學習技藝（technology），另一種是學習「實踐的智慧」（practical wisdom），他說：[1]

> 實踐的智慧不是科學，因為人的品性能經常變動，它又不是技藝，因為行為與製造是不同的。〔……〕實踐的智慧是一種理智的才能，它使人達到事實的真理，即分辨人生的善惡。柏利克萊斯（Pericles）及其他名人受大家的推崇，就是因為他們有實踐智慧的天才。

亞里斯多德說，教育的目的在學習「實踐的智慧」。因此，我們以上的導言，將帶領我們來叩問孔孟：我們要學習什麼？教育的目標是什麼？我們為什麼學習？我們也要叩問孔孟，如何學習才能獲得「實踐的智慧」？

孔孟論教學的目標

「人」為什麼學習？學習的目標是什麼？我們若以這個問題叩問孔孟，孔孟大概會如此回答：**學習的目標是轉化「自我」的生命，從人的內心深處完成一種「無聲的革命」**。巴斯特納克（Boris Leonidovich Pasternak，一八九〇—一九六〇）這位冷戰時代前蘇聯著名作家，在他一九五八年獲得諾貝爾文學獎的著名小說《齊瓦哥醫生》（一九五七年初版）裡曾說，每個人都經歷過兩種革命，一種是「自己獨自的革命」，另一種是「與他人共同經歷的革命」，[2]若將這句話加以轉譯，我們可以進一步說，這兩種革命一種是「內在而無聲的革命」，另一種是「外在而眾聲喧譁的革命」，而孔孟教育目標所要完成的革命，就是「內在而無聲的革命」。

從孔子、孟子、王陽明（一四七二—一五二九）與中、日、韓各地，歷史上偉大的儒者往往同時都是偉大的教育家。他們常興辦書院，也認為教育的目的不僅在於參加科考、博取功名或技藝傳授，而在於激發每個人心靈深處「內在而無聲的革命」。「於無聲處聽驚雷」，[3]這是所有受到最深刻的教育所震撼的學生共同的心靈經驗。南宋偉大儒者朱熹有〈答袁機仲論啟蒙〉一詩，詩中說到「啟蒙」乃是從「無知」到「有知」的心靈覺醒過程，詩句形容啟蒙之經驗如「忽然半夜一聲雷，萬戶千門次第開」。[4]這種豁然開朗的精神經驗，使學生的學習達到「向來枉費推移力，此日中流自在行」[5]的心靈悅樂之境界，這就是孔孟期許我們的學習目標。

孔孟教育的目標：轉化「自我」的生命，完成「無聲的革命」

用孔子的話來說，這種教育的目標，就是「為己」[6]之學。孟子進一步指出，教育是喚醒自我生命的覺醒，建立「自我」之主體性，使自己成為「大丈夫」（或孔子所謂的「君子」）的「為己之學」。王陽明強調所謂「學」的目的就是「致良知」，[7] 也就是認為教育是回復學習者內在本來就有的「本然之善」，使學習者生命中潛在的美，獲得誘導、舒展並開花結果，如王陽明說的「合心與理為一」，[8] 也正是在「心即理」的哲學立場上，王陽明批判朱子認為「心」要做各種努力，才能了解「理」的概念。朱子的《大學格物補傳》解釋《大學》的「格物」一詞說：「格，致也」、「物，猶事也」，所以他預設「心」和「理」是二分的狀態，今日格一物，明日格一物，「而一旦豁然貫通焉，則眾物之表裡精粗無不到，而吾心之全體大用無不明矣。」[9]

孔孟強調「為己之學」，不是為人之學，孔孟的教育要喚醒「自我」，使自己的生命更美好。那麼，儒家的教育會不會是佛家所說的「自了漢」呢？青年馬克思所撰《費爾巴哈提綱》最後一條說：「哲學家們只是用不同的方式解釋世界，而問題在於改變世界。」[10] 順此思路，我們也可以說，孔子對「如何改變世界」這個問題的回答是：**自我的轉化是世界轉化的基礎，世界的轉化起源於自我的轉化**。

孟子提出「擴充」這個概念，「擴而充之」是孟子教育哲學的關鍵詞。教育就是由內向外「擴而充之」的自我生命之轉化過程，並從「自我的轉化」啟動「世界的轉化」。所以，這種教育不是造就「自了漢」，因為如《禮記・學記》所說的：「夫然後足以化民易俗，近者說服，而遠者懷之，此大學之道也。」[11] 這句話與《論語》「老者安之，朋友信之，少者懷之」[12] 的話一脈相承。

孔子以正面的態度肯定「人」是「自我」的主人，「自我」有自由意志，孔子說：「我欲仁，斯仁至矣。」[13] 這個說法與佛教、基督教都構成對比。藏傳佛教宗喀巴（一三五七—一四一九）在《菩提道次第廣論》中說：「蓋從無始，自為心所自在，心則不為自所自在，心復隨向煩惱等障，而為發起一切罪惡。」[14] 因為人的「自我」是作不了主的，「自我」為「心」所控制，而「心」卻不會被人的「自我」所控制，而且「心」常常發起而造就各種罪惡。猶太基督宗教《新約聖經》對人的「自我」之作不了主更有非常高度的警惕，在《馬太福音》中，耶穌告訴他的門徒彼得說：「你們要遠離誘惑，你們的心誠然是願意的，但是身卻是脆弱。」[15]

在一個寬鬆的意義上，我們可以說，猶太文化、希臘文化有一個共同的界面，那就是「身心二元論」；但是，儒家強調「身」和「心」的合一，而且甚至「人」和「天」也要合一，這是中國文化的智慧。

孔子教學特重實踐

孔子講學習，特別注重實踐，這不是現代哲學家講的一套論述，「仁」這個字在《論語》

全書共五十八章中，出現一〇五次，每一個弟子在各種情境之中，提出「仁」是什麼時，孔子的回答均不相同。但其中卻有一個共同點：孔子的回答均著重在「為仁之方」，而不是「解仁之義」；孔子不是提出「仁」的定義而是指示實踐「仁」的方法。《論語》書中稱「子」一定是年紀比較大的人或是有賢德之人，因為統整編輯《論語》的弟子基本上都是晚輩。《學而》第二章，有子曰：「孝弟也者，其為仁之本與？」[16] 這句話兩千年來有許多爭議，關於「為仁」一詞，歷代的主流意見認為此處的「仁」應寫成「人」。這話意思是說「孝」、「悌」這兩種美德是人之所以為人的根本，例如明代王恕（一四一六—一五〇八）《石渠意見》：「為仁之仁，當作人，蓋承上文『其為人也孝悌』而言，孝悌乃是為人之本。」[17] 宋代陳善（字敬甫，生卒年不詳）《捫蝨新話》認為「仁」當作「人」，是古書常見的假借字。[18]

「學之為言覺也」

孔門師生所講的「學」，就是「覺」的意思。《論語》開篇「學而時習之」，[19]《白虎通・辟雍篇》云：「以覺悟所不知也」。[20] 朱子《四書章句集注》則訓為「效」，與漢朝以來訓為「覺」不一樣，但最後的目標一樣。朱子說「學之為言效也」，模仿、學習，因為「人性皆善而覺有先後，後覺者必效先覺之所為，乃可以明善而復其初也」。[21]

關於孔門的「學」這個字的含義，在德川時代日本儒者的理解中，主要是指學習修己治人的知識，除了指儒家經典為代表的文化傳統之外，也包括農業、工匠、料理、醫療等技藝。日本儒者在「實學」的思想脈絡與社會氛圍中，理解孔子的「學」的意涵。朝鮮時代的朝鮮儒者基本上將孔門的「學」，解釋為《大學》的「明明德」的工夫。[22]

在當代學者中，李明輝對於《論語·學而·一》的「學」字的解釋最為深刻，他說：[23]

〈學而篇〉第一句話強調：『學』必須在傳統的脈絡中進行；第二句話強調：『學』必須在社會的脈絡中進行。當孔子由下學而上達，並期望以『天』來見證其學時，他肯定了『學』對於傳統脈絡與社會脈絡之超越；這也正是第三句話所表達的意涵。因此，這三句話完整的說明了『學』的本質，其中顯示出『內在性』（immanence）與『超越性』（transcendence）之間的張力。換言之，孔子所理解的『學』一方面內在於傳統與社會的脈絡——合而言之，文化的脈絡——中，另一方面又超越於此一脈絡。

這樣的解釋是對孔子的「學」最恰當的理解。

孔孟教學的特色：「為己之學」

孔子提倡「有教無類」的教育宗旨，孟子發揮得最為精采，最有系統。孟子的教育是一種「整體性的教育」（holistic education），所謂「整體性」，就是指人的身、心、靈三者皆浸潤在深刻的教育的理念裡面，而且教育理念的核心，聚焦於「自我的覺醒」。[24]

孟子強調受教育者主體性之喚醒，也就是以「覺」為核心工作的教育哲學，儒家教學內容的特色是以經典及其價值理念涵納在學習者的「身」、「心」之中。

這種「為己之學」的教育方法著重因材施教。針對同一個問題（例如「什麼是仁？」），在不同的時間與空間中，孔子有不同的回答，隨機點撥，皆成教法。

總而言之，儒家這種「為己之學」的教育內容，若用當代二十世紀初年英國教育哲學學者彼得斯（R.S. Peters，一九一九—二〇一二）的名詞來說，可以說儒家所重視的是「教育」的「規範的面向」（the normative aspect of education），遠過於「教育」之「認知的面向」（the cognitive aspect of education）。[25]

儒家教學目標的實踐：書院

關於如何學習的問題，言人人殊，彼得斯說「教育」是具有高度「爭議性」（contestability）的名詞，在不同時間空間以及個人或學校的不同脈絡裡，「教育」都可以被賦予不同的定義。今天是二十一世紀的新時代，人類在各方面都經歷巨大轉變，教育也一樣，所以一開始講教育目標的實踐與學習方法的問題時，我們必須從二十一世紀出發來考慮。二戰剛結束時，一九五〇年全世界大學一共有三、五〇〇所，全世界大學生的總數是六六〇萬人；可是進入二十一世紀以後，二〇〇〇年全世界大學一共有三〇、〇〇〇所，全世界大學生人數高達八、〇五〇萬人，二〇一四年起世界各國留學生達到五百萬人，主要聚集在北美、西歐、日本。隨著中國崛起，許多非洲學生來到中國。

戰後世界各國高等教育快速發展，大學數量快速擴張，二〇二〇年全美國授與學位的大學院校總數高達三、九八二所，美國是全世界高等教育最發達的國家。美國的國力基本上就是靠高等教育撐起，而且高等教育機構數量最多，品質最好。美國頂尖大學吸收全世界各個領域的優秀青年，然後讓他們留在北美找職業，給予公民權，讓他們以後一生為美國拚搏，但是，這個高等教育狀況，在近年來隨著美國政治的變化與保護主義的興起，而有所改變。二〇二〇年全中國大陸有三、〇〇五所大學，學生人數全世界最多，接近三、七〇〇萬人。二〇二〇年台灣有一五二所大學院校，一些大學正在整併程序之中。

世界高等教育在進入二十一世紀以後，所處的社會經濟脈絡已完全不一樣了。在不一樣的脈絡與環境裡面，還有必要講儒家如何學習嗎？有必要講傳統書院教育嗎？我認為仍有必要，譬如說美國Coursera教育科技公司的MOOCs課程，在英語教育市場已取得成功，近來也進軍漢語教育市場，它力求提升課程教學品質，採邀請制，製作線上課程。如果學生能通過「MOOCs」來學習，那為何還需要來教室上課呢？我認為，不論科技如何演變，教育的基本深層原則是不變的。譬如課堂講學，需要眼神交流，這便是「MOOCs」達不到的溝通。技術性學問也許可以透過MOOCs學習，但深刻的人文社會課程，不容易完全透過網路而達到最好的教學效果。因此，我們來談一下孔孟如何教學，書院教育如何進行。

孔子開民間講學之先河，提倡「有教無類」的教育宗旨，「有教無類」真是驚天動地的一句話。因為在孔子之前，所謂的學問被貴族所掌控，在古書上稱為「王官學」，凡是有知識的人基本上都是貴族。到了孔子以後，知識不再被貴族所壟斷，就從「王官學」變成了「百家言」了。

從孔子開始，歷代儒家學者教學的場域在書院，書院裡的教師與學習者的關係，就如家人一般。《論語・先進》第二十五章，孔子幾個學生陪著孔子在談話：[26]

子路、曾晳、冉有、公西華侍坐。子曰：「以吾一日長乎爾，毋吾以也。居則曰：『不吾知也！』如或知爾，則何以哉？」子路率爾而對曰：「千乘之國，攝乎大國之間，加之以師旅，因之以饑饉；由也為之，比及三年，可使有勇，且知方也。」夫子哂之。「求！爾何如？」對曰：「方六七十，如五六十，求也為之，比及三年，可使足民。如其禮樂，以俟君子。」「赤！爾何如？」對曰：「非曰能之，願學焉。宗廟之事，如會同，端章甫，願為小相焉。」「點！爾何如？」鼓瑟希，鏗爾，舍瑟而作。對曰：「異乎三子者之撰。」子曰：「何傷乎？亦各言其志也。」曰：「莫春者，春服既成。冠者五六人，童子六七人，浴乎沂，風乎舞雩，詠而歸。」夫子喟然歎曰：「吾與點也！」三子者出，曾晳後。曾晳曰：「夫三子者之言何如？」子曰：「亦各言其志也已矣。」曰：「夫子何哂由也？」曰：「為國以禮，其言不讓，是故哂之。」「唯求則非邦也與？」「安見方六七十如五六十而非邦也者？」「唯赤則非邦也與？」「宗廟會同，非諸侯而何？赤也為之小，孰能為之大？」

孔門師生這一段談話，親切如家人。我們善讀《論語》的話，還可以感覺到文字裡的音聲。曾點「鼓瑟希」，他停下之際還有「鏗」的聲音，餘音繚繞，深叩心弦！然後才舍瑟而與孔子對答。這一段對話非常精采。許同萊先生在《孔子年譜》將孔門師生這一場對話，繫之於孔子五十歲，[27] 也就是魯定公八年（西元前五〇二年），正是孔子「五十而知天命」之時。孔子贊同「曾點境界」，這是西元第十世紀宋朝以來許多儒家學者所心馳神往的精神境界。

所謂「曾點境界」可以有各種解讀，其中一種解讀強調人與自然互相和諧，「風乎舞雩，詠而歸」，「自然」不是「人」征服的對象；另一種解讀重視人應該向內深思，而不是向外追逐名位。傳統儒家書院裡的師生關係就像家人一般，王陽明（一四七二—一五二九）在嘉靖三年八月請他所有學生吃飯，他的學生有一百餘人，他的講學是走民間路線，聽他講學的人，都是小老百姓，甚至有不認識字的人，可見他擁有磁鐵般的人格魅力。從以下這段紀錄可以看到當時的情況：[28]

> 八月，宴門人於天泉橋。中秋月白如晝，先生命侍者設席於壁霞池上，門人在侍者百餘人。酒半酣，歌聲漸動。久之，或投壺聚算，或擊鼓，或泛舟。先生見諸生興劇，退而作詩：「鏗然舍瑟春風裡，點也雖狂得我情」之句。明日，諸生入謝。

「鏗然舍瑟春風裡，點也雖狂得我情」，王陽明這兩句詩引用的是《論語》「曾點境界」的典故，同時也讓我們了解在陽明門下師生相與之際如家人相處之溫馨的狀況。

近代以前，東亞各國儒者都在書院講學。第十世紀以降，各地書院紛紛設立如雨後春筍，書院都有「學規」作為師生共同努力之教學願景。但最重要的原型，則是朱子（晦庵，一一三○—一二○○）的〈白鹿洞書院學規〉。朱子從中國古籍裡擷取《大學》、《論語》、《孟子》、董仲舒《天人三策》的話語而寫成學規：[29]

> 父子有親。君臣有義。夫婦有別。長幼有序。朋友有信。博學之。審問之。謹思之。明辨之。篤行之。言忠信。行篤敬。懲忿窒欲。遷善改過。正其義，不謀其利。明其道，不計其功。

朱子是中國歷史上興辦最多書院的教育家。他在白鹿洞書院辦學後，寫了〈白鹿講會次卜丈韻〉：「珍重個中無限樂，諸郎莫苦羨騰騫。」[30] 朱子的白鹿洞書院與他所撰的〈白鹿洞書院學規〉對朝鮮與日本的書院產生深刻的影響。朝鮮時代（一三九二—一九一○）朝鮮半島的書院學規基本上都是根據朱子的〈白鹿洞書院學規〉而加以調整，朝鮮朱子學大師李滉（退溪，一五○一—一五七○）有〈伊山書院院規〉、李珥（栗谷，一五三六—一五八四）有〈隱屏精舍學規〉，均沿襲朱子學規的內容而微調。

德川時代（一六○三—一八六八）日本的儒者也在書院講學，例如十七世紀日本古學派大師伊藤仁齋（一六二七—一七○五）推崇從中國傳來的《論語》為「最上至極宇宙第一書」，[31]

他是在重視「人倫日用」的思想脈絡裡推崇《論語》為第一書。

十八世紀以後，大阪地區工商活動頻繁，經濟發達，大阪遂有「天下の台所」（てんかのだいところ）之稱，日語「台所」就是廚房的意思。大阪地區五個大資本家捐資興辦「懷德堂書院」，懷德堂儒者的學問以朱子學為基礎，講學特重「義利合一」，而不是孟子的「義利之辨」。事實上，「義利合一」也有其古典的理據，《易經》說「利者，義之和也」。[32] 懷德堂儒者中井竹山（一七三〇—一八〇四）將朱子的〈白鹿洞書院揭示〉，刻在巨板上置於講堂；他的弟弟中井履軒（一七三二—一八一七）又將〈白鹿洞書院揭示〉抄寫、揭於懷德堂堂內，這些事實都反映朱子學的教育典範，在十八世紀日本教育界的影響力。

我們可能會好奇，在中、日、韓這些書院、私塾或藩校裡，學習活動如何進行呢？以日本為例，德川時代日本的書院內有三種階段分明的學習方法，分別是（一）素讀（そどく，六—八歲），不講文義，只讀白文，在古代要讀「唐音」，十八世紀以後日本文化主體性興起之後則以「国音」讀中國古典；（二）講釋（こうしゃく，八—十歲）解釋文義；（三）會讀（かいどく）則是師生集體一起討論。

儒家特重經典學習：與佛教比較

其次，儒家教育從孔孟經典出發，這幾乎是東亞各國儒家學者共同的一個教育傳統。儒家經典教育是一種體驗之學，更是一種實踐之學。孔子就說過我們為何學習《詩經》呢？因為在列國外交場合要吟詩、賦詩、引詩才能進行對話。所以孔子說「不學詩，無以言」。[33] 這種閱讀傳統是一種講究身心合一的閱讀，王陽明從貴州回到浙江後說，他的「致良知」之學是從「百死千難中得來」，[34] 儒家的經典閱讀是身心合一的脈絡裡講的。所以對儒者而言，經典是一種「聖書」（sacred book），具有神聖意義的書籍，所以十六世紀的朝鮮儒者李栗谷說「凡讀書者，必端拱危坐，敬對方冊，專心致志，精思涵泳」，[35] 每一句話都要尋求如何實踐的方法。在儒家傳統裡，「道」、「經典」與「聖人」三者，就構成一種意義生成循環的關係。用基督教的話來說，道、經典、聖人是「三位一體」的關係，所謂「三位一體」說是奧古斯丁（St. Augustine，三五四—四三〇）在西元後第四世紀提出的論點。奧古斯丁出身於北非，可見一個人的原籍、出生地點，跟他在文化史上的貢獻和地位沒有關係，我們看待儒家文化亦應如是。

注重經典學習，是儒家與佛家的共同平台。佛教強調「深入經藏，智慧如海」，[36]《大般若經》說要誦讀經典才能「於諸深法，能盡源底」。[37]《大般涅槃經》說「淨持禁戒、讀誦經典、思惟諸法深妙之義，斯則名為供養我也」。[38]《般若經》說誦讀經典可以廣作福田，而且經典所在之處有佛，所以有人手持經典，所有的人見到的都會起立。《華嚴經》中形容經典的書寫過程：「剝皮為紙，折骨為筆，刺血為墨，書寫經典，積如須彌，為重法故，不惜身命」，[39]這種譬喻思維，並不直接講，而是指另外一個現象來講這個現象。經典的閱讀，確實可以使我們在生命最困難的時刻中產生一種力量。以二〇一八年印尼少年阿迪朗（Aldi Novel Adilang）的故事為例，這一位印尼年輕人，十幾歲起就在印尼外海的魚屋上，用燈照魚捕魚，結果颱風來襲將他吹到外海，漂流一個月，他只能抓海上的魚來吃以求存活。他一度要自殺，後來想到他的爸爸以前跟他講，最困難的時候要讀《聖經》，正好他的小屋內有一部《聖經》，他便一直讀，終於度過了難關。這個個案啟示我們：經典使閱讀者從內心深處產生力量。可是，我們也可以找出反證，那就是禪宗。佛教來華之後，接受中國文化洗禮，產生中國佛教三宗：華嚴、天台、禪宗。正如宗教學者史密斯（Huston Smith，一九一九—二〇一六）在《人類的宗教》（*The World's Religions*）書中所說，[40]佛教是人類宗教史上最具革命性的一種宗教，其中禪宗更是強調「直指本心，見性成佛」、「不識本心，學法無益；若識自本心，見自本性，即名丈夫、天人師、佛。」我可以舉一個關於六祖慧能的故事，在《六祖壇經・機緣品》：[41]

志略有姑為尼，名無盡藏，常誦《大涅槃經》。師暫聽，即知妙義，遂為解說。尼乃執卷問字，師曰：「字即不識，義即請問。」尼曰：「字尚不識，焉能會義？」

師曰：「諸佛妙理，非關文字。」

「**諸佛妙理**，**非關文字**」，六祖說最深刻的道理是超越文字的，這是禪宗不立文字的宗旨，這也就是為什麼禪宗是佛教諸教派中最具革命性的教派的原因。

結論與啟示

本講提出以下結論與啟示：第一，**孔子強調學習是「為己之學」**，他注重的是教育的「內在價值」，他所謂「學」也就是亞里斯多德所說的「實踐的智慧」而不是技術的學習。在「人工智慧」（AI）與「工業四．〇」迅猛發展的二十一世紀，各級教育所學習的內容，必更聚焦於培育「機器不能取代的能力」，例如面對快速變遷的情境而下判斷的能力、感受他人的痛苦的能力、從別人立場出發思考的能力、感恩的能力等。孔子所提倡的「為己之學」，有其二十一世紀的新啟示。

第二，**孟子強調學習是一種內省之學，學習的本質是內省的自得之學，學習的目的是喚醒**

自我主體性，而教育則是典型的建立與模仿。

第三，儒家教育哲學在二十一世紀最大的啟示，可以說以「依師」最為重要。孔子曰「三人行，必有我師焉：擇其善者而從之，其不善者而改之」（《論語・述而・二一》）、[42]《道德經》說「善人，不善人之師；不善人，善人之資」、[43]荀子也說「學莫便乎近其人。《禮》《樂》法而不說，《詩》《書》故而不切，《春秋》約而不速。方其人之習君子之說，則尊以遍矣，周於世矣。故曰學莫便乎近其人」。（《荀子・勸學》）[44]

「依師」在二十一世紀為什麼重要呢？因為二十一世紀是學術資本主義化的時代，現代大學的知識生產方式很像養雞場，教授的研究績效以發表被列入SCI、SSCI期刊的論文數量作為評鑑之標準。這種制度使教師基本上成為SCI論文自動販賣機，而學生則成為知識百貨公司的顧客。今天，教育內容與教育的價值理念日益疏離，大學被「核心績效指標」（KPI）所統治，例如二〇一六年日本政府文科省發公文給八十六所設有人文社會科學系所的國立大學，要求「改革」人文社會科學，要朝向「社會需求度高」的方向來改革，而台灣也力推以「設計思維」規劃課程，要求「研究成果商品化」，這都是二十一世紀新的潮流。日本這個作法，受到學術界一致批評，日本民間刊物《中央公論》雜誌在二〇一六年就有一期專號提出批判，專號名稱是「國立大學文系不要論的批判」；美國學者也著書分析在美國頂尖大學裡「學術資本主義」已成為新潮流。[45]在這種二十一世紀新潮流裡，受教育的學生更必須找到一個可以親近學習的師長，所以儒家的「依師」在二十一世紀更有其重要性。

二十一世紀的教育內容，已經從傳統的經典教育變成了職業訓練，變成了就業導向教育，Big Data、Tableau是最熱門的提升求職能力的工具。教育的本質也從過去「提升生命的教育」變成「謀生活的教育」，教學方法由「入乎其內」（emic approach）變成「出乎其外」（etic approach）。在上述教育改變的大背景裡，儒家所講的「依師」就很重要。但是還有一個但書，就是在「依師」之前，必須明辨「良師」與「惡師」，兩者的區別大概是：如果那個老師告訴你的是長程而不是短程觀點，大概就是「良師」。因為在大學的大船上面，我們的眼睛不能整天緊盯著甲板，或者兩側的波浪，而應該抬頭遠眺並欣賞海岸漁家燈火之美，甚至必須仰望北斗七星，校正學習與生命的方向。老師如果只講求個人的利益而不是社會的福祉，恐怕不是「良師」；同理，如果老師只強調知識商品化，而不是生命德行的成長，大概也不會是「良師」了。

附錄

一、閱讀作業：

1. 《論語》：〈學而・六〉、〈子罕・一八〉、〈季氏・九〉、〈泰伯・一七〉、〈學而・一〉、〈憲問・二五〉、〈為政・一二〉、〈雍也・二〉、〈陽貨・八〉、〈陽貨・八〉、〈學而・七〉、〈子張・七〉、〈子張・五〉、〈學而・一四〉、〈學而・一四〉、〈公冶長・一四〉、〈為政・一一〉、〈子罕・七〉、〈泰伯・五〉、〈子張・六〉、〈子張・一二〉、〈衛靈公・三〇〉、〈為政・一五〉、〈述而・二一〉、〈雍也・一八〉、〈為政・九〉、〈為政・一五〉、〈子張・二二〉、〈陽貨・九〉、〈季氏・一三〉
2. 《孟子》：〈告子下・二〉、〈告子上・九〉、〈公孫丑上・八〉、〈盡心上・二九〉、〈離婁下・一五〉、〈滕文公下・六〉、〈盡心下・二一〉、〈告子上・一一〉、〈萬章下・八〉、〈滕文公上・一〉、〈離婁上・二〉、〈滕文公上・三〉、〈告子上・二〇〉、〈告子上・一五〉、〈滕文公下・七〉、〈告子上・一六〉

二、延伸閱讀：

1. 黃俊傑，〈東亞儒家教育哲學及其二十一世紀的新啟示〉，收入黃俊傑，

《思想史視野中的東亞》（台北：臺灣大學出版中心，二〇一六），頁一二五—一六〇。

三、思考問題：

1. 為什麼說孔孟思想中的「教育」，是從心靈深處啟動的「無聲的革命」？這種教育有什麼特徵？
2. 「下學而上達」如何可能？是從數量或本質而言？
3. 「為己之學」一詞應如何理解？其理論基礎何在？
4. 在學習過程中，如何才能避免「為惡師所惑，心沒邪法」（龍樹菩薩：《大智度論》）？

四、關鍵詞：

1. 自我的轉化
2. 無聲的革命
3. 「學之為言覺也」
4. 「為己之學」
5. 書院

五、本講內容架構圖：

第三講・人應如何學習？學習的目標是什麼？

- 引言
  - 現行〈臺大基本能力課程〉
  - 亞里斯多德區分「實踐的智慧」vs.「技藝」
- 孔孟論教學的目標
  - 孔孟教育的目標：轉化「自我」的生命，完成「無聲的革命」
  - 孔子教學特重實踐：「為仁」
  - 孔子「學而時習之」的「學」=「覺也」
  - 孔孟教學的特色：「為己之學」
- 儒家教學目標的實踐：書院
  - 孔子開民間講學之先河
  - 書院師生關係如家人
  - 實踐：東亞儒家書院
- 儒家特種經典教學：與佛教比較
  - 經典是東亞知識分子思考問題的起點
  - 儒家經典是一種體驗與實踐之學
  - 以體驗為基礎的經典閱讀傳統：身心合一
  - 儒家傳統中，道、經典與聖人構成意義生成循環關係，三位一體
  - 佛教強調「深入經藏，智慧如海」，重視經典
  - 禪宗人文思想認為生命智慧超越於文字之上
- 結論與啟示
  - 孔子強調「為己之學」：注重教育的「內在價值」
  - 孟子強調學習是內省之學
  - 新啟示：「依師」最為重要
  - 為什麼二十一世紀大學生必須重視「依師」？

注釋

1 亞里士多德（Aristotle）著，高思謙譯，《亞里士多德之宜高邁倫理學》（新北：臺灣商務印書館，一九七九），卷六，〈論行為之指導原則（即理智之德的功用）〉，第五章〈論實踐的智慧（即明智）〉，頁一三二。

2 巴斯特納克（Boris Leonidovich Pasternak）著，陳惠華譯，《齊瓦哥醫生》（台北：志文出版社，一九八六），頁一七九。

3 魯迅，〈無題〉，收入氏著，《集外集》（北京：人民文學出版社，一九七三），頁一三四。

4 〔宋〕朱熹，〈答袁機仲論啟蒙〉，《晦庵先生朱文公文集》，卷九，收入《朱子全書》，第二〇冊，頁五二八。

5 〔宋〕朱熹，〈觀書有感二首〉，《晦庵先生朱文公文集》，卷二，收入《朱子全書》，第二〇冊，頁二八六。

6 《論語・憲問・二五》孔子曰：「古之學者為己，今之學者為人」，見〔宋〕朱熹，《四書章句集注》，頁二一六。

7 〔明〕王陽明說：「某于良知之說，從百死千難中得來，非是容易見得到此」，見《傳習錄拾遺》，收入陳榮捷，《王陽明傳習錄詳註集評》（台北：台灣學生書局，一九八三），第一〇條，頁三九六。

8 〔明〕王陽明說：「致吾心之良知者，致知也。事事物物皆得其理者，格物也。是合心與理而為一者也」，見《答顧東橋書》，收入《王陽明傳習錄詳註集評》，頁一七二。

9 〔宋〕朱熹，《大學章句》，收入《四書章句集注》，頁九。

10 馬克思著，〈關於費爾巴哈的提綱〉，收入《馬克思恩格斯選集》，卷一上，頁一六——一九，引文見頁一九。

11《禮記・學記》，見〔清〕孫希旦，《禮記集解》（北京：中華書局，一九八九），中冊，引文見頁九五九。

12《論語・公冶長・二五》，見〔宋〕朱熹，《四書章句集注》，頁一一一。

13《論語・述而・二九》，見〔宋〕朱熹，《四書章句集注》，頁一五五。

14 引文見宗喀巴大師造，法尊法師譯，《菩提道次第廣論》，卷二，收入藍吉富主編，《大藏經補編》（台北：華宇出版社，一九八五），第一〇冊，頁六三四。

15《新約全書・馬太福音・二六》（二六：四一），見《新舊約全書》，頁四〇。

16〔宋〕朱熹，《論語集注》，收入《四書章句集注》，頁六二。

17〔明〕王恕，《石渠意見》（北京：中華書局，一九八五），卷二，頁七。

18〔宋〕陳善，〈古人多假借用字〉：「今觀論語中，如曰：『孝弟也者，其為仁之本與？』又曰：『觀過斯知仁矣。』又曰：『井有仁焉，竊謂此仁字皆當作人』」，見氏著，《捫蝨新話》（上海：上海書店出版，一九九〇），卷五，頁五六。

19《論語・學而・一》：「孔子曰：『學而時習之，不亦說乎？』」見〔宋〕朱熹，《四書章句集注》，頁六一。

20〔漢〕班固等撰，《白虎通・辟雍篇》（上海：商務印書館，一九三六），卷二下，頁一二九。

21 引文見〔宋〕朱熹，《四書章句集注》，頁六一。

22 參看：黃俊傑，《德川日本《論語》詮釋史論》（台北：臺灣大學出版中心，二〇〇七），第六章，頁一九五—二四八。

23 見李明輝，〈孔子論「學」：儒家的文化意識〉，收入氏著，《儒家視野下的政治思想》（台北：臺灣大學出版中心，二〇〇五），頁一—一六，引文見頁一〇。

24 我在拙文中，對孟子的「整體性」教育哲學有所發揮，參看：Chun-chieh Huang, "Mencius' Educational Philosophy and Its Contemporary Relevance," *Educational Philosophy and Theory*, Vol. 46, No. 13 (December, 2014),

pp. 1462-1473。

25 黃俊傑，《思想史視野中的東亞》（台北：臺灣大學出版中心，二〇一六），頁一三四。參考R.S. Peters, *Ethics and Education* (London: George Allen and Unwin, 1966), Chapter 1, pp. 25-31，區分教育之「規範的」與「認知的」兩大面向。

26 〔宋〕朱熹，《論語集注》，收入《四書章句集注》，頁一七九。

27 許同萊，《孔子年譜》，（一），頁一二七—一二九。

28 引文見吳光等編校，《王陽明全集》（上海：上海古籍出版社，一九九二），下冊，卷三五，頁一二九〇—一二九一。

29 〔宋〕朱熹，〈白鹿洞書院學規〉，收入陳俊民編校，《朱子文集》（台北：財團法人德富文教基金會，二〇〇〇），第八冊，頁三七三〇—三七三二。

30 〔宋〕朱熹，〈白鹿講會次卜丈韻〉，《晦庵先生朱文公文集》，卷七，收入《朱子全書》，第二〇冊，頁四七四。

31 〔日〕伊藤仁齋，《論語古義》，收入〔日〕關儀一郎編，《日本名家四書註釋全書》（東京：鳳出版，一九七三），論語部一，〈總論〉，頁四，亦見於：〔日〕伊藤仁齋，《童子問》，收入〔日〕家永三郎等校注，《近世思想家文集》（東京：岩波書局，一九六六、一九八一），上卷，第五章，頁二〇四。

32 〔晉〕王弼注，〔唐〕孔穎達疏，收入李學勤主編，《十三經注疏・周易正義》（北京：北京大學出版社，二〇〇〇），頁一四。

33 〔宋〕朱熹，《論語集注》，收入《四書章句集注》，頁二四三。

34 〔明〕王陽明說：「某于良知之說，從百死千難中得來，非是容易見得到此」，見《傳習錄拾遺》，收入陳榮捷，《王陽明傳習錄詳註集評》，第一〇條，頁三九六。

35〔韓〕李珥，《擊蒙要訣》，收入魏常海主編，《韓國哲學思想資料選輯》（北京：國際文化出版公司，二〇〇〇），頁四九四。

36〔東晉〕佛馱跋陀羅譯，《大方廣佛華嚴經》，卷六：「深入經藏，智慧如海」，收入大正新修大藏經刊行會編，《大正新脩大藏經》（東京：大藏出版株式會社，一九八八），第九冊，頁四三〇。

37〔唐〕玄奘譯，《大般若波羅蜜多經》，卷四二六，收入《大正新脩大藏經》，第七冊，頁一四〇。

38〔東晉〕法顯譯，《大般涅槃經》，卷二，收入《大正新脩大藏經》，第一冊，頁一九九。

39〔唐〕般若譯，《大方廣佛華嚴經》，卷四〇，收入《大正新脩大藏經》，第一〇冊，頁八四五。

40 Huston Smith著，劉安雲譯，《人的宗教：人類偉大的智慧傳統》（新北：立緒文化，一九九八），頁一一一—二〇六。

41《六祖壇經・機緣第七》，見魏道儒譯注，《壇經譯注》（北京：中華書局，二〇一〇），頁一〇七。

42〔宋〕朱熹，《論語集注》，收入《四書章句集注》，頁一三二。

43〔晉〕王弼注，《老子道德經》（上海：上海書店，一九八六），上篇，頁一六。

44〈荀子・勸學篇・一〉，引文見〔清〕王先謙撰，沈嘯寰、王星賢點校，《荀子集解》，頁一四。

45 Sheila Slaughter and Larry L. Leslie, *Academic Capitalism: Politics, Polices, and the Entrepreneurial University*（Baltimore and London: Johns Hopkins University Press, 1997）.

第四講

「自我」是什麼？人應如何轉化「自我」？

引言

今天講課之前，讓我們想像：有個狗家庭，吃完午餐以後，狗爸爸不經意打一個嗝，兩隻小狗嚇得大叫，狗媽媽立刻衝出來狂吠，將狗爸爸痛罵一頓。這時狗爸爸的第一念，恐怕會埋怨狗媽媽反應太過。這個第一念常常是破壞性、是負面的、是從「自我」出發思考的。可是如果這個狗爸爸生起第二念，他會反省狗媽媽雖然把我罵得那麼慘，可是她用了她偉大的母愛，來保護狗小孩。這個第二念起來以後，它就從負面變成正面的，從「自我」出發變成從「他者」出發的思考方式。經過轉念之後，家庭關係、親子關係就都大為改善。

推而廣之，世界圖像轉換之關鍵是在「自我」的轉念與轉心，這是所謂「孔門心法」。但是，「自我」的第一念要轉到第二念，卻非常困難，這種轉「心」的方法是本講要分析的內容。「自我」（Self）這個關鍵詞，是二十世紀西方心理學家很重視的議題，一九〇二年哲學家兼心理學家詹姆士（William James，一八四二—一九一〇）在愛丁堡大學基佛講座（Gifford Lectures）發表《宗教經驗之種種》（*The Varieties of Religious Experience*），[1] 他提到「自我」（Self）有其多層次性與多樣性，開啟了二十世紀心理學對「自我」的研究。但是在二十世紀很長的時間裡，心理學家對「自我」的研究，多半是建立在西方人的經驗之上，而且以工業社會中的白人中產階級為主，取樣有其文化偏見。也因此，近幾十年來，在台灣學術界興起了「本土心理學」的研究與提倡。

「自我」是什麼？孔孟是兩千多年前的人，他們不會主動言說，我們必須自己去叩問孔孟。因此，本講將以三個問題來叩問孔孟，包括：儒家如何思考「自我」？孔孟如何思考「自我」的轉化？「自我」的轉化如何可能？孔孟的「自我」觀有何現代啟示？

東亞儒家思想中的「自我」概念

儒家傳統源遠流長，只有放在作為東亞人民共同資產的廣大脈絡中，儒學博大精深的精義及其無遠弗屆的影響力才能彰顯。現在，知識界常見的「國學」二字的提法，是來自十八世紀日本本居宣長（一七三〇—一八〇一）等國學派學者，為了抗拒當時來自中國的儒學，而發明的名詞「国学」（こくがく），用來指日本神道為主的日本本土學問。清末民初中國留日學生就開始用「國學」一詞，成為現代中國社會常用的名詞。但是，「國學」一詞的範圍以國家為框架，不免稍嫌狹隘，「東亞儒學」的提法較能符合二十一世紀中國與亞洲崛起新時代的需求，儒學實有中國、日本，或韓國等不同版本，從東亞視野更能看出儒家博大精深的內涵。這種狀況就如同中南美洲的「解放神學」（以神學進行農工階級的解放運動），豐富了來自歐洲的天主教宗教信仰。

東亞儒家思想在不同地域，固然有各種版本，但是中日韓各國儒者都有共享的「自我」概念，都源自孔孟。首先，孔孟認為「自我」是意志之方向的決定者，「我欲仁，斯仁至矣」，[2] 我要不要成為仁者是我自己的決定，而且只要我決定去努力，就可以得到「仁」。孔孟以積極、正面的態度看待「自我」，這種態度與佛教構成對比。佛教認為人的「自我」無法成為自我方向的決定者，「心」才是「自我」方向的決定者。「心」有光明面有黑暗面，會把「自我」拉去做壞事情。儒家說「自我」是意志方向的決定者，包含以下兩個意涵：**一、「自我」是一個自由的主體；二、世界的規範源於主體之意志**。

分析孔孟的「自我」概念，可以從《論語・顏淵・一》「克己復禮」這一章切入。孔子講「克己復禮為仁」，又說「為仁由己」，兩者會不會有矛盾呢？孔子所謂的「己」（「自我」）是「克」（克服、克制）的對象，或是「由」（率由）的對象呢？人要成為「仁」人，是自由意志的決定，但人也要服從「禮」的秩序，這導致自由與秩序之間，有其互相創造性和緊張性。

探討孔孟的「自我」概念另一個切入點，是孟子所說的「仁義禮智根於心」（《孟子・盡心上・二一》），[3] 認為「仁」「義」「禮」「智」這些美德，皆源自於「心」。朱子注解《四書》自有一套哲學理念：朱子常常將現象或事物一方面一分為二，以「天理」、「人欲」相對抗，也就是所謂「倫理的二元性」；但另一方面又合二為一，講求「存天理，去人欲」。朱子注《孟子‧盡心上‧二一》「仁義禮智根於心」這句話說：「蓋氣稟清明，無物欲之累，則性之四德根本於心，其積之盛，則發而著見於外者，不待言而無不順也」，[4] 這是從朱子哲學立場來深叩孔孟。

孔孟以下的儒家講「自我」問題，荀子（約二九八—二三八BCE）也是一個重要人物。《荀子》書中經常出現「欲」這個字，點出「人」與「世界」的關係取決於「自我」的意志。荀子思想雖與孔孟多有不同，但他也強調「心」之抉擇能力，主張「心」有自主性。荀子的「自我」概念的基礎，基本上還是繼承孔孟思想。

孔孟的「自我」概念裡還有一點值得關注，就是皆在「身」與「心」融合為一體的脈絡裡思考「自我」，這與基督教是在神與人之間的對抗與和解來思考「自我」的問題，有其本質上的不同。王陽明（守仁，一四七二—一五二九）在〈大學問〉這篇文中說：[5]

> 何謂身？心之形體運用之謂也。何謂心？身之靈明主宰之謂也。何謂修身？為善而去惡之謂也。吾身自能為善而去惡乎？必其靈明主宰者欲為善而去惡，然後其形體運用者始能為善而去惡也。故欲修其身者，必在於先正其心也。

王陽明解釋《大學》的「修身」、「正心」，是在「身心一如」的脈絡中去思考「自我」的問題，這也是儒家一個主要面向。

儒家「自我」的概念，在江戶時代（一六〇三—一八六八）將近三百年間的日本儒者，基本上延續孔孟思想的脈絡。如十七世紀古學派大師伊藤仁齋（維楨，一六二七—一七〇五）的長子伊藤東涯（一六七〇—一七三六）說：[6]

> 魯論二十篇，凡生人之事，無所不備，而不說心法。然言其事之所由，則從頭到尾，亦皆無一而非是心之運用，則固不須言心也。

伊藤東涯的說法也從身心互動的脈絡來思考「自我」，但突出「心」的重要性與主導性，「從頭到尾，亦皆無一而非是心之運用」。日本陽明學者大塩中齋（平八郎，一七九四—一八三七）說：[7]

> 自形而言，則身裹心，心在身內焉。自道而觀，則心裹身，身在心內焉。

大塩平八郎主張：從身體形狀來講，好像「身」包裹「心」，但其實「身」是在「心」裡面。

從靜態角度來講是「身裏心」，但從動態來講，「心」才是「身」的主導。

我們探討儒家的「自我」觀，可以與佛教的「自我」觀加以對比，因為對比產生張力，思考才能細膩。與儒家相對而言，佛教認為「自我」是因緣和合假立，因此「自我」並沒有獨立實有性，《大般若經》一再出現「應以無性為自性」這種命題。由於「一切法自性空」，因此所謂「樂」在本質上只是「苦」的暫時止息。例如喝茶這件事並不是快樂的來源，若然，則應該愈喝茶愈快樂，而不是連續喝第五、第六杯之後就轉樂為苦，在《雜阿含經》裡有許多這方面的討論。

佛教認為人的「自我」是不能自主的，因為人的「自我」都被「心」所控制，但是「心」卻不會被「自我」控制，所以人應時時修行（也就是「修心」），必須使「心」安立於「善所緣」之上。藏傳佛教大師宗喀巴（一三五七—一四一九）《菩提道次第廣論．下士道》云：[8]

> 所言修者，謂其數數修習，於善所緣令心安住。蓋自無始，自為心所自在，心不為自所自在。

十六世紀中國民間小說家吳承恩（一五〇六—一五八二）所寫的《西遊記》，以佛教思想為背景，《西遊記》第一四回的回目以「心猿歸正，六賊無蹤」[9]一語隱喻「心」一旦歸正，則一切外境都不能危害。所謂「六賊」，就是與眼、耳、鼻、舌、身、意相對應的色、聲、香、味、觸、法，只要將猴子一樣無一刻靜止的「心」加以導正，則六種感官皆能隨之調伏。《西遊記》共一百回的回目中「心猿」這個名詞，一共出現十七次。

大乘佛法從這裡開出了人文精神，人受經典的感召，而轉化「自我」的生命。《六祖壇經》說：[10]

> 一切修多羅及諸文字，大小二乘，十二部經，皆因人置。因智慧性，方能建立。若無世人，一切萬法，本自不有。故知萬法，本自人興；一切經書，因人說有。

包括佛教人士在內，東亞思想家講「自我」的轉化，都講一切的經典都「皆因人置」、「一切經書，因人說有」，人受經典的感召，而轉變自己的生命。在儒家的經典閱讀中，不是人祈求神的救贖。《舊約．創世紀》中有一個故事：神的信徒亞伯拉罕，神要祂的忠實信徒亞伯拉罕把他唯一的愛子以撒帶到摩利亞山上，殺死、獻祭給神，以證明他對神的信仰。人要完全服從神的旨意。二十世紀初年存在主義的奠基者齊克果（Søren Kierkegaard，一八一三—一八五五）的《恐懼和戰慄》一書，一開始就引用這一個故事。[11]東方與西方人文精神為什麼有這樣的差別呢？因為兩者的預設不同，基督宗教的預設是「創世論」，神說要有光就有光、神用六天六夜創造山河大地；而東方文化不是建立在「創世論」之上，雖然東方也有女媧補天、夸父追日的神話傳說，但這些神話傳說並不是東方文化的主流。

佛教開啟的人文精神還有一點可以與儒家互相比較，佛教對「心」之德性「自由」與「不息」非常肯定。西元第六世紀的梁代（五〇二—五五七），釋慧皎（四九七—五五四）曾引用竺道生（？—四三四）所說「阿（一）闡提人皆得成佛」[12]之語，而到了第七世紀的敦煌文書中，則被改寫為「一切眾生皆有佛性」，[13]所以人的心是自由的，可是一念之間也可能會墮落到畜生道或惡鬼道。也因此，德性的向上提升永遠不能停止。也就是說，心之「自由」與「不息」同時獲得了肯定。這從佛教哲學很容易理解，佛教有「十法界」之說，即地獄、餓鬼、畜生、阿修羅、人、天、聲聞、緣覺、菩薩、佛陀。在這十個領域中，人必須不息地努力，否則一旦放失了本心，很有可能從人界墮落到地獄界之中，這是中國佛教三宗華嚴宗、天台宗、禪宗共同的主張。

佛教對人的自由意志與獨立思考的肯定，不僅見於漢傳佛教，也見於藏傳佛教與原始佛教經典。在藏傳佛教經典《吉祥大力續王》中，佛陀說：「比丘與智者，當善觀我語；如煉磨利金，信受非惟敬。」[14]佛陀意思是：對於我講的話，要非常小心，好像磨一把刀子，只有「敬」是不夠的，而是要信眾「依智不依識」。《大般若經》說：「所有事業，皆自審思，非但信他而便起作，乃至如來、應、正等覺所有言教，尚不輕爾信受奉行，（……）。」[15]這段經文中

「所有事業，皆自審思」這八個字，可以作為現代人面對信仰問題時，最重要的指南針。所有的宗教的教誨，必須經過信眾的批判思考以後，才能決定接受或不接受，這是比較健康而正確的面對宗教的態度。

佛教主張「心」能不轉的基礎，在於認知「一切法無自性」。[16]這與儒家同中有異。《孟子》也講「不動心」，可是儒家的「不動心」並不是建立於「一切法皆無自性」這項命題之上。因為，佛教的「性空觀」建立在緣起觀之上。早期印度佛教的《雜阿含經》有「譬如三蘆立於空地，展轉相依，而得樹立」[17]文句，譬喻世界萬事萬物皆因為緣起而立，儒家則未見這種緣起觀。孟子所說的「不動心」境界，是在自我與他者的互動之中完成的。

孔孟思想中的「自我」有待於「修」與「養」

在孔孟思想中，「自我」要如何轉化呢？關鍵字有兩個，分別是「修」與「養」，一九〇二年美國哲學家詹姆士（William James，一八四二—一九一〇）說「自我」有各種層次：「實際的自我」、「理想的自我」，儒家與佛教講多重「自我」講得更細膩，譬如宋儒講「天理」或「人欲」的「自我」、理性或感性的「自我」、理想或現實的「自我」，或佛教特別講超越（「勝義諦」）的「自我」或世俗（「世俗諦」）的「自我」之間的緊張與轉化。

儒家論「自我」之轉化，第一個關鍵詞是「修」。「修」這個功能性概念，最常與「身」字合用，儒家常常將「身」譬喻為容器而進行思考。《詩經》形容修身的過程，宛若聲音繞耳，像刀子在石頭上「如切如磋，如琢如磨」。[18] 作為及物動詞的「修」，以「己」或「身」作為受詞，孔子說「修己以敬」、「修己以安人」、「修己以安百姓」。[19] 我們分析儒家的修身理論，就會發現「身」是在身心互滲的脈絡中被論述的，而且以「心」為首出。典型代表就是朱子所定《大學》第七章（在《禮記》中〈大學〉原無分章分段）：[20]

> 所謂**脩身在正其心**者，身有所忿懥，則不得其正；有所恐懼，則不得其正；有所好樂，則不得其正；有所憂患，則不得其正。心不在焉，視而不見，聽而不聞，食而不知其味。此謂脩身在正其心。

《禮記》〈大學〉這一段文字，通過日常生活的經驗而論證「修身在正其心」這個命題，這是中國哲學論證的一大特徵。中國哲學思考基本上不訴諸抽象的形上學推衍，而是訴諸於日常生活中具體而特殊的經驗，從「特殊性」中提煉「普遍性」，從「具體性」中悟入「抽象性」的價值理念。「特殊」與「普遍」、「具體」與「抽象」，表面上是對抗關係，但是「普遍」與「抽象」卻潛藏在「特殊」與「具體」之中，因為「普遍性」是抽象的，所以中國哲學家所論述的「抽象性」，也潛藏在「具體性」之中，並從「具體性」之中提煉出來。

還有，儒家「修身」工夫論，經常在社會關係互動的語境中而被論述，即「自我」與「他者」的互動。[21]《論語》全書共一一五，九八八個字，《論語》書中出現的歷史人物共一四〇人，與孔子同時代的弟子有二十七人。《論語》記載孔子與他的學生對話，這是人與人的對話，是「自我」與「他者」的對話，而不是「神」與「人」的對話，《論語》中沒有神啟，也沒有神蹟。在《論語》中，孔門師生所開啟的是一個日用常行的世界，更是一個人文而理性的世界。

儒家論「自我」的轉化第二個關鍵字是「養」，最典型就是孟子講「我善養吾浩然之氣」，但是「氣」之中充寓高度的道德理性，「其為氣也，配義與道」，[22]如果沒有「義」與「道」支撐的話，「氣」就會萎縮。關於《孟子．公孫丑上》第二章的研究論著非常多，[23]當代學者李明輝（一九五三—）教授說：[24]

> 在〈知言養氣章〉中，「心」是指人的理性生命（此處偏重道德理性），「氣」則是指其感性生命，「心」與「氣」之關係相當於孟子所謂「大體」與「小體」之關係。

在孟子的修身理論論述中，身體也常被理解為一種容器，而進行「容器譬喻」（Container

metaphor）的論證。[25] 那麼，作為東亞儒家修身理論的功能性概念的「養」如何可以完成？在《論語》中所出現的「養」這個字，也有傳統用法，如「至於犬馬，皆有所養」，[26] 在《孟子》中的「養浩然之氣」則是創新義。先秦儒家身體論述中「養」這個功能性概念，所指涉的對象多半與價值意識有關的身體器官或組成因素，如「養心」、「養氣」之類。孟子強調以培育仁義之心，「集義」以「養氣」。朱子解釋說「集，聚也」，[27] 是數量義，與孟子「集義」的原意可能有差距。荀子所說的「治氣養心之術」，[28] 所強調的是用外在「禮義師法之化」，以「文化」矯治「自然」。

孔孟論「自我」轉化之方法

孔孟論「自我」轉化的方法，從《論語》、《孟子》原典，可以歸納為四點，包括：「學習」、「畏天命」、「反躬自省」、「存心養氣」而且「養浩然之氣」。

學習

《論語》開卷便說「學而時習之」，孔子認為「君子學以致其道」，〈學而〉第七章：[29]

> 子夏曰：賢賢易色，事父母能竭其力，事君能致其身，與朋友交言而有信。雖曰未學，吾必謂之學矣。

「賢賢易色」這四個字，當代學者楊伯峻（原名楊德崇，一九〇九—一九九二）所著《論語譯註》，引《漢書》卷九五〈李尋傳〉顏師古（字籀，五八一—六四五）注，以「易色」就是「不重容貌」的意思。[30] 廖名春從訓詁立論解讀說：「『色難』之『色』也當讀為『譺』，訓為『敬』。所謂『色難』，就是『譺難』，是說為孝之道，難就難在一個敬字，敬最為重要。〈學而〉篇的『賢賢，易色』，『易』當讀為『惕』，訓為『愛』『悅』；『色』也當讀為『譺』，訓為『敬』。所謂『賢賢，易色』，是說以賢者為賢，就要喜愛之，敬重之。」[31] 依廖名春的解釋，「賢賢易色」這句話跟容貌漂亮與否無關，而是說人要努力於學習賢者。這種「好學」的精神，也出現在〈子張〉第五章「日知其所亡，月無忘其所能，可謂好學也已矣」、[32]〈學而〉十四章說「君子食無求飽，居無求安，敏於事而慎於言，就有道而正焉，可謂好學也已」。[33]

學習的內容，就孟子而言，則是「學堯舜之道」。《孟子・告子下》第二章：[34]

曹交問曰：「人皆可以為堯舜，有諸？」孟子曰：「然。」「交聞文王十尺，湯九尺，今交九尺四寸以長，食粟而已，如何則可？」曰：「奚有於是？亦為之而已矣。有人於此，力不能勝一匹雛，則為無力人矣；今曰舉百鈞，則為有力人矣。然則舉烏獲之任，是亦為烏獲而已矣。夫人豈以不勝為患哉？弗為耳。徐行後長者謂之弟，疾行先長者謂之不弟。夫徐行者，豈人所不能哉？所不為也。堯舜之道，孝弟而已矣。子服堯之服，誦堯之言，行堯之行，是堯而已矣；子服桀之服，誦桀之言，行桀之行，是桀而已矣。」曰：「交得見於鄒君，可以假館，願留而受業於門。」曰：「夫道，若大路然，豈難知哉？人病不求耳。子歸而求之，有餘師。」

又，《孟子・萬章下》第八章：[35]

一鄉之善士，斯友一鄉之善士；一國之善士，斯友一國之善士；天下之善士，斯友天下之善士。以友天下之善士為未足，又尚論古之人。頌其詩，讀其書，不知其人，可乎？是以論其世也。是尚友也。

其次，學習的方法要「博學而詳說」。《孟子・離婁下》十五章：[36]

孟子曰：「博學而詳說之，將以反說約也。」

朱注：「言所以博學於文，而詳說其理者，非欲以誇多而鬬靡也；欲其融會貫通，有以反而說到至約之地耳。」

這種從「博」到「約」的融會貫通的過程，最終臻於心的茅塞頓開。《孟子．盡心下》二十一章：[37]

孟子謂高子曰：「山徑之蹊閒，介然用之而成路。為閒不用，則茅塞之矣。今茅塞子之心矣。」

這種學習的目標，無疑就在於讓「自我」安心，孟子說「求其放心」。《孟子．告子上》十一章：[38]

孟子曰：「仁，人心也；義，人路也。舍其路而弗由，放其心而不知求，哀哉！人有雞犬放，則知求之；有放心，而不知求。學問之道無他，求其放心而已矣。」

所謂「求其放心」，就是指將放失的「心」，再收攝回來，使「自我」成為「心」的主人。

畏天命

孔子認為自我轉化另一個方法是「畏天命」。《論語・為政》第四章說「五十而知天命」。[39]「知天命」意涵是什麼？《論語・季氏》第八章：[40]

孔子曰：「君子有三畏：畏天命，畏大人，畏聖人之言。小人不知天命而不畏也，狎大人，侮聖人之言。」

朱注：「畏者，嚴憚之意也。天命者，天所賦之正理也。知其可畏，則其戒謹恐懼，自有不能已者。而付畀之重，可以不失矣。大人聖言，皆天命所當畏。知畏天命，則不得不畏之矣。」

「天命」是超越性的存在，朱子說：「天命者，天所賦之正理也」，[41]可是，「畏天命，畏大人，畏聖人之言」當中，也潛藏了一個問題：所謂「天命」跟「人心」是什麼關係？孔子為何說到了五十歲就知「天命」？是因為他五十歲學《易經》，非常用功以至於「韋編三絕」，因而知道「天命」嗎？從孔子思想中的「人」與作為「終極實體」的「天」的關係來看，這種解釋顯然不是很妥善，因為在孔子思想中，「天命」與「人性」是雙向的永無止境的循環關係，是互相解釋的關係。人愈深入心靈的深處，愈能理解超越之天命的確切含義；反之，愈了解天命，則愈了解人性。熊十力（一八八五—一九六八）先生曾說，孔子「五十而知天命」的「知」是「證知義，其境地極高，非學人悟解之謂」，[42] 熊先生又闡釋「天命」一詞說：「夫天命者，以其無聲無臭，而為吾人與萬物所同具之本體，則謂之天。以其流行不息，則謂之命。故天命非超脫吾人而外在者也」，[43] 這是對孔子的「天命」一詞最為精當的解釋。孔子所說的「天命」，並不是宗教意義下「超絕的」（transcendent）神對人所發出的命令，而是與人的本性可以互相呼應的（resonant）的、流行不息的、人與萬物分享的本質（或「本性」）。

反躬自省

孔孟論「自我」轉化的第三個方法是，在「自」「他」互動之際，每件事情要回到自己思考、自我檢點省察。《論語》說「君子病無能焉，不病人之不己知也」、[44] 「不患人之不己知，患其不能也」、[45] 「不患莫己知，求為可知也」、[46] 「君子求諸己」[47] 等等，經常將反省的焦點落在「自我」之上，而且往往涉及與「他者」的關係。《論語‧公冶長》十一章：[48]

子貢曰：「我不欲人之加諸我也，吾亦欲無加諸人。」子曰：「賜也，非爾所及也。」

又，《論語．衛靈公》第二十三章：[49]

子貢問曰：「有一言而可以終身行之者乎？」子曰：「其恕乎！己所不欲，勿施於人。」

孔子說「己所不欲，勿施於人」這句話，在〈顏淵〉篇也出現過，這裡也有一個值得思考的問題：孔子為什麼不說「己所欲，施於人」，而說「己所不欲，勿施於人」呢？兩者差別何在呢？我們可以說，兩者之間有以下差別：第一，「己所欲，施於人」這項命題，是從「自我」出發思考：我喜歡吃甜，我也希望你吃甜。「己所不欲，勿施於人」這項命題則是從「他者」出發，代人著想；第二，「己所不欲，勿施於人」是從人性的普同性出發，而「己所欲，施於人」則是從人性的特殊性出發，正如英語諺語所說的「一個人的肉可能是另一個人的毒」（"One man's meat may be another man's poison"），因為「己所欲」是個人特殊的喜好，「己所欲，施於人」這種說法，未能全面照顧到每個人的特殊喜好，所以朱子集注說：「推己及物，其施不窮」，[50] 必須從對方的立場出發思考，才能推己及人。

接著，反省之外更要「改過」，《論語．衛靈公》二十九章：「過而不改，是謂過矣」、[51]《論語．公冶長》二十六章：「已矣乎！吾未見能見其過而內自訟者也」、[52]《論語．述而》第三章：「德之不脩，學之不講，聞義不能徙，不善不能改，是吾憂也。」[53] 朱子《集註》引尹焞（孝明，一〇七一—一一四二）曰：「德必修而後成，學必講而後明，見善能徙，改過不吝，此四者日新之要也。」[54] 孟子也說人要勇於「改過」，《孟子．離婁上》第十章：[55]

孟子曰：「自暴者，不可與有言也；自棄者，不可與有為也。言非禮義，謂之自暴也；吾身不能居仁由義，謂之自棄也。仁，人之安宅也；義，人之正路也。曠安宅而弗居，舍正路而不由，哀哉！」

孟子以上這段話指出：人之所以自暴自棄，起於自己之不能「居仁由義」，所以「舍正路而不由」，也就是不知「改過」。

存心養氣

第四個方法是「存心養氣」，這是孟子學的啟示。這種極具中國文化特色的「氣」的概念，正如二十世紀哈佛大學的史華慈（Benjamin I. Schwartz，一九一六—二〇〇〇）教授所說，「氣」這個概念不能翻譯成西方語言。[56]《孟子·公孫丑上》第二章：[57]

「敢問夫子惡乎長？」曰：「我知言，我善養吾浩然之氣。」「敢問何謂浩然之氣？」曰：「難言也。其為氣也，至大至剛，以直養而無害，則塞于天地之閒。其為氣也，配義與道；無是，餒也。是集義所生者，非義襲而取之也。行有不慊於心，則餒矣。（……）」

孟子所養的「浩然之氣」有何特徵？其一是由人主動積極去「養」。《孟子·離婁上》第十章：[58]

孟子曰：「自暴者，不可與有言也；自棄者，不可與有為也。言非禮義，謂之自暴也；吾身不能居仁由義，謂之自棄也。仁，人之安宅也；義，人之正路也。曠安宅而弗居，舍正路而不由，哀哉！」

第二，必須「養氣」才能「盡心」，《孟子‧盡心上》第一章：[59]

孟子曰：「盡其心者，知其性也。知其性，則知天矣。存其心，養其性，所以事天也。殀壽不貳，修身以俟之，所以立命也。」

為什麼「盡心」就可以「知性」、「知天」？這是因為「心」、「性」、「天」有共享的平台，也就是「浩然之氣」。《孟子‧告子上》第八章：[60]

孟子曰：「〔……〕雖存乎人者，豈無仁義之心哉？其所以放其良心者，亦猶斧斤之於木也，旦旦而伐之，可以為美乎？其日夜之所息，平旦之氣，其好惡與人相近也者幾希，則其旦晝之所為，有梏亡之矣。梏之反覆，則其夜氣不足以存；夜氣不足以存，則其違禽獸不遠矣。人見其禽獸也，而以為未嘗有才焉者，是豈人之情也哉？故苟得其養，無物不長；苟失其養，無物不消。孔子曰：『操則存，舍則亡；出入無時，莫知其鄉。』惟心之謂與？」

孟子雖然也常沿用「養」的傳統義，如「養弟子以萬鐘」、[61]「不得以養其父母」、[62]「無野人莫養君子」[63]之類均屬之。但是，孟子卻開創了「養」字的嶄新的意義。孟子以磅礴的氣勢提出「養氣」說，開啟了「養」字含義的「內轉」，使「養」字作為儒家身體哲學的功能性概念的意涵為之完全舒展。[64]

人要「存心養氣」，就必須要「尚志」，《論語・子張》第六章說：「博學而篤志，切問而近思，仁在其中矣。」[65]朱子引蘇軾（子瞻，一〇三七—一一〇一）解釋說：「博學而志不篤，則大而無成；泛問遠思，則勞而無功。」[66]《孟子・盡心上》三十三章：[67]

> 王子墊問曰：「士何事？」孟子曰：「尚志。」曰：「何謂尚志？」曰：「仁義而已矣。殺一無罪，非仁也；非其有而取之，非義也。居惡在？仁是也；路惡在？義是也。居仁由義，大人之事備矣。」
>
> 朱注：「志者，心之所之也。」

可見孟子認為，立定志向是轉化自我的前提。《孟子・告子下》第十五章又以古代聖人為例指出：[68]

孟子曰：「舜發於畎畝之中，傅說舉於版築之閒，膠鬲舉於魚鹽之中，管夷吾舉於士，孫叔敖舉於海，百里奚舉於市。故天將降大任於是人也，必先苦其心志，勞其筋骨，餓其體膚，空乏其身，行拂亂其所為，所以動心忍性，曾益其所不能。人恆過，然後能改；困於心，衡於慮，而後作；徵於色，發於聲，而後喻。入則無法家拂士，出則無敵國外患者，國恆亡。然後知生於憂患而死於安樂也。」

通過舜、傅說、膠鬲、管夷吾、孫叔敖、百里奚等歷史人物的例子，具體說明儒家「生於憂患」而「衡於慮」的主張。孟子的歷史思維方式，反映出儒家的歷史思維中「時間」的往復性與「古」「今」之間相互呈顯的特徵。[69]

結論與啟示

本講提出以下結論與啟示：第一，從孔子以下，講「自我」的轉化，儒者都強調學習的目的就是「為己之學」。《論語》開卷就提到「為己之學」，〈學而〉第一章，孔子說：「學而時習之，不亦說乎？有朋自遠方來，不亦樂乎？人不知而不慍，不亦君子乎？」[70] 第一句話說學習以悅樂為目標是「為己」之學；第二句話說這種學習的悅樂，可以與朋友分享；第三句話說因為學習是「為己」而不是「為人」，所以別人即使不能分享，心中亦無惱怒。

第二，孔孟的「自我」觀折射出一種樂觀主義（optimism）的精神，孔孟的人性論認為人的本性之中有其內在的善苗（「仁義禮智根於心」），孔孟的歷史觀認為歷史是循環的，孟子強調歷史「一治一亂」交迭出現，「五百年必有王者興」，[71] 這是一種具有儒家特色的「文」「質」遞嬗論，因此儒家的人生觀深信否極必然泰來。所以孔孟講人的修養，告誡人們要勤於學習，時時反躬自省、存心養氣，以達到人「與自己合一」，也即身與心合一。儒家的宇宙觀建立在一種無可救藥的樂觀主義之上，認為人只要深入「自我」的內心，便愈能了解「天命」，愈了解自己的「心」、「性」，便愈能了解「天」，最高境界就可以達到「與宇宙合一」。

第三，孔孟論「自我」的轉化，強調向內思考，而非向外追逐，深信「仁義內在」、「即心見性」，[72] 這固然是牟宗三先生用來概括孔孟對「自我」看法的八個字，也是二十一世紀人類共同追求的精神原鄉。

附錄

一、閱讀作業：

1. 《論語》：〈衛靈公・一九〉、〈衛靈公・一八〉、〈憲問・三二〉、〈里仁・一四〉、〈衛靈公・一四〉、〈泰伯・一〇〉、〈衛靈公・二三〉、〈公冶長・一一〉、〈里仁・一七〉、〈里仁・七〉、〈子罕・二三〉、〈學而・八〉、〈衛靈公・二九〉、〈公冶長・二六〉、〈陽貨・二六〉、〈陽貨・二四〉、〈學而・四〉
2. 《孟子》：〈公孫丑上・二〉、〈盡心上・七〉、〈盡心上・一六〉、〈離婁上・一〇〉、〈離婁下・二五〉、〈盡心上・三〉、〈盡心上・一〉、〈告子上・八〉、〈盡心上・三三〉、〈離婁下・一四〉、〈公孫丑上・二〉、〈告子下・一五〉

二、延伸閱讀：

1. 黃俊傑，《東亞儒家仁學史論》，第三章，頁九九—一三四。
2. Roger T. Ames, Wimal Dissanayake and Thomas P. Kasulis, eds., *Self as Person in Asian Theory and Practice* (Albany: State University of New York Press, 1974).
3. 徐復觀，〈心的文化〉，收入氏著，《中國思想史論集》（台北：台灣學生書局，一九七四）。

三、思考問題：

1. 孔子說：「為仁由己，而由人乎哉？」這項命題能否成立？為什麼？試申己見。
2. 《馬太福音・二六：四一》耶穌說：「你的心誠然是願意的，但你的身卻是脆弱的。」請問您有類似的生活經驗嗎？從儒家的觀點來看，我們如何才能擺脫身體或生理的桎梏，而使自己的「心」成為主人？試申論之。

四、關鍵詞：

1. 畏天命
2. 存心養氣
3. 仁義內在
4. 即心見性
5. 為己之學

五、本講內容架構圖：

第四講・「自我」是什麼？人應如何轉化「自我」？

引言

- 世界圖像轉化之關鍵在「自我」轉心
- 本講問題：（一）儒家如何思考「自我」？（二）孔孟如何思考「自我」的轉化？（三）孔孟的「自我」觀有何現代啟示？

東亞儒家思想中的「自我」概念

- 孔孟思想中的「自我」概念
- 荀子思想中的「自我」概念
- 王陽明思想中的「自我」概念
- 日本儒者思想中的「自我」概念
- 佛教思想中的「自我」：性空觀
  - 大乘佛法的人文精神（一）：人受經典之感召，而轉化「自我」的生命
  - 大乘佛法的人文精神（二）：對「心」之德性「自由」與「不息」的肯定
  - 「心」皆不轉之基礎在於認知「一切法無自性」

孔孟思想中的「自我」有待於「修」與「養」

- 多重「自我」的撕裂與統一
- 「修」
- 「養」

孔孟論「自我」轉化之方法

- 學習
- 畏天命
- 反躬自省
- 存心養氣

結論與啟示

- 孟子的生命觀：「養浩然之氣」
- 孔子強調「為己之學」
- 孔孟的「自我」觀建立在樂觀主義之上
- 孔孟論「自我」的轉化強調向內思考，而非向外追逐，深信「仁義內在」、「即心見性」，是二十一世紀人類的精神原鄉

注釋

1 William James, *The Varieties of Religious Experience: A Study in Human Nature* （New York: Longmans, Green & Co., 1909）.

2 《論語・述而・二九》，見〔宋〕朱熹，《四書章句集注》，頁一三四。

3 〔宋〕朱熹，《孟子集注》，收入《四書章句集注》，頁四九七。

4 引文見〔宋〕朱熹，《四書章句集注》，頁四九八。

5 〔明〕王陽明，〈大學問〉，收入吳光等編校，《王陽明全集》，下冊，頁九六七—九七三，引文見頁九七一。

6 〔日〕伊藤東涯，《閒居筆錄》，收入〔日〕關儀一郎編，《日本儒林叢書》（東京：鳳出版，一九七一），卷一，頁一四。

7 〔日〕大塩中齋，《洗心洞箚記》，收入《佐藤一齋．大塩中齋》（日本思想大系・四六）（東京：岩波書店，一九八三），上卷，第六條。

8 引文見宗喀巴大師造，法尊法師譯，《菩提道次第廣論》，卷二，收入《大藏經補編》，第一〇冊，頁六三四。

9 〔明〕吳承恩，《西遊記》（合肥：黃山書社，一九九八），第一四回，頁八八。

10 《六祖壇經・般若第二》，魏道儒譯注，《壇經譯注》，頁五一。

11 索倫・齊克果（Søren Kierkegaard）著，張卓娟譯，《恐懼和戰慄》（香港：商務出版社，二〇一七）。

12 〔南朝・梁〕釋慧皎著，湯用彤校注，湯一介整理，《高僧傳》（北京：中華書局，一九九二），卷七，頁二五六。

13 英藏敦煌文書S.五五六號〈竺道生、釋僧肇別傳〉，文書命名參見黃永武編，《敦煌遺書最新目錄》（台北：新文豐出版公司，一九八六），頁二一。

14 引文見宗喀巴大師造，法尊法師譯，《辨了不了義善說藏論》卷一：「苾芻或智者，當善觀我語，如煉截磨金，信受非唯敬」，收入《大藏經補編》，第一〇冊，頁二。

15 〔唐〕玄奘譯，《大般若波羅蜜多經》，卷四四八，收入《大正新脩大藏經》第七冊，引文見頁二六二。

16 〔唐〕玄奘譯，《大般若波羅蜜多經》，卷四六六：「諸菩薩摩訶薩，行深般若波羅蜜多時，雖作漸次業、修漸次學、行漸次行，而於其中心皆不轉，以一切法無自性故」，收入《大正新脩大藏經》，第七冊，頁三五八。

17 〔劉宋〕求那跋陀羅譯，《雜阿含經》，卷一二：「譬如三蘆立於空地，展轉相依，而得豎立，若去其一，二亦不立，若去其二，一亦不立，展轉相依，而得豎立，識緣名色亦復如是。展轉相依，而得生長」，收入《大正新脩大藏經》，第二冊，頁八一。

18 〔漢〕毛亨傳，〔漢〕鄭玄箋，〔唐〕孔穎達疏，《毛詩正義》（北京：北京大學出版社，二〇〇〇），卷三，〈衛風・淇奧〉，頁二五四。

19 《論語・憲問・四五》，見〔宋〕朱熹，《四書章句集注》，頁二二二。

20 〔宋〕朱熹，《大學章句》，收入《四書章句集注》，頁一一。

21 《中庸》第二十章：「故君子不可以不修身；思修身，不可以不事親；思事親，不可以不知人；思知人，不可以不知天。天下之達道五，所以行之者三，曰：君臣也，父子也，夫婦也，昆弟也，朋友之交也，五者天下之達道也。知仁勇三者，天下之達德也，所以行之者一也。」

22 《孟子・公孫丑上・二》：「『敢問夫子惡乎長？』曰：『我知言，我善養吾浩然之氣。』『敢問何謂浩然之氣？』曰：『難言也。其為氣也，至大至剛，以直養而無害，則塞於天地之間。其為氣也，配義與道；無是，餒也』」，見〔宋〕朱熹，《四書章句集注》，頁三一八—三一九。

23 參看：黃俊傑，〈《孟子》知言養氣章集釋新詮〉，收入拙著，《孟學思想史論（卷一）》（台北：東大圖書公司，一九九一），頁三三五—四一四。

24 李明輝，〈《孟子》知言養氣章的義理結構〉，收入氏著，《孟子重探》（新北：聯經出版公司，二〇〇一），引文見頁九。

25 譬喻思維是中國文化的特點，本是講甲，而偏講乙，借乙說甲。這種思維方式也常見於佛經。

26 《論語・為政・七》，見〔宋〕朱熹，《四書章句集注》，頁七三。

27 〔宋〕黎靖德編，《朱子語類》，第二冊，卷五二，頁一七三〇。

28 〈荀子・修身篇・二〉：「治氣養心之術：血氣剛強，則柔之以調和；知慮漸深，則一之以易良（……）夫是之謂治氣養心之術也」，見〔清〕王先謙撰，沈嘯寰、王星賢點校，《荀子集解》，頁二五—二七。

29 〔宋〕朱熹，〈論語集注〉，收入《四書章句集注》，頁六四。

30 楊伯峻，《論語譯註》，頁六。

31 廖名春，《孔子真精神，《論語》疑難問題解讀》（貴陽：孔學堂書局，二〇一四），頁二二八。

32 〔宋〕朱熹，《論語集注》，收入《四書章句集注》，頁二六四。

33 同上注，頁六八。

34 〔宋〕朱熹，《孟子集注》，收入《四書章句集注》，頁四七四—四七五。

35 同上注，頁四五二。

36 同上注，頁四一〇。

37 同上注，頁五一八。

38 同上注，頁四六七。

39〔宋〕朱熹，《論語集注》，收入《四書章句集注》，頁七〇。
40 同上注，頁二四一。
41 同上注，頁二四一。
42 熊十力，《讀經示要》（台北：廣文書局，一九七〇），卷二，頁二二。
43 同上注。
44《論語‧衛靈公‧一八》，見〔宋〕朱熹，《四書章句集注》，頁二三一。
45《論語‧憲問‧三二》，見〔宋〕朱熹，《四書章句集注》，頁二一七。
46《論語‧里仁‧一四》，見〔宋〕朱熹，《四書章句集注》，頁九六。
47《論語‧衛靈公‧二〇》，見〔宋〕朱熹，《四書章句集注》，頁二三一。
48〔宋〕朱熹，《論語集注》，收入《四書章句集注》，頁一〇六。
49 同上注，頁二三二。
50 引文見〔宋〕朱熹，《四書章句集注》，頁二三二。
51〔宋〕朱熹，《論語集注》，收入《四書章句集注》，頁二三三。
52 同上注，頁一一二。
53 同上注，頁一二六。
54 引文見〔宋〕朱熹，《四書章句集注》，頁一二六。
55〔宋〕朱熹，《孟子集注》，收入《四書章句集注》，頁三九四。
56 Benjamin I. Schwartz, *The World of Thought in Ancient China*（Cambridge, Mass.: The Belknap Press of Harvard University Press, 1985）, Chap. 5, pp. 173-185.
57〔宋〕朱熹，《孟子集注》，收入《四書章句集注》，頁三一八—三一九。

58 同上注，頁三九四。
59 同上注，頁四八九。
60 同上注，頁四六三。
61 《孟子・公孫丑下・一〇》，見〔宋〕朱熹，《四書章句集注》，頁三四四。
62 《孟子・滕文公上・三》，見〔宋〕朱熹，《四書章句集注》，頁三五五。
63 同上注，頁三五五。
64 黃俊傑，《東亞儒家仁學史論》，頁一二四。
65 〔宋〕朱熹，《論語集注》，收入《四書章句集注》，頁二六四。
66 引文見〔宋〕朱熹，《四書章句集注》，頁二六四。
67 〔宋〕朱熹，《孟子集注》，收入《四書章句集注》，頁五〇三。
68 同上注，頁四八七。
69 參看：黃俊傑，《儒家思想與中國歷史思維》，第三章〈中國古代儒家歷史思維的方法及其運用〉，頁八七—一二六。
70 〔宋〕朱熹，《論語集注》，收入《四書章句集注》，頁六一。
71 《孟子・公孫丑下・一三》，見〔宋〕朱熹，《四書章句集注》，頁三四八。
72 牟宗三，《中國哲學的特質》：「孟子所代表的一路，中心思想為『仁義內在』，即心說性。孟子堅主仁義內在於人心，可謂『即心見性』，即就心來說性」，收入氏著，《牟宗三先生全集》，第二八冊，頁五七。

第五講

人應如何思考婚姻及家庭？

引言

婚姻與家庭生活中有很多酸甜苦辣，是年輕人結婚前很難想像的。婚姻與家庭生活是人必須努力經營的事業，孔子與孟子對這個問題有一套答案，本講要叩問孔孟對這個問題的建議。看到這樣重大的問題，便不禁想到孔子、孟子會如何思考婚姻與家庭？孔孟的思考對二十一世紀有何啟示？第一個問題涉及心、身、靈的問題。至於第二個問題，孔孟的立場則往往受到現代人很大的挑戰。

儒家對婚姻的重視

夫婦關係是「君子之道」的開始

儒家對婚姻非常重視，所有讀過《中庸》的人都知道，《中庸》本是《禮記》的一篇，原來並不分章節，在朱子所定的《中庸》第十二章說：[1]

君子之道費而隱。夫婦之愚，可以與知焉，及其至也，雖聖人亦有所不知焉。夫婦之不肖，可以能行焉，及其至也，雖聖人亦有所不能焉。〔……〕君子之道，造端乎夫婦，及其至也，察乎天地。

在《中庸》的作者看來，所謂「君子之道」是從夫婦關係開始，但是到了最高境界，則與天地的原理同步互動。

古代婚禮極嚴謹

古代儒家把夫婦關係看作君子之道的開始，所以他們對婚禮的態度極為嚴謹。《禮記》說：「男女無媒不交，無幣不相見，恐男女之無別也。」[2] 如果沒有介紹人，便不交往；若沒有禮物，則不相見，因為恐怕男女的界線模糊掉。到了結婚當日，「男子親迎，男先於女，剛柔之義也。」[3] 即男子要親自迎娶，而且男先於女，以配合天地「剛」與「柔」。而且，「父親醮子而命之迎，男先於女也。子承命以迎，〔……〕蓋親受之於父母也。」[4] 由男方父親指示新郎去迎親，以表示這個婚約是得到父母的祝福。結婚的時候，「主人筵几於廟，而拜迎於門外。婿執鴈入，揖讓升堂，再拜，奠鴈」，[5] 主人要設宴於家廟，還未到的時候，就要在門外拜迎。婿要拿著鴈進來，揖讓升堂，再拜，奠鴈。《周禮》說「以禽作六摯

〔……〕大夫執鴈，士執雉」，[6] 以禽作六摯，而且大夫執鴈、士執雉，有嚴謹的文化習慣。完成以後，新婚夫婦「共牢而食，合巹而酳，所以合體、同尊卑以親之也」，[7] 到了晚宴要喝酒的時候，還要用兩個酒杯合巹，象徵合體，「同尊卑以親之」。而且結婚以後，要「壹與之齊，終身不改」。[8]

「終身不改」，這是古代社會對婚姻的態度。古代男子十六歲，女子十四、五歲結婚。因此，現代人可能要問《禮記》的作者：在什麼意義下、什麼理由下，離婚是合乎人道的？難道人要為他十四、五歲的時候，長輩所指定的婚姻負責到底，而成為他一生的凌遲嗎？這是現代人可能對古代儒家婚姻觀提出的挑戰。

從婚姻的功能來說，古人對婚約的重視與傳宗接代有密切的關係。講到中國傳統文化對傳宗接代的重視，已故美籍華裔人類學家許烺光（Francis L. K. Hsu，一九〇九—一九九九）在二戰結束初期，曾在《生活在祖宗庇蔭下》（*Under the Ancestors' Shadow: Chinese Culture and Personality*）[9] 的專著裡，提出「顯著親屬關係」（Dominant Kinship Relationship，簡稱DKR）理論，他說任何社會都有「顯著親屬關係」，西方社會的DKR是夫婦關係，東方特別是中國社會的DKR是父子關係。兩者有何差別？從人類學觀點來講，夫婦關係是建立在兩性的性吸引力（sexuality）之上，故排他性特別強；而父子關係的特徵則是非性性（asexuality），故包容性很強，因為父親對小孩、子女永遠都是包容的。許烺光又指出，東西文化與社會的對比，在遠古的洪水神話當中最容易顯示出來。《聖經》說上帝按照自己的形貌創造了人（亞當），可是又覺得亞當太寂寞，便取他一根肋骨，來創造夏娃，令兩人結成夫婦。可是人類一日一日繁衍，卻愈來愈驕傲，而且受到蛇的引誘，吃了蘋果，做了很多壞事情。上帝認為人已不可救藥，便降下洪水，想把一切抹殺掉，可是還有像諾亞（Noah）那樣的好人，於是就在洪水來臨之前，先派天使告訴諾亞說不久以後洪水會席捲而來，要他準備方舟，要準備動物像是鴨子、雞、牛，各一公一母，以為日後繁衍。相對於《聖經》中諾亞方舟的神話，中國的洪水神話則是大禹治水的神話，「洪水滔滔」、「懷山襄陵」[10] 造成人民很大的痛苦，大禹的父親鯀被任命疏導洪水，可是沒有成就，後來就由禹接替這個職務。據說禹全心奉獻公務，三過家門而不入。從東西文化中的洪水神話，可以看出來雙方不同文化的DKR的差異。

孔子歧視女性嗎？

儒家對婚禮極為嚴謹，也將婚禮當作生命中最重要的事情。這種態度與中國社會的「顯著親屬關係」（DKR）在於父子關係有關。可是，這當中還有一個問題，那就是在《論語・陽貨》第二十五章，孔子說「唯女子與小人為難養也。近之則不孫，遠之則怨。」[11] 這是不是歧視女性呢？一九七〇年代，台灣曾贈送孔子銅像給紐約中央公園，結果引來美國女性主義團體去包圍、抗議，引用的就是這句話。

「唯女子與小人為難養也」這句話，兩千年來爭訟不休，基本上可分成兩派：從梁代皇侃（四八八—五四五）以下，清代戴望（一八三七—一八七三），到現代哲學家李澤厚先生（一九三〇—二〇二一），都以為「女子」是全稱，這個解釋就坐實了對孔子的指控。可是從宋代以下，邢昺（九三二—一〇一〇）、朱熹（一一三〇—一二〇〇）、戴溪（一一四一—一二一五）、王船山（一六一九—一六九二）、陳大齊（一八八六—一九八三）則有另一個觀點，認為「女子」是特稱而不是全稱，亦即孔子這句話中的「女子」一詞是指所有女子當中的一部分。北京清華大學廖名春教授指出，孔子這句話中的「女子」不可能是全稱，只能是特稱，「特指那些『像小人一樣』的『女子』，『如同小人一樣』的『女子』。」[12] 廖名春的說法是可以接受的。因為我們講孔、孟對婚姻的看法，首先就會碰到「孔子是不是男性沙文主義者」的問題，故需要特別說明。

婚姻與家庭作為「仁」的實踐場域

從本質與目的來講，儒家認為婚姻與家庭，就是「仁」的實踐場域。家庭生活通常有四個階段：孕育、哺養、空巢、等待，等待孩子歸來，孟郊〈遊子吟〉說的：「慈母手中線，遊子身上衣。臨行密密縫，意恐遲遲歸。誰言寸草心，報得三春暉。」[13] 家庭裡的親子關係，應該怎麼樣？我們若請教孔子，孔子大概會有兩個論點。

訴諸「心安」

第一個論點出現在《論語・陽貨》第二十一章，孔子與宰我討論三年之喪的對話：[14]

宰我問：「三年之喪，期已久矣。君子三年不為禮，禮必壞；三年不為樂，樂必崩。舊穀既沒，新穀既升，鑽燧改火，期可已矣。」子曰：「食夫稻，衣夫錦，於女安乎？」曰：「安。」「女安則為之！夫君子之居喪，食旨不甘，聞樂不樂，居處不安，故不為也。今女安，則為之！」宰我出。子曰：「予之不仁也！子生三年，然後免於父母之懷。夫三年之喪，天下之通喪也。予也，有三年之愛於其父母乎？」

宰我問說守喪三年太久，如果三年都不操演禮，禮必壞；三年不練習音樂，音樂必崩。一般來說，舊的稻米已經吃完，新的稻米已經生出來了，鑽燧改火，「期」也就是一年，就差不多了。孔子說：你的父母死了，你吃飽穿暖，心能安嗎？宰我說「安」。於是孔子便說假如你覺得心安，就這樣去做吧。可是宰我出去之後，孔子便批評宰我不仁，因為小孩出生三年才能遠離父母的懷抱。

這一場對話需要我們來深叩，進行現代的解釋。宰我與孔子針對三年之喪對話的哲學立場，尤其是倫理學的立場，是非常明確的。宰我說居喪三年實在太久，因為三年不練習禮樂，禮樂就崩壞掉了。宰我認為要不要行三年之喪是以「禮與樂會不會崩壞」這個結果作為考量。這種哲學立場可以稱為「功效倫理學」（Ethics of consequences）立場，也就是認為一個行為的判斷標準，要看這個行為能夠帶來何種功效或「邊際效益」。就好像說為什麼要讀大學，一個國家為何要投資高等教育，因為高等教育能夠創造許多邊際效應，例如富國強兵、加強愛國心等等，這是「功效倫理學」立場。而相對於宰我，孔子不認為這樣，孔子訴諸於心安或不安，可見他的倫理學立場在於：判斷一個行為，不是看該行為所創造的效果或利益，而是看行為者的存心。因此孔子的立場可以稱為「存心倫理學」（Ethics of conviction）。[15] 孔子認為處理親子關係與家庭關係，要訴諸於「心安」，這一點展示儒家基本上是採取「存心倫理學」立場的思想。

孝弟也者，其為仁之本與

在《論語・學而》第二章，孔子的學生有子（五一八／五〇八—？BCE）說：[16]

其為人也孝弟，而好犯上者，鮮矣；不好犯上，而好作亂者，未之有也。君子務本，本立而道生。孝弟也者，其為仁之本與！

弟，即悌。「孝」是對父母、「悌」則是對兄弟姊妹，一個是上下關係，一個是平行關係。清代以來，許多學者認為「其為仁之本與」的「仁」字是「人」的筆誤，意思是孝悌是人之所以為人的道理，而不是人實踐仁德的根本。朱子引用程頤（伊川，一〇三三—一一〇七）的解釋說：[17]

謂行仁自孝弟始，孝弟是仁之一事。謂之行仁之本則可，謂是仁之本則不可。蓋仁是性也，孝弟是用也，性中只有箇仁、義、禮、智四者而已，曷嘗有孝弟來。然仁主於愛，愛莫大於愛親，故曰孝弟也者，其為仁之本與！

朱子認為，孝悌是「仁」的一種表現，但是將孝悌當作是「仁之本」則不可以。因為仁德是人的本性，孝悌只是這種本性的一種外在的表現。人性裡面是有「仁、義、禮、智」，這是孟子的話，裡面並沒有「孝」「悌」。可是「仁」的本質是「愛」，而愛之最大者無疑是親愛自己的父母，所以才說「孝弟也者，其為仁之本與」。朱子與呂祖謙（伯恭，一一三七—一一八一）所編《近思錄》中，引用程伊川的說法最多，朱子在這裡引用程伊川來解釋，基本上是可接受的。

這種觀點的延伸，最有名的對話，則是「其父攘羊，而子證之」這一章。《論語．子路》第十八章：[18]

> 葉公語孔子曰：「吾黨有直躬者，其父攘羊，而子證之。」孔子曰：「吾黨之直者異於是。父為子隱，子為父隱，直在其中矣。」

葉公說他們那個小地方有個正直的人，父親偷了一隻羊，兒子就去告發他父親。孔子則說在他的小社區，「正直」不是這樣理解的，而是「父為子隱，子為父隱」。葉公這一段話也見於《韓非子》〈五蠹〉篇[19]與《呂氏春秋》〈仲冬紀．當務〉。[20]這段話從五四到文革期間，受到嚴厲的批評。誠如李澤厚所說，《論語．子路．一八》章中，「所謂『直』、『正直』在這裡就並不是法律是非、社會正義的含義，凸顯了社會性公德與宗教性私德的差異及其衝突。」[21]這個問題在二十一世紀初年的大陸學術界也激起熱烈的辯論。[22] 誠如這場論諍的重要學者郭齊勇（一九四七—）先生所說：「這場論爭一方面釐清了學界對於『親親相隱』的誤解，另一方面促使大家更為全面辯證地認識儒家的道德哲學與倫理學，進而創造性闡釋以仁為核心的儒學對公德和私德的界定、親親相隱與人權學說的溝通、人情與法理的關係等問題。」[23]「親親相隱」這個問題是東亞儒學的共同論域之一，江戶時代日本儒者以及朝鮮時代朝鮮儒者，對於這個問題都有很豐富的論述。[24]

那麼，所謂「父為子隱，子為父隱」這句話應如何理解呢？正如勞思光（原名勞榮瑋，號韋齋，一九二七—二〇一二）先生所說，這句話中的哲學命題是：「價值在於具體理分之完成」，[25] 也就是「價值意識之具體化」如何可能這個問題。譬如說，我們都知道「直」是一種美德，類似於柏拉圖《理想國》裡面一再思考的「正義」的問題。可是「正義」如何可能呢？如果一致要所有人不論年紀長幼，不論身高體重，都得扛五十公斤，那就不是「正義」。因為對一個壯丁來說，扛五十公斤沒有什麼，可是對女生或矮小的人，則是凌遲，所以這不是「正義」，不是「直」。因此所謂的「直」，必須要把它脈絡化於個人的身分、職責這個關係網絡裡，才能得其實、得其平。

所謂「直」，並不是抽象的概念，就好像「全球化」不是抽象的一個一刀切的價值標準。如果以「全球化」作為當今世界唯一的價值標準，那麼非洲的小國或許會被質疑為什麼不努力於「全球化」。當這樣論述的時候，「全球化」就被少數居於「全球化」中心位置的強國、富國所掌控，而成為壓抑亞、非、拉丁美洲弱國與小國的一個最大的工具。從這個視野回看孔子的對話，我們就可以同意：作為兒子最重要的職責是孝順，而父親的責任則是慈愛。兒子不應該指證父親，是因為兒子不應放棄最重要的孝順這個責任，而去扮演檢察官的角色。抽象的價值理念要落實在具體的脈絡之中，這是孔子的意思。在柏拉圖的《理想國》裡，柏拉圖所思考的是：城邦如何才能獲得「正義」的問題，隨着全球化、科技發展，這個問題會成為人類最大問題之一，已故二十世紀偉大哲學家羅爾斯（John Rawls，一九二一—二〇〇二）的經典名著《正義論》(*A Theory of Justice*)[26] 裡就講到現在的問題是一種「分配正義」如何可能的問題。[27]

「父為子隱，子為父隱」作為古代中國文化追求正義的一種方式，不禁令人想起柏拉圖說一個理想的城邦最好是五千多個人，分成三個階級：統治者、立法者、戰士。戰士階級要有勇敢的美德、立法者要有節制的美德、統治者要有睿智的美德。一般人不需接受哲學教育，但國王必須是哲學家。柏拉圖說一個城邦的「正義」，就是在三個階級各盡其分，而勇敢、睿智與節制取得平衡的時候成立。[28]

孟子的觀點（一）：「事親」

《孟子・離婁上》第十九章：[29]

孟子曰：「事孰為大？事親為大；守孰為大？守身為大。不失其身而能事其親者，吾聞之矣；失其身而能事其親者，吾未之聞也。孰不為事？事親，事之本也；孰不為守？守身，守之本也。曾子養曾皙，必有酒肉。將徹，必請所與。問有餘，必曰『有』。曾皙死，曾元養曾子，必有酒肉。將徹，不請所與。問有餘，曰『亡矣』。將以復進也。此所謂養口體者也。若曾子，則可謂養志也。事親若曾子者，可也。」

孟子認為沒有比服侍父母更重要的事情了。在所有持守的美德中，最重要就是「守身」。孟子「守身」的意思，不只是生理上的守身，還包括要不要出去當官。總而言之，孟子告訴我們安排家庭裡面的關係，最重要的是服侍父母，而且不僅是「養口體」，而且重視「養志」。

孟子的觀點（二）：「仁」、「義」

《孟子．離婁上》第二十七章：[30]

孟子曰：「仁之實，事親是也；義之實，從兄是也。智之實，知斯二者弗去是也；禮之實，節文斯二者是也；樂之實，樂斯二者，樂則生矣；生則惡可已也，惡可已，則不知足之蹈之、手之舞之。」

服侍父母便是「仁」，而「義」則是服侍兄長，這是儒家觀點。我們需要對這個觀點進行批判的分析。堯舜是歷代中、日、韓儒家的聖王典範，三代（夏、商、周）則是兩千年來東亞儒家學者精神的原鄉，他們以美化歷史上的「三代」的「是如何」以作為精神的槓桿，來解釋現在「是如何」，並指引未來「應如何」。這是具有儒家特色的歷史思維方法，以舜為最高的一個聖王典範。[31]

孟子的觀點（三）：「親愛之而已矣」

孟子在《萬章上》第三章說：[32]

萬章問曰：「象日以殺舜為事，立為天子，則放之，何也？」孟子曰：「封之也，或曰放焉。」萬章曰：「舜流共工于幽州，放驩兜于崇山，殺三苗于三危，殛鯀于羽山，四罪而天下咸服，誅不仁也。象至不仁，封之有庳。有庳之人奚罪焉？仁人固如是乎？在他人則誅之，在弟則封之。」曰：「仁人之於弟也，不藏怒焉，不宿怨焉，親愛之而已矣。親之欲其貴也，愛之欲其富也。封之有庳，富貴之也。身為天子，弟為匹夫，可謂親愛之乎？」「敢問或曰放者，何謂也？」曰：「象不得有為於其國，天子使吏治其國，而納其貢稅焉，故謂之放，豈得暴彼民哉？雖然，欲常常而見之，故源源而來。『不及貢，以政接于有庳』，此之謂也。」

象是舜的弟弟，每天都在設計要殺死舜，可是舜一旦成為國君之後，流放了共工、驩兜，殺死三苗和鯀，這四罪的處理是「誅不仁」。可是舜對於不仁的象，不但沒有流放，還封他在有庳這個地方。萬章遂質問孟子，舜這樣做豈不是讓有庳的人民受罪？孟子說：仁人之於他的弟弟，「不藏怒焉，不宿怨焉」，只有「親愛之而已矣」。「親愛之而已矣」這句話，顯示舜的家庭倫理是「責任本位（duty-based）倫理」，所以當前美國一些儒學研究者說，儒家重視一種「角色倫理」（role ethics）。[33] 王陽明被貶到貴州以後，發現苗人崇拜的神竟然是象，為什麼苗人要祭祀象？王陽明認為：為象立祠，啟示我們「人性之善，天下無不可化之人」。（〈象祠記〉）[34] 孔孟處理家庭倫理都強調「責任本位的倫理」，所以重視舜的「角色倫理」，每一個不同身分的人，要扮演好自己的角色，正是孔子所謂：「君君、臣臣、父父、子子」。

桃應對孟子的提問，則是另一個挑戰。《孟子．盡心上》第三十五章：[35]

> 桃應問曰：「舜為天子，皋陶為士，瞽瞍殺人，則如之何？」孟子曰：「執之而已矣。」「然則舜不禁與？」曰：「夫舜惡得而禁之？夫有所受之也。」「然則舜如之何？」曰：「舜視棄天下，猶棄敝蹝也。竊負而逃，遵海濱而處，終身訢然，樂而忘天下。」

皋陶逮捕犯人有法律依據，孟子認為舜不能干預司法，應該放棄天下，就好像丟掉破鞋子，舜應該潛入監獄，然後把父親背負起來，一起逃亡，「終身訢然，樂而忘天下」。這段話從上個世紀五四時代以來備受批評，許多知識分子認為：儒家以家庭倫理壓過國法尊嚴，顯示孟子不重視法律的客觀性。但是從孟子的立場來講，可能不是如此。**孟子的立場是，「不可取代原則」比「可取代原則」更重要**。也就是說：舜作為孝子的責任，只有舜才能實踐，這是舜「不可取代」的責任，而舜之作為天子，只要有跟舜一樣治國能力的人，都可以取代舜。拙著《孟學思想史論》第一卷對這一個問題曾提出解釋。[36]

關於舜處理家庭人倫的困局這個問題，到了明清時代獲得很多士大夫的關注，呂妙芬教授最近對這個問題有深入的研究。呂妙芬研究《孟子》所述的舜與象的故事，在近世中國士人著作中的再解釋，她指出：「明清士人努力維護舜的真誠無偽、智慧洞達、公私仁義備至，使其在自身道德、家庭、國家、天下各層面都無所虧欠。為達到此詮釋目的，就必須擺脫民間講故事的手法（以象之極惡與高度迫害來凸顯舜之大孝），轉而強調象之轉化向善。」[37] 明清士人對舜處理家庭倫理的方式之再解釋，反映儒家性善論的價值觀在近世中國的延續。

對儒家「孝道」的挑戰

可是，孔孟所提倡的「孝道」長期以來受到許多人的挑戰，東漢的王充（二七—？CE）可以說是批判儒家孝道的第一人，王充說：「夫婦合氣，非當時欲得生子。情欲動而合，合而生子矣」，[38]接著，東漢末年的孔融（一五三—二〇八）可說是第二個提出挑戰的人。據說孔融天生聰明，出言不遜，經常得罪人，五十六歲時，全家被曹操處死。讀過《後漢書》〈孔融傳〉，便感覺到人的聰明和敦厚必須互相配合，就好像車之二輪、鳥之兩翼，可是世界上，聰明的人常常生性刻薄、很難兩全。《孔北海集》中載有孔融以下這一段話：[39]

父之於子，當有何親？論其本意，實為情欲發耳。子之於母，亦復奚為？譬如寄物瓶中，出則離矣。

孔融認為，父親生兒子，只是情欲發作；而兒子之於母親，也只是懷胎時像寄託在瓶子之中，離開母親的肚子以後，便與母親無關了。

到了近代，胡適（一八九一—一九六二）二十八歲的時候，也就是民國八年（一九一九）生了兒子後，在《每週評論》第三三期（一九一九年八月三日）寫了一首新體詩，題為〈我的兒子〉：[40]

我實在不要兒子，
兒子自己來了。
「無後主義」的招牌，

於今掛不起來了！
譬如樹上開花，
花落天然結果。
那果便是你，
那樹便是我。
樹本無心結子，
我也無恩於你。
但是你既來了，
我不能不養你教你，
那是我對人道的義務，
並不是我待你的恩誼。
將來你長大時，
這是我所期望於你：
我要你做一個堂堂的人，不要做我的孝順兒子。

除了王充、孔融與青年胡適批判儒家孝道之外，台灣著名導演李安（一九五四—）最近也說，

「孝順」是過時的觀念，建議父母與子女之間應該用平等的「愛」，來取代上下尊卑、階級觀念下的「孝順」。[41] 李安也批判傳統儒家的孝道。

以上從古至今批判孝道的言論的理論基礎，在於將倫理學等同於生理學，認為人的出生，只是生物學事實，只不過是父母情欲之所發（如王充、孔融所說），或像是樹的自然開花結果（如胡適所說），所以孝道是不能成立的。可是，我們進一步思考就會發現：生物學上的事實不完全等同於倫理學上的事實，產婦在醫院婦產科產房生產孩子，那是生物學事實，但是孩子一出生，生物學事實就立即轉化成倫理學事實，因為產婦不是生出一隻貓或一隻狗，而是生出某某人的女兒或某某人的兒子，所以生物學事實一秒鐘之內已轉變為倫理學事實。

講到生物學事實不能化約為倫理學事實，我們可以再以亞里士多德對民主政治的批判為例，進一步解釋。亞里斯多德在《政治論》這部經典著作裡，反對他的時代雅典城邦實行的民主政治，他說：公民與城邦的關係就是等於「部分」與「全體」的關係。[42] 公民是「部分」，城邦是「整體」。這種關係就很像手臂與身體的關係，手臂是「部分」，身體是一個「整體」，一旦手臂離開身體，那這個手臂便失去功能。也就是說：「部分」離開了「全體」，「部分」便不再有意義。所以，「整體」優先於「部分」，並且比「部分」更重要，現在民主政治把「部分」放在「整體」前面。我們如果與亞里斯多德辯論，就可以提出以下看法：手臂與身體等於「部分」與「全體」的關係，可是手臂與身體的關係是生物學事實，而城邦與公民的關係則是政治學事實，各有其運作邏輯，兩者不可互相化約。

儒家講孝道，也有更深刻的倫理學或社會學問題值得思考。因為儒家的孝道必然強調「角色倫理」，[43]但是過度強調「角色倫理」，可能會造成「個體性」之淪喪，使個人附屬在單位（如家庭）或組織（如國家）之下而被壓抑，這是傳統中國文化與社會最大的問題之一。

「差序格局」的展開：「愛有等差，施由親始」

儒家從親子關係展開了一個當代人類學家費孝通（一九一〇—二〇〇五）先生，在《鄉土中國》一書中所謂的「差序格局」，[44]亦即與孟子同時代的墨家指摘儒家的「愛有等差，施由親始」，[45]所展開的社會關係網絡格局。因為在儒家的家庭觀裡，是以「自我」作為同心圓的圓心，以孝為核心價值。《論語》好幾章，都提到子女服侍父母的問題，例如《論語．為政》第七章：[46]

> 子游問孝。子曰：「今之孝者，是謂能養。至於犬馬，皆能有養；不敬，何以別乎？」

《論語・里仁》第十九章：[47]

子曰：「父母在，不遠遊。遊必有方。」

《論語・為政》第八章：[48]

子夏問孝。子曰：「色難。有事弟子服其勞，有酒食先生饌，曾是以為孝乎？」

所謂「色難」，就是臉孔的表情和顏悅色是最困難的。朱子《集註》：「色難，謂事親之際，惟色為難。〔……〕蓋孝子之有深愛者，必有和氣；有和氣者，必有愉色；有愉色者，必有婉容；故事親之際，惟色為難耳，服勞奉養未足為孝也。」[49] 但是，兩千年來的帝制中國所實施的是程度不等的專制政體，「孝」與「忠」這兩個儒家價值理念，也很容易被專制王權所扭曲或利用。「忠」原來在《論語》中是指為人處事，必須發自內心的誠意（朱子解釋為「盡己之謂忠」），但是到了大一統帝國出現以後，「忠」被扭曲為對專制帝王的忠；而「孝」也成為皇帝專屬，例如漢代皇帝從惠帝（在位於一九五—一八八BCE）以後，正式的諡號都要加上「孝」號，如孝惠帝、孝文帝、孝武帝等等。[50] 我們今天講孔孟思想中的「忠」與「孝」的價值理念，也不要忘記這些價值理念在歷史上受到專制王權的扭曲這件事實。

結論與啟示

本講提出以下結論與啟示：第一，孔孟的家庭觀以「自我」為中心展開，並以「愛」為基礎，正如孟子所講「親愛之而已矣」。[51] 但是從現代觀點來看，孔孟家庭觀卻隱藏著一個核心問題，即「公」與「私」的分際問題。孟子曰：「天下之本在國，國之本在家，家之本在身」（《孟子・離婁上・五》），[52] 又說「天之生物也，使之一本，而夷之二本故也」。（《孟子・滕文公上・五》）[53] 夷之是墨家人物。這場對話中的所謂「一本」，根據《儀禮・喪服傳》，是以自我為立足點，往上推及高、曾、祖、父四代，往下推及子、孫、曾、玄四代，這種以父系宗族為主的周人法制，稱為「一本」，這是儒家的基本觀念。

第二，「自我」的展開，必定涉及「公」與「私」兩大領域之分際，這是具有高度相對性，而且不斷開展的多層次的同心圓。譬如說在家庭中的個人，相對於家庭作為公領域來講，個人是私領域；但是每個國家、社會相對於國際社會作為公領域，也可以作為私領域來理解。

第三，東亞儒者對「公」「私」領域之關係的看法，主張「公」「私」領域的連續性，「公」

是「私」的延伸或擴大。[54] 無論是《孟子・離婁上》第五章說「天下之本在國，國之本在家，家之本在身」，或《論語・子路》第十八章孔子答葉公攘羊之問，都存在著「價值意識之具體化」問題。勞思光先生解釋孔子之意，指出儒者主張「價值在於具體理分之完成」，可是其中還有階段性的問題。儒家一般主張「公」「私」有別，而且重「公」輕「私」，如《荀子》所說的「以公義勝私欲」[55] 或程頤說「義與利，只是個公與私」。[56] 或者主張「公」「私」相為輕重，不可以偏舉，如南宋楊時（一〇五三—一一三五）「父子者，一人之私恩。法者，天下之公義。二者相為輕重，不可偏舉也」，[57] 朱子說：「皋陶知有法，而不知有天子之父，舜知有父，而不知有天下，各盡其道，而不相悖。」[58]

第四，東亞思想家化解「公」「私」領域緊張性之方法有二：第一個方法是以具有普遍性的「天」或「天理」作為評價標準。朱子說：「蓋法者天下公共，在皋陶亦只得執之而已。若人心不許舜棄天下而去，則便是天也，皋陶亦安能違天？法與理便即是人心底，亦須是合下有如此底心，方能為是權制。」[59] 王夫之說：「若但從宗社傾覆上說親之過大，則於利害分大小，便已乖乎天理自然之則。」[60] 均以「天」或「天理」作為最高的普通原則，以化解「公」、「私」衝突。第二個化解的方法是以更具普遍性的「天下」概念，作為評價標準。例如朝鮮儒者李瀷（字飛卿，號浦渚，一五七九—一六五五）指出：[61]

殺人者，天下之罪也，法者，天下之法也，以天下之法治天下之罪，斯固士之職也。然天子者，天下之父母也，以天下之父母負其父而逃，是天下失父母矣，於是天下呱呱然求父母之所在，奚暇念於殺人之罪，皋陶乃以天下之心率而就之也。

但問題是：第一，以「天理」作為評價標準的方法，所謂「天理之正」如何判斷？由誰決定「天理之正」？如果諸多「天理」發生衝突時，應如何判斷何種「天理」為正？第二，以「天下」概念作為評價標準的方法，「天下」之民意如何呈現？何人代表「天下」之公意？這是二十一世紀的我們，針對儒家家庭觀可以進一步思考的問題。

附錄

一、**閱讀作業**：

1. 《論語》：〈先進・四〉、〈為政・八〉、〈為政・七〉、〈為政・五〉、〈為政・六〉、〈陽貨・二一〉、〈學而・二〉、〈里仁・一九〉、〈里仁・二一〉、〈子路・一八〉、〈為政・一一〉

2. 《孟子》：〈離婁上・一一〉、〈離婁上・一九〉、〈離婁上・二七〉、〈離婁上・二八〉、〈離婁上・二八〉、〈離婁上・二六〉、〈萬章上・三〉、〈盡心上・三五〉、〈告子下・三〉、〈告子下・一七〉、〈離婁下・一三〉、〈盡心上・三九〉、〈公孫丑下・七〉、〈盡心上・二〇〉、〈藤文公上・五〉

二、**延伸閱讀**：

1. 司法院大法官《釋字七四八號》。http://www.judicial.gov.tw/constitutionalcourt/p03_01_1.asp?expno=748

2. 臺灣高等法院一〇〇年度重上更（一）字第一三〇號。https://www.space.ntu.edu.tw/navigate/s/D7C069F8FF864850A70D57B691968145QQY

三、**思考問題**：

1. 如果孔子生於今日社會，您認為他

對「同性戀」／「同婚」會採取什麼立場？為什麼？

2. 您認為「愛有等差，施由親始」可以成立嗎？為什麼？

3. 以《臺灣高等法院一〇〇年度重上更（一）字第一三〇號》判案為案例，您認為「孝」可以通過法律途徑完成嗎？為什麼？

四、關鍵詞：

1. 父為子隱，子為父隱
2. 愛有等差，施由親始
3. 差序格局
4. 存心倫理學
5. 角色倫理

五、本講內容架構圖：

第五講・人應如何思考婚姻及家庭？

- 引言
  - 婚姻與家庭生活中的酸甜苦辣
  - 本講問題：（一）孔孟如何思考婚姻與家庭？（二）孔孟的思考對二十一世紀有何新啟示？
- 儒家對婚姻的重視
  - 夫婦關係是「君子之道」的開始
  - 古代婚禮極嚴謹
  - 孔子歧視女性嗎？
- 婚姻與家庭作為「仁」的實踐場域
  - 家庭生活的四個階段
  - 孔子的觀點：（一）訴諸心安（二）孝悌也者，為仁之本與
  - 孟子的觀點：（一）事親（二）仁義（三）親愛之而已矣
  - 舜的家庭倫理及其問題
  - 對儒家「孝道」的挑戰
  - 傳統中國文化中「角色倫理」的問題：「個體性」之淪喪
- 「差序格局」的展開：「愛有等差，施由親始」
  - 家庭中的「自我」：「自我」是同心圓的圓心，以孝為核心價值
  - 「施由親始」：同心圓的展開
  - 忠與孝的衝突
- 結論與啟示
  - 公與私的衝突
  - 東亞儒者對「公」「私」領域之關係的看法
  - 東亞思想家化解「公」「私」領域緊張性之方法
  - 問題：（一）以「天理」作為評價標準者，「天理之正」如何判斷？由誰決定「天理之正」？如果諸多「天理」發生衝突時，應如何判斷何種「天理」為正？（二）以「天下」概念作為評價標準者，「天下」之民意如何呈現？何人代表「天下」之公意？

注釋

1 〔宋〕朱熹，《中庸章句》，收入《四書章句集注》，頁二九。

2 《禮記・坊記》，見〔清〕孫希旦，《禮記集解》，下冊，引文見頁一二九四。

3 《禮記・郊特牲》，見〔清〕孫希旦，《禮記集解》，中冊，引文見頁七〇八。

4 《禮記・昏義》，見〔清〕孫希旦，《禮記集解》，下冊，引文見頁一四一七。

5 同上注。

6 《周禮・大宗伯》，見〔漢〕鄭玄注，〔唐〕賈公彥疏，收入李學勤主編，《十三經注疏・周禮注疏》（北京：北京大學出版社，二〇〇〇），卷一八，引文見頁五六〇。

7 《禮記・昏義》，見〔清〕孫希旦，《禮記集解》，下冊，引文見頁一四一七。

8 《禮記・郊特牲》，見〔清〕孫希旦，《禮記集解》，中冊，引文見頁七〇七。

9 Francis L. K. Hsu, *Under the Ancestors' Shadow: Chinese Culture and Personality* (New York: Columbia University Press, 1948).

10 典故出自《尚書・益稷》：「禹曰：『洪水滔滔，浩浩懷山襄陵，下民昏墊』」，見〔漢〕孔安國傳，〔唐〕孔穎達疏，收入李學勤主編，《十三經注疏・尚書正義》（北京：北京大學出版社，二〇〇〇），卷五，頁一三四。

11 〔宋〕朱熹，《論語集注》，收入《四書章句集注》，頁二五五。

12 廖名春，《孔子真精神，《論語》疑難問題解讀》，頁五五。

13 〔唐〕孟郊，〈遊子吟〉，收入〔清〕蘅塘退士編，《唐詩三百首》（浙江：浙江人民出版社，一九八〇），頁三二。

14 〔宋〕朱熹，《論語集注》，收入《四書章句集注》，頁二五三。

15 我採取李明輝的定義：「功效倫理學主張：一個行為的道德價值之最後判準在於該行為所產生或可能產生的後果。存心倫理學則堅持：我們判定一個行為之道德意義時所根據的主要判準，並非該行為所產生或可能產生的後果，而是行為主體之存心。」，見李明輝：〈孟子王霸之辨重探〉，收入氏著，《孟子重探》，頁四七。關於三年之喪的問題，參看：李明輝：〈《論語》「宰我問三年之喪」章中的倫理學問題〉，收入氏著，《儒學與現代意識》（台北：臺灣大學出版中心，二〇一六），頁二一三—二三九。

16 〔宋〕朱熹，《論語集注》，收入《四書章句集注》，頁六二。

17 引文見〔宋〕朱熹，《四書章句集注》，頁六二。

18 〔宋〕朱熹，《論語集注》，收入《四書章句集注》，頁二〇二。

19 陳啟天著，《增訂韓非子校釋》（新北：臺灣商務印書館，一九六九），卷一，頁四三—四四。

20 〔戰國〕呂不韋著，陳奇猷校釋，《呂氏春秋新校釋》（上海：上海古籍出版社，二〇〇二），上冊，頁六〇三。

21 李澤厚，《論語今讀》，頁三六四。

22 參看：郭齊勇編，《儒家倫理爭鳴集：以「親親互隱」為中心》（武漢：湖北教育出版社，二〇〇四）；郭齊勇主編，《儒家倫理新批判之批判》（武漢：武漢大學出版社，二〇一一）。

23 郭齊勇、陳曉杰，〈中國哲學史研究值得關注的幾個領域〉，《光明日報》，第十一版，二〇一九年十一月二十日。

24 〔韓〕金培懿，〈東亞儒家親情倫理觀——以「親親相隱」論所作之考察〉，收入《經學》（首爾：韓國經學學會，二〇二〇），創刊號，頁二三五—二七二。

25 勞思光，《新編中國哲學史（一）》（台北：三民書局，二〇一一），頁一二四。

26 John Rawls, *A Theory of Justice* (Cambridge, Mass.: The Belknap Press of Harvard University Press, 1999)，中譯本：何懷宏、何包鋼、廖申白譯，《正義論》（北京：中國社會科學出版社，二〇〇九）。

27 例如美國社會高昂的醫療費用，導致貧窮、弱勢人口無法支付醫療、住院的費用，沒有買商業醫療保險的人如生重病，問題就很嚴重，所以美國在表面繁榮之下有很嚴重的社會問題。歐巴馬政府後期的健保計畫的推出，目的就是解決這種由「分配正義」的欠缺引發的社會問題，但最終未能全面落實。

28 柏拉圖（Plato）著，侯健譯，《理想國》，卷四，頁二〇六—二〇七。

29 〔宋〕朱熹，《孟子集注》，收入《四書章句集注》，頁三九九。

30 同上注，頁四〇二。

31 參看：黃俊傑，《儒家思想與中國歷史思維》，第三章及第五章，頁八七—一二六、一五九—一八二。Chun-chieh Huang, "'Time' and 'Supertime' in Chinese Historical Thinking," in Chun-chieh Huang and John B. Henderson eds., *Notions of Time in Chinese Historical Thinking*（Hong Kong: Chinese University Press, 2006）, pp. 19-44. Chun-chieh Huang, "Historical Thinking in Classical Confucianism: Historical Argumentation from the Three Dynasties," in Chun-chieh Huang and Erik Zürcher eds., *Time and Space in Chinese Culture*（Leiden: E. J. Brill, 1995）, pp. 72-88。

32 〔宋〕朱熹，《孟子集注》，收入《四書章句集注》，頁四二六—四二七。

33 Roger T. Ames and Henry Rosemont Jr., *Confucian Role Ethics: A Moral Vision for the 21st Century?*（Göttingen, Germany and Taipei: V & R Unipress and Taiwan University Press, 2016）.

34 〔明〕王陽明，〈象祠記〉，收入《王陽明全集》，上冊，卷二三，頁八九三—八九四。

35〔宋〕朱熹，《孟子集注》，收入《四書章句集注》，頁五〇四。

36 關於不可取代原則之討論，參考黃俊傑，《孟學思想史論（卷一）》，第四章〈孟子思想中的群己關係〉第三節，頁一〇三—一〇九。

37 呂妙芬，《成聖與家庭人倫：宗教對話脈絡下的明清之際儒學》（新北：聯經出版公司，二〇一七），頁一五〇。

38〔漢〕王充，《論衡》，〈物勢〉，頁三三。

39 孫至誠評註，《孔北海集評註》（上海：商務印書館，一九三五），頁八。

40 胡適，〈我的兒子〉，刊於《每週評論》，第三十三期（一九一九年八月三日），網頁版參見：https://reurl.cc/l8Rml。

41 李安導演的發言參見：https://health.udn.com/health/story/6055/4171618?from=udn_ch2_menu_main。

42 Ernest Barker ed. & tr., *The Politics of Aristotle*（London: Oxford University Press, 1997）, Bk 一, Chapter 1, & 3, p. 2。

43 Roger T. Ames, *Confucian Role Ethics: A Vocabulary*（Hong Kong: Chinese University Press, 2010）.

44 費孝通，《鄉土中國與鄉土重建》（台北：風雲時代出版公司，一九九三），頁二二—二九；Hsiao-tung Fei, Chih-i Chang, Paul Cooper, Margaret Park Redfield, *Earthbound China: A Study of Rural Economy in Yunnan*（Chicago: University of Chicago Press, 1945）.

45《孟子・滕文公上・五》中，孟子拒墨者夷子所堅持的「愛無差等，施由親始」一說，〔宋〕朱熹注曰：「孟子言人之愛其兄子與鄰之子，本有差等」，見〔宋〕朱熹，《四書章句集注》，頁三六五—三六六。

46〔宋〕朱熹，《論語集注》，收入《四書章句集注》，頁七三。

47 同上注，頁九八。

48 同上注，頁七三。

49 同上注，頁七三。朱注中「蓋孝子之有深愛者」至「必有婉容」這一段文字，是朱子引用《禮記·祭義》原文。

50 〔日〕越智重明，〈孝思想の展開と始皇帝〉，《國立臺灣大學歷史學系學報》，第十五期（一九九〇），頁三九—六四。

51 《孟子·萬章上·三》：「仁人之於弟也，不藏怒焉，不宿怨焉，親愛之而已矣」，見〔宋〕朱熹，《四書章句集注》，頁四二七。

52 〔宋〕朱熹，《孟子集注》，收入《四書章句集注》，頁三八九。

53 同上注，頁三六五。

54 關於中國思想史中的「公」與「私」觀念的研究，最深入的著作是〔日〕溝口雄三著，鄭靜譯，《中國的公與私·公私》（北京：生活·讀書·新知三聯書店，二〇一一）。

55 〈荀子·修身篇·二〉，引文見〔清〕王先謙撰，沈嘯寰、王星賢點校，《荀子集解》，頁三六。

56 〔宋〕程顥、程頤，《河南程氏遺書》，收入《二程集》（上）（北京：中華書局，二〇〇四），卷一七，頁一七六。

57 〔宋〕楊時，《龜山集》（新北：臺灣商務印書館，一九七三），卷九，〈周世宗家人傳〉，頁二三—二四。

58 〔宋〕朱熹，《孟子或問》，收入《朱子全書》，第六冊，卷一三，頁一〇〇四。

59 〔宋〕黎靖德編，《朱子語類（三）》，收入《朱子全書》，第一六冊，卷六〇，頁一九六五—一九六六。朱子答語中「法者天下公共」一語，最早的出處是西漢張釋之（字季，漢文帝三〔一七七BCE〕年官拜廷尉）對漢文帝（在位於一七九—一五七BCE）所說：「法者，天子所與天下公共也」一語。見〔漢〕司馬遷著，〔日〕瀧川龜太郎注，《史記會注考證》，卷一〇二，〈張釋之馮唐列傳第四十二〉，頁一一二九。

60 〔明〕王夫之，《讀四書大全說》（影印同治四年湘鄉曾氏刊本）（高雄：河洛圖書出版社，一九七四），第二冊，卷一〇，頁四九上，總頁一三三五。

61〔韓〕李瀷，《星湖疾書》，〈盡心上篇・三十五章〉，收入《韓國經學資料集成》（首爾：成均館大學大東文化研究院，一九八八），第三九冊，孟子五，頁四三三—四三四。

第六講

在二十一世紀如何治理國家？如何安立合理的政治體制？

引言

十九世紀上半葉法國貴族兼政治哲學家托克維爾（Alexis de Tocqueville，一八〇五—一八五九）在《論美國的民主》一書中指出，美國的民主建立在「平等的條件」（Equality of conditions）之上，固然可以說是美國的民主發展，成為全球人類有史以來的楷模，但同時，美式民主也使美國社會形成無數的小團體：[1]

在民主制度下，公民永遠相差無幾，自然感到互相接近得隨時都可能融合為一體，所以便人為地和隨意地制定出許多小圈子，而每個人則試圖依靠這種小圈子拒他人而遠之，唯恐身不由己地與眾人合流。

在美國的民主制度之下，所謂的「公平」，就是每人一票。托克維爾認為在這種民主制度下，個人與國家之間，會產生一種被「多數暴力」（Tyranny of majority）控制的問題，個人會身不由己與眾人合流。托克維爾這樣論述美國民主中的「多數的暴政」：[2]

當一個人或一個黨在美國受到不公正的待遇時，你想他或它能向誰去訴苦呢？向輿論嗎？但輿論是多數製造的。向立法機構嗎？但立法機構代表多數，並盲目服從多數。向行政當局嗎？但行政首長是由多數選任的，是多數的百依百順工具。向公安機關嗎？但警察不外是多數掌握的軍隊。向陪審團嗎？但陪審團就是擁有宣判權的多數，而且在某些州，連法官都是由多數選派的。因此，不管你所告發的事情如何不正義和荒唐，你還得照樣服從。

托克維爾這一段對美式民主的批評，可謂一針見血，而且也很有遠見地預告了美式民主可能出現的許多問題。這些問題在網際網路快速發展的二十一世紀，都以最鮮明的方式呈現出來。

在托克維爾之前，十七世紀英國哲學家霍布斯（Thomas Hobbes，一五八八—一六七九）對「國家」充滿了想像。在他的經典著作《利維坦》（*Leviathan*，意謂大巨靈）裡，霍布斯說人的原初狀態或稱為「自然狀態」（natural state），非常可悲，因為在原始狀態中，每個人都跟每個人對抗，在這種自然狀態之下，人的生命是污穢的、血腥的而且短促的（Nasty, brutal and short）。他說：[3]

> 我承認這個人或這個集體，並放棄我管理自己的權利，把它授與這人或這個集

> 體，但條件是你也把自己的權利拿出來授與他，並以同樣的方式承認他的一切行為。這一點辦到之後，像這樣統一在一個人格之中的一群人就稱為「國家」，在拉丁文中稱為「城邦」。這就是偉大的利維坦（Leviathan）的誕生，用更尊敬的方式來說，這就是活的上帝的誕生；我們在永生不朽的上帝之下所獲得的和平和安全保障就是從它那裏得來的。

「國家」作為偉大的巨靈的誕生，就是活的上帝的誕生。霍布斯的政治哲學以「自然權利」（Jus naturale）為核心，他說：[4]

> 「自然權利」，就是每一個人按照自己願意的方式運用自己的力量保全自己的天性——也就是保全自己的生命——的自由。因此，這種自由就是用他自己的判斷和理性認為最適合的手段，去做任何事情的自由。

「自然權利」就是個人按自己的本性使用權力的自由。然後，又引申出「自然律」（Lex naturalis）：[5]

> 「自然律」是理性所發現的誡條或一般法則。這種誡條或一般法則禁止人們去做為損毀自己的生命或剝奪保全自己生命的手段的事情，並禁止人們不去做自己認為最有利於保全生命的事情。

「自然律」建立在三大定律之上：追求和平、放棄自然權利、履行契約，然後產生了「國家」，「國家」是上帝偉大的恩典。

但是，在霍布斯之後兩百年，人們對「國家」的想像已經幻滅了。到了十九世紀，馬克思（一八一八—一八八三）與恩格斯（一八二〇—一八九五）在《共產黨宣言》（一八七二）中，用扣人心弦的筆調，來控訴現代的國家政權，不過是管理資產階級共同事務的委員會而已：[6]

> 資產階級的這種發展的每一個階段，都有相應的政治上的成就伴隨著。它在封建領主統治下是被壓迫的等級，在公社裡是武裝的自治的團體，在一些地方組成獨立的城市共和國，在另一些地方組成君主國中的納稅的第三等級；後來，在工廠手工業時期，它是等級制君主國或專制君主國中同貴族抗衡的勢力，甚至是大君主國的主要基礎；最後，從大工業和世界市場建立的時候起，它在現代的代議制國家裡奪得了獨占的政治統治。**現代的國家政權不過是管理整個資產階級的共同事務的委員會**。

會罷了。

《共產黨宣言》對「國家」所提出的控訴，對處於二十一世紀面對AI取代人力、產業寡占日益嚴重，生命意義感失落的現代人而言，仍有其啟示，仍值得深思。

進入二十一世紀以後，西方知識界開始有「民主的退潮」（Democratic recession）的說法，這是史丹佛大學教授Larry Diamond所使用的名詞。一些民主國家甚至出現了「選舉的專制」（electoral autocracy）這種矛盾現象，這是近來西方政治學的熱門課題，如Jason Brennan的《反民主》（*Against Democracy*，二〇一六）、[7] David Runciman的《民主怎麼結束》（*How Democracy Ends*，二〇一八），[8] 都是近年來深思民主政治問題的重要著作。二〇一四年十二月四日的《紐約時報》（*The New York Times*）發表前英國首相布萊爾（Tony Blair）的一篇文章，題為〈民主政治死了嗎〉（Is Democracy Dead ?）。[9] 二〇一八年五月—六月份的《外交事務》（*Foreign Affairs*）期刊專號題為〈民主正在死亡中嗎？全球性的報告〉，[10] 對近年來世界許多民主國家中民主倒退的現象，有詳實的報導。

在以上所說的歷史背景之中，我們要討論兩個問題：第一，在孔孟思想中，國家應如何治理？什麼是合理的政治體制？第二，如何在二十一世紀從孔孟政治思想中的「民本」，開出「民主」的新格局？

「道德政治」的理論基礎及其展開

理論基礎

孔孟政治哲學，可以說是一種以「道德政治」為核心的政治哲學，我們首先分析孔孟「道德政治」的理論基礎。在孔孟看來，政治應屬於有德的人，政治是為有德者而存在，政治由有德者領導。這種「道德政治」建立在幾個理論基礎之上：第一，**孔孟都認為政治領域與道德領域的「運作邏輯」**（modus operandi）有其一致性（identity），也就是佛經上說的「無二無別」。在儒家經典裡可大量找到這個命題的表述，例如《易經・繫辭上・五》說「顯諸仁，藏諸用，鼓萬物而不與聖人同憂，盛德大業，至矣哉」。[11]《中庸章句》十七章宣稱「大德必得其位」，[12]可見「盛德」與「大業」兩者之間，儒家是可以劃上等號的。

可是，有「盛德」者真的必有「大業」嗎？《論語・雍也》第一章，孔子說：「雍也，可使南面。」[13]其中「南面」一詞，是一個極具指標意義的名詞。中國古代從皇帝以下的各級統治者接見人民的時候都面南而坐，因為古代中國建築坐北朝南，各級長官接見部屬必然朝南而坐，所以，「南面」一詞在古代中國既可指天子、諸侯，亦可指卿大夫，甚至可指基層鄉、邑之地方長官。先秦典籍中所見「南面」一詞，如《莊子．至樂》：「南面王樂」[14] 中的「南面」是指南面為王之意。西漢（二〇六BCE—八CE）末年，劉向（子政，七七—六BCE）《說苑．修文篇》解釋《論語．雍也》的「南面」一詞說：「當孔子之時，上無明天子也。故言雍也可使南面。南面者，天子也」，[15] 這種說法比較接近古代「南面」一詞的含義，但是到了東漢（二五—二二〇），包咸（子良，六BCE—六五CE）解釋「南面」就說：「可使南面者，言任諸侯，可使治國政也。」[16] 東漢大儒鄭玄（康成，一二七—二〇〇）注云：「言任諸侯之治。」[17] 魏（二二〇—二六五）何晏（平叔，？—二四五）及宋人邢昺（叔明，九三二—一〇一〇）均以諸侯解「南面」，[18] 從歷代中國儒者對孔子所說「南面」一詞的解釋之變化，我們可以看到許多中國的《論語》解釋者，深深地受到來自王權的壓力，他們對「南面」一詞的解釋不免受到政治力的扭曲。

第二個理論基礎是，儒家認為政治領域與道德領域有其連動性（chain reaction）。《大學》第九章：「一家仁，一國興仁；一家讓，一國興讓；一人貪戾，一國作亂，其機如此。此謂一言僨事，一人定國。」[19] 受過現代思辨訓練的知識分子，可能很難同意「一人貪戾，一國作亂，其機如此」這個論調，可是在世界各國領導人許多貪瀆案發生以後，人們才發現這項命題確實可以成立。

第三個理論基礎在於**菁英領導**。《大學》第九章說「堯、舜帥天下以仁，而民從之」，[20]《論語‧為政》第一章「為政以德」，[21]作國君的人要把德修好，才能為政，孔子主張「政治」就是由道德菁英所領導。《論語‧顏淵》第十九章「君子之德風，小人之德草。草上之風，必偃」，[22]這些論說都預設一個道德菁英領導眾庶的命題。這一類道德菁英領導的言論，充斥於《論語》、《孟子》。例如《論語‧顏淵》第十七章，季康子問政於孔子。孔子對曰：「政者，正也。子帥以正，孰敢不正？」[23]朱注引范祖禹（字淳夫，一〇四一—一〇九八）說：「未有己不正而能正人者」，[24]這種解釋貼近孔子原意，孔子認為政治就是由道德菁英領導庶民，但是領導人首先必須「正己」，才能「正人」。孔子講這句話，有魯國的歷史背景，朱子引胡寅（一〇九八—一一五六）之說：「魯自中葉，政由大夫，家臣效尤，據邑背叛，不正甚矣。故孔子以是告之，欲康子以正自克，而改三家之故〔……〕」，[25]孔子蓋「有為言之」也。

核心概念

孔孟的道德政治觀，具有以下幾個核心價值理念：

德治

孔孟都假定政治的基礎在道德，特別是統治者德行的高低。如《論語‧子路》第六章：

「子曰：其身正，不令而行；其身不正，雖令不從」、[26]第十三章：「子曰：苟正其身矣，於從政乎何有？不能正其身，如正人何？」[27]因此，儒家認為提拔道德水準高的統治者以教導百姓是可能的，《論語．顏淵》第十九章，孔子說：「子欲善，而民善矣。君子之德風，小人之德草。草上之風，必偃。」[28]儒家相信政治是風行草偃，可以通過菁英領導而加以教化、勸導。《論語．泰伯》第二章：「子曰：『（……）君子篤於親，則民興於仁；故舊不遺，則民不偷。』」[29]《論語．為政》第二十章：[30]

> 季康子問：「使民敬、忠以勸，如之何？」子曰：「臨之以莊則敬，孝慈則忠，舉善而教不能則勸。」

孔子的「德治」理想強調提拔善良的人，以教導德行比較低下的人。《論語．子路》第九章：[31]

> 子適衛，冉有僕。子曰：「庶矣哉！」冉有曰：「既庶矣。又何加焉？」曰：「富之。」曰：「既富矣，又何加焉？」曰：「教之。」

可是，在教化、勸導以外，《論語．為政》第三章又記載孔子說：「道之以政，齊之以刑，民免而無恥；道之以德，齊之以禮，有恥且格。」[32] 這段話是否代表孔子也認同統治者應使用刑罰來規範百姓呢？關於這一章，歷代學者提出各種解釋，廖名春教授認為：「『民免而無恥』，當讀作『民免而無止』，意思是說『道之以政，齊之以刑』，用『政』、『刑』來管治百姓，『則民有遯心』，就會逃離不止。『有恥且格』當讀作『有止且格』，就是說『道之以德，齊之以禮』，對百姓施以仁政，自己原來的百姓就會安居樂業，這就是『有止』；而且別國的百姓也會被招徠過去，這就是『格』。」[33] 廖名春的解釋可稱善解。孔子認為：若統治者有德行，則百姓會受到感化，最終可以達到「無為而治」的境界。《論語・衛靈公》第四章：「子曰：無為而治者，其舜也與？夫何為哉，恭己正南面而已矣」、[34]《論語・為政》第一章：「子曰：為政以德，譬如北辰，居其所而眾星共之。」[35] 何晏（？—二四九CE）《論語注》云：「言任官得其人，故無為而治。」[36]「無為而治」是儒家與道家的共同理想，而儒家「無為而治」的可能性，則建立在德治的基礎上。孔子的「德治」政治理念，主要是對統治者的要求，要求統治者必須在道德上站得起來，才能領導眾庶。

由此，我們還可以追問兩個問題：第一，孔孟所說的都是私領域的道德，如「溫、良、恭、儉、讓」，但私領域的德行，在公領域的政治運作中有效嗎？因為公領域的政治運作，可能是以自我為中心，以自私自利、利益交換作為基礎，與私領域的道德是不等價的而且不可互相化約的。第二，進入二十一世紀，政治生活應以上對下的「從屬原則」抑或以多元主體的

「並立原則」而運作呢？這兩個問題，是孔孟「德治」政治哲學，在二十一世紀必須面對的問題。

任賢

在儒家的道德政治哲學裡，第二個核心概念是「任賢」。《論語・為政》第十九章，魯哀公問孔子如何使百姓誠服，孔子回答他說「舉直錯諸枉，則民服」，[37] 提拔正直的人，「錯」就是捨棄的意思，「諸」即許多之意，賢者能改正許多邪曲之人，則百姓就會服氣。在《論語・顏淵》第二十二章，子夏（五〇七—四二〇BCE）又進一步詮釋孔子的話：[38]

> （樊遲見子夏）曰：「鄉也吾見於夫子而問知，子曰，『舉直錯諸枉，能使枉者直』，何謂也？」子夏曰：「富哉言乎！舜有天下，選於眾，舉臯陶，不仁者遠矣。湯有天下，選於眾，舉伊尹，不仁者遠矣。」

孔子認為最高統治者的德行之一，便是選賢與能，如提拔臯陶、伊尹等。在《論語・憲問》第九章，孔子以魯國起草條約為例，說「為命：裨諶草創之，世叔討論之，行人子羽脩飾之，東里子產潤色之。」[39] 由裨諶來起草、子羽脩飾、子產潤色，他們都是賢人。

有關「尚賢」政治的論點，在《論語》、《孟子》裡屢次出現，早在春秋戰國時代（七二二一二二二BCE）就已出現「尚賢政治」的理論及其實踐，[40]近年來也有學者著書提倡在二十一世紀實行「尚賢」政治。[41]但是從現代觀點來看，儒家所提倡的「尚賢」理論最重要的問題是：所謂「賢能」，標準何在？何人可以進行判斷誰「賢」與「不賢」？是統治者或人民？經由何種程序進行判斷？就現代國家與社會發展的實際經驗而言，統治者的德行固然極為重要，但是一個國家或社會整體的有效運作，往往不能完全依賴賢能政治，而是要求堅實而中立的文官體制與獨立自主的司法系統。

「不患寡而患不均」

在儒家提倡的尚賢政治中，領導人除了自身擁有良好的德行，也能教化百姓、改正政治的許多問題，使百姓信服，而最低限度的基礎則更建立在物質上的「百姓足」。《論語・子路》第九章：[42]

> 子適衛，冉有僕。子曰：「庶矣哉！」冉有曰：「既庶矣。又何加焉？」曰：「富之。」曰：「既富矣，又何加焉？」曰：「教之。」

儒家認為百姓富足，是政權隱定的基礎。《論語・顏淵》第九章：[43]

哀公問於有若曰：「年饑，用不足，如之何？」有若對曰：「盍徹乎？」曰：「二，吾猶不足，如之何其徹也？」對曰：「百姓足，君孰與不足？百姓不足，君孰與足？」

更重要的是，百姓富足的標準，是《論語．季氏》第一章，孔子所強調：「丘也聞有國有家者，不患寡而患不均，不患貧而患不安」[44] 這種觀念，與近代以來的社會主義的精神，頗有契合之處。因此，已故日本著名學者溝口雄三（一九三二—二〇一〇）在他廣受好評的著作《中國的衝擊》[45] 中指出，從孔子以來，中國歷史上就有歷史悠久的社會主義傳統。溝口先生以「中國的衝擊」對比近代以來日本知識分子心目中以「脫亞入歐」為目標的「西方的衝擊」，強調近代以前的日本文化，以中國的儒家理想社會作為楷模。可是在十九世紀以後，中、日兩國走向很不同的道路，日本走向資本主義而中國走向社會主義。「不患寡而患不均」是中國人幾千年來的理想，在中國歷史上，家族財產由小孩均分，可是在日本則是長子繼承。這種繼承制度的差異，與近代中日兩國走上不同的道路有其關係。溝口先生的論點很值得深思。

「民本」與「推恩」

孔孟政治哲學第四個核心概念，是「民本」與「推恩」。《孟子．離婁上》第九章講：[46]

孟子曰：「桀紂之失天下也，失其民也；失其民者，失其心也。得天下有道：得其民，斯得天下矣；得其民有道：得其心，斯得民矣；得其心有道：所欲與之聚之，所惡勿施爾也。民之歸仁也，猶水之就下、獸之走壙也。故為淵毆魚者，獺也；為叢毆爵者，鸇也；為湯武毆民者，桀與紂也。今天下之君有好仁者，則諸侯皆為之毆矣。雖欲無王，不可得已。」

「所欲與之聚之，所惡勿施爾也」，老百姓所欲則為之，反之則否。而且，要將「不忍人之心」從內向外推廣，孟子與齊宣王（約三五〇—三〇一 BCE）有以下這段的對話，在《孟子・梁惠王下》第二章：[47]

齊宣王問曰：「文王之囿方七十里，有諸？」孟子對曰：「於傳有之。」曰：「若是其大乎？」曰：「民猶以為小也。」曰：「寡人之囿方四十里，民猶以為大，何也？」曰：「文王之囿方七十里，芻蕘者往焉，雉兔者往焉，與民同之。民以為小，不亦宜乎？臣始至於境，問國之大禁，然後敢入。臣聞郊關之內有囿方四十里，殺其麋鹿者如殺人之罪。則是方四十里，為阱於國中。民以為大，不亦宜乎？」

孟子說文王的田獵場地雖然據說有七十里，可是對百姓來說，猶以為不足，因為文王能「與民同之」。孟子提倡為政必須「推恩」，孟子提倡一種充滿慈愛的父母統治的模式，所謂「慈愛父母模式」（nurturant parent model）[48] 一詞是美國當代語言哲學家雷可夫（George Lakoff，一九四一—）所創，在歐巴馬（Barack Obama，一九六一—）競選總統時用來形容民主黨的政治理念，當時對美國的選民頗有影響。《孟子・梁惠王上》第七章說：「推恩足以保四海，不推恩無以保妻子。」[49] 孟子「推恩」這個政治概念，確實近於「慈愛父母」的心態。

但是，「民本」論最著名的表述，則是《孟子・盡心下》第十四章所說的：[50]

> 孟子曰：「民為貴，社稷次之，君為輕。是故得乎丘民而為天子，得乎天子為諸侯，得乎諸侯為大夫。諸侯危社稷，則變置。犧牲既成，粢盛既潔，祭祀以時，然而旱乾水溢，則變置社稷。」

兩千多年前，孟子以磅礡的氣勢宣示「民為貴，社稷次之，君為輕」，可謂目光如炬。孟子高唱人民勝利進行曲，他不為衰亡中的封建體制唱輓歌，孟子的宣示在兩千多年後的今天，仍然扣人心弦。五四以來一些反傳統的中國人，以及一些外國學者說儒家反民主，實在是過於簡化的論點。[51] 可是，孔子在《論語・泰伯》第九章又說過「民可使由之，不可使知之」，[52] 這句話引起許多爭議，有人認為這句話是標點符號使用不當，應作「民可，使由之；不可，使知之」，即老百姓同意的話，就讓老百姓跟著做；若老百姓不同意，則讓老百姓理解你的政策是什麼。近來，廖名春教授針對這句話提出一個新解釋，認為：「『民可使由之，不可使知之』章，『由』當讀作『迪』，『迪』，導也。而『知』當讀作『折』，義為阻止、挫敗、折服。」[53] 孔子認為民眾可讓人引導，卻不能用暴力阻止。這個講法頗有新意，可能與孔子的政治思想比較接近。

「王道」

「王道」二字早見之於《尚書》，有所謂「王道平平」、「王道蕩蕩」之說，[54] 但是到了孟子，「王道」作為政治哲學才精義盡出。「王道」政治哲學對二十一世紀特別重要。孟子所講的「王道」政治理想，在二十世紀的孫中山（一八六六—一九二五）手上得到開展。[55] 所謂「王道」，就孟子而言，就是使老百姓有恆產，有恆心。「王道」的核心價值，在於統治者有「不忍人之心」，才能開展「不忍人之政」，要「與民同之」。「王道」政治的精神是分享，不是獨占。

孫中山先生一九二四年在神戶，建議日本社會在明治維新成功以後，回歸東方文化中的「王道」，孫中山先生的「王道」概念，是在他的「民主共和」的政治思想大脈絡之中，也是在一九二〇年代中日關係的小脈絡之中所提出；但是，曾參與一九四五年日本天皇投降詔書修訂工作的日本民間儒者安岡正篤（一八九八—一九八三），在太平洋戰爭期間對儒家的「王道」做日本式解釋時，卻是在他的右翼保守主義思想脈絡之中，也是在以日本為東洋盟主的脈絡中所提出。儒家的「王道」傳統，在安岡正篤手上，被解釋成「萬世一系」的「皇道」，可謂偷天換日，孟子的「王道」政治思想在二十世紀上半葉的日本，以及宣稱以建設「王道樂土」為目標，而由日本帝國殖民的偽滿洲國，經歷了巨大的「脈絡性轉換」，這種思想的扭曲與轉換，特別值得深思。

所謂「王道」如果置於國與國之間的國際政治脈絡來考慮，就是重視國與國之間的互相協助，而不是從十九世紀至今以「現實政治」（realpolitik）為理論基礎，追求各國自己的私利的國際政治觀。二〇一九年年底開始肆虐全球的新冠肺炎病毒（COVID-19），使人類前途蒙上巨大陰影，也使人類反思源於近代西方世界的「個人主義」在國內與國際間的重大問題，最近美國普林斯頓大學政治學教授米勒（Jan-Werner Müller），就在二〇二〇年三月十九日的《紐約時報》發表文章，疾呼在歷經病毒攻擊之後的世界中，人類必須學會互助，否則必將一起走向死亡。[56] 在這樣的時代背景裡，孔孟所揭櫫的「王道」政治的理念，似乎在二十一世紀新國際秩序中，又取得了新的高度，也具有新的啟示。

「正名」主義及其理論含義

從上述五個核心價值理念出發，孔子奠定道德政治的關鍵基礎，則是「正名主義」。因為如果「君不君」，則「臣不臣」；「父不父」，則「子不子」，所以「君不君，臣不臣；父不父，子不子」，也就是「名」和「實」不相應，道德政治就不可能實踐了。因此，「正名主義」是孔孟道德政治的核心，我們進一步分析其理論意涵。

《論語・顏淵》第十一章：[57]

齊景公問政於孔子。孔子對曰：「君君，臣臣，父父，子子。」公曰：「善哉！信如君不君，臣不臣，父不父，子不子，雖有粟，吾得而食諸？」

這是孔子中年時與齊景公（？—四九〇BCE）的對話，強調當國君的人要盡國君的責任，臣子、父親、兒子都要善盡各自的責任。這一場對話，有特定的歷史背景，朱子注云：「景公失政，而大夫陳氏厚施於國。景公又多內嬖，而不立太子。其君臣父子之間，皆失其道，故夫子告之以此。」[58]《晏子春秋》〈諫上〉篇記載：「淳于人納女于景公，生孺子荼，景公愛之。

諸臣謀欲廢公子陽生而立荼」，[59] 所描述正是孔子與齊景公對話當時的歷史事實。蕭公權（一八九七—一九八一）先生在《中國政治思想史》這部名著中指出：「孔子政治思想之出發點為從周，其實行之具體主張則為『正名』。以今語釋之，正名者按盛周封建天下之制度，而調整君臣上下之權利與義務之謂。」[60]《呂氏春秋・處方》說：「凡為治必先定分，君臣父子夫婦六者當位，則下不踰節而上不苟為矣，少不悍辟而長不簡慢矣」，[61] 可以引用來闡釋孔子這一段的用意。孔子的「正名」主張，對後代儒家政論影響深遠，漢代董仲舒（一七九—一〇四BCE）的《春秋繁露》〈玉英〉就說：「是故治國之端在正名」。[62]

孔子在《論語・子路》第三章，有更詳盡的解釋：子路問孔子：衛國的國君等著夫子從事政治，夫子將以什麼為最優先的施政政策呢？孔子說，大概就是「正名」吧。子路（五四二—四八〇BCE）講話比較直接，認為老師實在迂腐，便問「正名」的理由。孔子便回答子路：[63]

> 名不正，則言不順；言不順，則事不成；事不成，則禮樂不興；禮樂不興，則刑罰不中；刑罰不中，則民無所措手足。故君子名之必可言也，言之必可行也。君子於其言，無所苟而已矣。

孔子和子路這一段對話的歷史背景是，孔子從楚國回到衛國，這個時候衛國的國君「輒父不得立，在外，諸侯數以為讓。而孔子弟子多仕於衛，衛君欲得孔子為政」，[64]在這樣具體的政治脈絡裡，孔子再次闡釋「正名」，孔子的話呈現出一種古典儒家的勉強可稱為「連鎖邏輯」的思維習慣。譬如《大學》所說「物格而後知至，知至而後意誠，意誠而後心正，心正而後身修，身修而後家齊，家齊而後國治，國治而後天下平」，[65]就是一種「連鎖邏輯」的思考方法。

儒家主張「名」與「實」必須有相應性。這種「正名主義」建立在儒家語言哲學的基礎之上的論述。先秦孔門對言語非常慎重，孔子告訴他的學生要「敏於事而慎於言」，[66]而且孔子說古人話不說出來，是擔心說出來以後做不到。孔子厭惡「巧言亂德」[67]之人，因為「巧言令色，鮮矣仁」。[68]因此，對人，要「聽其言而觀其行」，[69]一個有仁德的人，「其言也訒」，[70]他的講話一定是非常節制。這種說法預設語言是實在的，指向一種行動，以現代語言哲學的名詞來講，就是「以言行事原則」（speech as act），譬如一男一女在教堂結婚，雙方的承諾是從新人說出「我願意」時便成立了，在這種場合中，說出「我願意」這句話就完成了結婚這件行為，這就是「以言行事」。儒家基本上便是立足於「以言行事」的立場，認為「言」與「事」有相應關係，所以孔子提倡「正名」，正是因為言語與行事相應。而現代民主政治的習慣剛好相反，現代人是「先言其行」。正因為儒家認為「名」與「實」應該相應，所以孔門對言語特別慎重，要「先行其言，而後從之」。孔子又說「先行其言，而後從之」，[71]這是儒家的一貫立場。在《論語·為政》第十三章，可是相對於孔子而言，道家與佛教對語言採取不信任之態度。《莊子・天運》「無言而心說」，[72] 認為生命最高境界是不講話而心愉悅，《莊子・外物》篇又說「得意而忘言」，[73] 語言在真理面前只是第二序，而且「言無言，終身言，未嘗言，終生不言，未嘗不言」。[74] 道家認為「語言」不能承載「真實」，需要被超越。至於佛教對語言則更不信任，這種不信任是建立在其「空性」觀之上，《大般若經》說「但有假名，都無自性」、[75]「假立名相，施設言說，能真實覺最上勝妙，故名菩提。」[76] 名相、言說只是一種「假立」，一種有待而立（dependent arising）的存在，只是讓人達到勝妙菩提的渡船。「名是分別妄想所起」，[77] 這類論述充斥在佛教經典之中。

儒釋道語言哲學中的共同問題是：**「語言」（language）與「真實／真理」（reality／truth）處於什麼關係？**佛教認為「言」乃假名，必須超越；道家認為「言」與「實」不相應，必須超越；儒家則認為「言」與「實」相應，而且必須相應。

論述至此，現代人可能提出的問題是：「名」與「實」如果不相應，政治會如何？這是從近代社會學大師韋伯（Max Weber，一八六四—一九二〇）在《社會科學方法論》一書中，[78] 所提出一種「理想型態」（Ideal Type）思考方法，所獲得的啟發。韋伯說，歷史學家都是研究過去曾經發生過的事情，以及事情如何發展，可是我們應該反過來想：如果某件史實並未發生，則後來歷史如何發展？歷史的事實是發生於西元前四九〇年，由雅典領導的希臘聯軍對抗入侵的波斯帝國的馬拉松戰役，以希臘城邦戰勝告終，從而造就希臘文化的躍進，但若反過來想：馬拉松戰役以希臘城邦戰敗告終，則歷史會如何發展？這是韋伯所提出來的問題。在同樣的思路下，如果「名」與「實」恆處於不相應的狀況，而未如孔子所說的「正名」的狀態，則政治會如何發展？這個問題在二十一世紀仍值得思考。

總而言之，孔子「正名」主義的含義有二：第一，孔子主張職分（position）與責任（duty）要有相應性，這是一種具有儒家特色的「**責任本位的倫理**」（duty-based ethic），相對而言，近**代西歐所開展的是一種「權利本位的倫理」**（right-based ethic）。第二，不同職分之間，是一種相對關係，而非絕對關係。「君不君，則臣不臣；父不父，則子不子。」所以，「正名」主義不是封建主義，也不是保守主義，而是指「價值意識之具體化」，譬如說「忠」，在秦帝國以前，不是忠於國君的意思，是《論語》〈學而〉第四章曾子（曾參，五〇五—四三五BCE）所說「與人謀，而不忠乎？」的「忠」。價值意識本來是抽象的，但具體落實在君臣、父子關係之中，例如前一講提到「其父攘羊」章，孔子認為「父為子隱，子為父隱，直在其中矣」，這種說法就體現出這種思考。

從「民本」到「民主」：「儒家民主」如何可能？

最近二十幾年來，美國與歐洲的學術界，包括漢學家以及政治學家最注意的問題之一，就是「儒家民主」（Confucian democracy）如何可能這個問題，出版的專著非常多，這其實是上世紀當代中國新儒家特別是徐復觀（一九〇四—一九八二）所提出來的課題。

從儒家的「民本」到現代的「民主」如何可能呢？提到民主的願景，最扣人心弦的，大概就是美國第十六任總統林肯（Abraham Lincoln，一八〇九—一八六五）在南北戰爭期間，於一八六三年所發表的「蓋茲堡演說辭」（Gettysburg Address）。在這篇演說辭中，林肯提到三個概念：「民享」（for the people）、「民治」（by the people）、「民有」（of the people）作為美國民主的願景。一九六三年美國黑人人權領袖金恩（Martin Luther King，一九二九—一九六八）博士，在首都華盛頓發表撼動人心的〈我有一個夢〉（I Have a Dream）演講，也引用這三個概念作為當時黑人民權運動的訴求。這樣的目標，至今仍沒有做到，講到 “of the people”、“by the people”，現在選民經由投票，似乎已經做到，可是選民的投票意向和選項，卻常常被政商勢力和媒體所寡頭壟斷。從這三個概念來檢核儒家政治思想，儒家「民本」思想比較接近 “for the people”，可是卻沒有 “by the people” 與 “of the people”，這是「儒家民主」與現代代議民主政治的最大不同之處。蕭公權先生說：「孟子貴民，不過由民享以達於民有。民治之原則與制度皆為其所未聞」，[79] 蕭先生之說得其肯綮。孟子「民本」政治思想皆是由於古代歷史環境之限制，歐洲也是要到十八世紀以後，民主理論才開始發展。

儒家的政治思想，在二十世紀當代新儒家的諸多著作裡，被深刻的反省，其中最精采是徐復觀先生。徐復觀指出：中國文化與歷史出現一個徐先生稱為「二重主體性」的矛盾，[80] 所謂「二重主體性」指：在政治哲學的世界裡，特別是孔孟政治思想裡，人民是主體，尤其是孟子「民本」政治思想最為精采，《孟子》書中的政治思想，甚至被明太祖朱元璋（在位於一三六八—一三九八）的君權所忌憚，而欲將孟子牌位遷出孔廟。在洪武二七（一三九四）年，朱元璋命令大學士劉三吾（一三一二—一三九九）審查並刪削《孟子》書中所有詆毀君主之言論，編成《孟子節文》，原版《孟子》則「課試不以命題，科舉不以取士」。[81] 將孟子「民本」思想等內容自原典中刪去。

孔孟政治思想世界，以人民為主體；但是兩千年來中華帝國政治現實世界，是以國君為主體，權力高度集中在君主。所以，孔孟都要求解消國君主體性以服從人民主體性，孔孟及二十世紀以前東亞各國的儒家學者，都要求國君以「不忍人之心」行「不忍人之政」的「仁政」。日本東京上野公園有一個池子，被命名為「不忍池」（しのばずのいけ），可以反映孟子政治理想對日本社會影響之一斑。但是，「仁政」這個政治理想，碰到傳統東亞君主獨裁的政治現實，就非常難以落實。從西元前二二一年秦帝國出現於歷史的地平線之後，孔孟「民本」政治思想，就成為中國知識分子心靈深處「永恆的鄉愁」。中國政治思想重點在「治道」而不在「政道」，屬於「政術」者多，屬於「政理」者少。因此，儒家「民本」政治思想，常被歷代專制帝王所出賣。[82]

徐復觀畢生的祈嚮就是以儒家的人文精神彌補近代民主政治之不足，也就是以儒家人文精神作為新時代「儒家民主」的「政道」之基礎。徐先生說：[83]

> 現在最重要的是，要在中國文化中發現可以和民主政治銜接的地方。我在很多文章中指出，**順著孔孟的真正精神追下來，在政治上一定是要求民主**。〔……〕中國則因民主政治不上軌道，因而文化發展也受到了阻礙。〔……〕我要把中國文化中原有的民主精神重新顯豁疏導出來，這是「為往聖繼絕學」，使這部分精神來支持民主政治，這是「為萬世開太平」。政治不民主，則無太平可言。我自己不是自由主義者，但是講民主，一定得重視自由。凡是說中國文化是否定自由的，那一定不是中國文化。我講的自由是有血有肉的自由。

徐復觀認為中國知識分子如果不聞不問自由民主問題，就是沒有「理性良心」。[84] 徐復觀呼籲以中國文化的「道德人文精神作為民主政治的內涵」，[85] 以達到中西文化的融合，這種願景可以稱之為「儒家民主」。

徐復觀的「儒家民主」說是從歷史觀點提出來，指出中國歷史上有「二重主體性矛盾」的問題，而同時代的儒家學者牟宗三（一九〇九—一九九五）則從哲學角度來辯證這個命題。牟先生認為要達致「儒家民主」，必須經過他所謂「良知之自我坎陷」的轉化。牟先生弟子李明輝（一九五三—）曾對「良知之自我坎陷」一詞加以解釋，他指出：[86]

> 依牟宗三之意，儒家的良知屬於理性之運用表現，表現為實踐理性；而民主與科學須預設理性之架構表現，表現為理論理性。以民主政治來說，良知（道德主體）並不直接要求民主政治，而是要先轉為理論理性，然後才能藉由制度性思考建立民主憲政。這個辯證的過程便是所謂的「良知之自我坎陷」。

牟先生借用《孟子》書中的「良知」這個名詞，指出良知（道德主體）不會直接要求民主政治，而是要轉為理論理性，才能借由制度思考來建立民主憲政。

牟宗三認為中國文化偏重於「**理性之運用表現／內容的表現**」，西方文化則偏重於「**理性之架構表現／外延的表現**」，而民主政治之建立與現代科學之發展屬於後者。他藉此說明中國在歷史上未發展出民主政治與現代科學的原因。在另一方面，李明輝又指出：「從前者未必無法開展出後者，只是這種開展並非直接的過程，而是間接的辯證過程。在政治的領域，『理性之內容的表現』至多只能建立『仁者德治』的觀念，其不足之處在於：一、可遇而不可求；二、人存政舉，人亡政息，不能建立真正的法治；三、治者方面的擔負過重，開不出『政治之自性』。這迫使我們必須進到『理性之外延的表現』。」[87] 這裡面有一個弔詭，就是「人治」與「法治」之間的問題，如何在講求「法治」之中融入「人治」的元素，這是未來的巨大挑戰。

結論與啟示

在本講論述的基礎上，我想提出以下結論：**第一，孔孟的政治哲學是一套「仁政」論述，而且是以「心」為基礎的「觀念論」**（idealism）政治哲學，也就是從孟子所謂「不忍人之心」開出「不忍人之政」，孔孟的「仁政」論述預設「仁心」是「仁政」的基礎，並預設從「個人」、「家庭」、到「社會」、「國家」是一個同心圓連續展開的過程，其中的關鍵字就是「愛」。孟子屢次講「不忍人之心」、「愛民如子」，近似當代語言哲學家雷考夫（George Lakoff，一九四一—）所說的「慈愛父母模式」的道德政治。[88]

但是，因為中國歷史上有「二重主體性」的矛盾，孔孟都致力於「格君心之非」。[89] 帝制時代中國的儒家努力扮演馬戲團馴獸師的角色，但中國的皇帝卻不是容易馴服的野獸，而常常要馴獸師自己跳火圈。例如西漢時代的汲黯（長孺，？—一一二BCE），向漢宣帝（劉詢，九一—四八BCE）進言行仁政，結果遭漢宣帝以「漢家自有制度。本以霸王道雜之，奈何純任德教，用周政乎」[90] 駁回。開創所謂「貞觀之治」的唐太宗（五九八—六四九，在位於六二六—六四九）在位時，名臣魏徵（五八〇—六四三）報告政事拖延時間過長，故意悶死唐太宗藏在衣袖內他喜愛的鸚鵡，讓唐太宗氣得說「殺此田舍翁」。[91] 孔孟以觀念論為基礎的政治哲學，所重視的是統治者的「存心倫理」（Ethic of conviction），而不是統治者的「功效倫理」（Ethic of consequence）。只問統治者存心好不好，而不問施政有效與否的問題。

孔孟的「仁政」論述雖然對統治者課以道德之責任，但是，在兩千年來以國君為主體的專制政治現實之下，終不能免於淪為儒者「永恆的鄉愁」的命運，因為儒家的政治哲學缺乏制衡「絕對權力」的制度性基礎。這是在二十一世紀研讀孔孟之學的人應該留意批判的。

第二，儒家「仁政」論述是從統治者出發的一套政治思想。孔孟的「仁政」論述，均在不同程度之內從統治者立場出發思考，要求統治者視民如子，以家庭式的「慈愛父母模式」進行統治，以「不忍人之心」，行「不忍人之政」。所以兩千年來東亞各國儒家論「仁政」，重點都落實在具體政治措施的推動，亦即牟宗三先生所說「治道」而不是「政道」之上，未能在根本上從被統治者立場出發思考，也未能深入統治權之合法性（legitimation）問題。

在儒家論述中，君臣之間是上下的「從屬關係」（relationship of subordination），可是展望二十一世紀，君臣之間、統治者與僚屬之間，必須從「從屬關係」走向「並立關係」（relationship of coordination），這是牟宗三先生在《中國文化的省察》一書中所提出的名詞。[92] 傳統儒家由上而下的政治思考習慣，一直到十七世紀的黃宗羲（一六一〇—一六九五）以及十九世紀末的譚嗣同（一八六五—一八九八），才徹底翻轉「從屬關係」而為「並立關係」。

第三，從孔孟的「仁政」理念轉化為「儒家民主政治」，是巨大的政治轉換工程，但仍有其可能性。但這個可能性，正如徐復觀所說，若是以儒家傳統中以「仁」為中心的道德價值與社群主義（communitarian）精神，[93] 作為未來民主政治的基礎，確實可以補西方民主政治之不足。二十世紀中國歷經帝國主義國家的侵略與國內的動亂，知識分子日趨邊緣化，未能深入「民主政治」之理念，而且「民主」在二十世紀的中國也深受意識形態的扭曲。[94] 二十世紀中國的徐復觀，與韓國脫離日本殖民獨立後第一任總統朴殷植（一八五二—一九二五）都主張，儒家思考政治問題的出發點，必須從統治者轉向被統治者，都切中「儒家民主政治」的核心問題。可是，徐復觀主張以自耕農階級的復興作為「儒家民主政治」的社會基礎，則不免有時代錯誤（anachronistic）之嫌。因為今天海峽兩岸都已不再是傳統農業社會，最近中國大陸推動「城鎮化」，未來長時間內要將中國的八億農民從農村中移出，這項政策將深刻影響未來中國的文化面貌。在二十一世紀思考儒家政治哲學，應致力於後工業社會（post-industrial society）中，都市中產階級的壯大，使他們浸潤在儒家價值理念中，才是邁向二十一世紀民主政治的康莊大道。

附錄

一、閱讀作業：

1.《論語》：〈子路・六〉、〈子路・一三〉、〈顏淵・一七〉、〈子路・三〉、〈顏淵・一一〉、〈顏淵・一八〉、〈顏淵・一九〉、〈泰伯・二〉、〈為政・一九〉、〈子路・二〉、〈憲問・九〉、〈憲問・一七〉、〈微子・一〇〉、〈為政・二〇〉、〈子路・九〉、〈子路・二九〉、〈泰伯・九〉、〈子路・一五〉、〈季氏・一〉、〈衛靈公・三二〉、〈憲問・四〉、〈憲問・四〉、〈顏淵・七〉、〈子張・八〉、〈子路・一〉、〈顏淵・一四〉、〈學而・五〉、〈子路・一七〉、〈公治長・一五〉、〈堯曰・二〉、〈顏淵・九〉、〈堯曰・一〉、〈衛靈公・四〉、〈為政・一〉、〈泰伯・二一〉、〈顏淵・二二〉、〈衛靈公・一〇〉、〈為政・三〉、〈子路・四〉、〈泰伯・一八〉、〈八佾・一九〉、〈憲問・四五〉

2.《孟子》：〈離婁上・五〉、〈離婁上・九〉、〈公孫丑上・二〉、〈梁惠王上・一〉、〈梁惠王下・二〉、〈梁惠王下・四〉、〈梁惠王上・七〉、〈梁惠王下・一〇〉、〈梁惠王上・七〉、〈梁惠王上・三〉、〈梁惠王下・六〉、〈盡心下・一四〉、〈告子下・九〉、〈梁惠王上・六〉、〈公孫丑上・三〉、〈盡心上・一三〉、〈盡心上・

三〇）

二、延伸閱讀：

1. 牟宗三，《政道與治道》，收入氏著，《牟宗三先生全集》（新北：聯經出版公司，二〇〇三），第十冊。
2. George Lakoff, *Moral Politics: How Liberals and Conservatives Think*（Chicago: University of Chicago Press, 1996）.
3. 黃俊傑，《孟學思想史論》（卷一）（台北：東大圖書公司，一九九一）。
4. 黃俊傑，《東亞儒學視域中的徐復觀及其思想》（台北：臺灣大學出版中心，二〇一九）。

三、思考問題：

1. 試討論「雍也可使南面」這項命題的理論預設及其所牽涉的問題？
2. 試討論孔孟的「民本」政治與現代「民主政治」之異同。
3. 您認為從傳統儒家政治思想中，可以開創出二十一世紀所謂「儒家民主政治」（Confucian democracy）嗎？為什麼？在邁向所謂「儒家民主政治」的願景時，需要進行哪些「典範轉移」（paradigm shift）（用Thomas Kuhn所創的名詞）？

四、關鍵詞：

1. 為政以德
2. 尚賢政治
3. 民本
4. 推恩
5. 王道
6. 「儒家民主」

五、本講內容架構圖：

第六講・在二十一世紀如何治理國家？如何安立合理的政治體制？

引言

- 二十一世紀開始西方「民主的退潮」
- 本講問題：（一）在孔孟思想中國家應如何治理？什麼是合理的政治體制？（二）如何在二十一世紀從孔孟政治思想中的「民本」開出「民主」新格局？

「道德政治」的理論基礎及其展開

- 理論基礎
- 核心概念：（一）德治（二）任賢（三）「不患寡而患不均」、「百姓足」（四）「民本」與「推恩」（五）王道

「正名」主義及其理論含義

- 孔子政治思想中的「正名」主義
- 「正名」主義的含義

從「民本」到「民主」：「儒家民主」如何可能？

- 儒家「民本」與現代代議式「民主」的差異
- 「二重主體性」的矛盾及其超克
- 「儒家民主」必經辯證之過程：「良知之自我坎陷」

結論與啟示

- 孔孟的「仁政」論述是以「心」為基礎的「觀念論」政治哲學
- 儒家「仁政」論述是從統治者出發的政治思想
- 從孔孟「仁政」到「儒家民主政治」的可能性

注釋

1 托克維爾（Alexis de Tocqueville），董果良譯，《論美國的民主》（北京：商務印書館，二〇一三），下卷，頁八二四。

2 托克維爾，董果良譯，《論美國的民主》，上卷，頁三一八—三一九。

3 霍布斯（Thomas Hobbes）著，黎思復譯，《利維坦》（北京：商務印書館，一九八五），頁一一四—一一五。

4 霍布斯著，黎思復譯，《利維坦》，頁九七。

5 同上注。

6 馬克思、恩格斯著，〈共產黨宣言〉，收入《馬克思恩格斯選集》，卷一上，頁二五二—二五三。

7 Jason Brennan, *Against Democracy*（Princeton, N.J.: Princeton University Press, 2016）；本書中譯本見：劉維仁譯，《反民主：選票失能、理性失調，反思最神聖制度的狂亂與神話》（新北：聯經出版公司，二〇一九）。

8 David Runciman, *How Democracy Ends*（New York: Basic Books, 2018），本書中譯本見：梁永安譯，《民主會怎麼結束：政變、大災難和科技接管》（新北：立緒文化，二〇一九）。

9 Tony Blair, "Is Democracy Dead?", *The New York Times*（December 4, 2014），參見網頁版：https://www.nytimes.com/2014/12/04/opinion/tony-blair-is-democracy-dead.html。

10 "Is Democracy Dying? A Global Report," *Foreign Affairs*（May/June 2018），Vol. 97, No. 3，參見網頁版：https: //www.foreignaffairs.com/issues/2018/97/3。

11 《易經・繫辭上・五》，引文見：〔晉〕王弼注，〔唐〕孔穎達疏，收入李學勤主編，《十三經注疏・周易正義》，頁三一八。

12〔宋〕朱熹，《中庸章句》，收入《四書章句集注》，頁三四。

13〔宋〕朱熹，《論語集注》，收入《四書章句集注》，頁一一二。

14《莊子・至樂》，引文見〔清〕郭慶藩撰，王孝魚點校，《莊子集釋》，第三冊，頁六一九。

15〔漢〕劉向，《說苑》，收入《四部叢刊・初編・子部》（新北：臺灣商務印書館，一九六五年景印刊本），卷一九，頁九二。

16程樹德，《論語集釋》（北京：中華書局，一九九〇），第二冊，頁三六二。

17同上注。

18〔魏〕何晏，《論語集解》，收入《四部叢刊・三編》（新北：臺灣商務印書館，一九七五），卷三，〈雍也第六〉，頁二一，下半頁；〔魏〕何晏注，〔宋〕邢昺疏，《論語注疏》（台北：藝文印書館，一九五五年景印清嘉慶二十年江西南昌府學刊本），頁五一，上半頁。

19〔宋〕朱熹，《大學章句》，收入《四書章句集注》，頁一二。

20同上注。

21〔宋〕朱熹，《論語集注》，收入《四書章句集注》，頁六九。

22〔宋〕朱熹，《論語集注》，收入《四書章句集注》，頁一九〇。

23同上注。

24同上注。

25同上注。

26〔宋〕朱熹，《論語集注》，收入《四書章句集注》，頁一九八。

27〔宋〕朱熹，《論語集注》，收入《四書章句集注》，頁二〇〇。

28 同上注，頁一九〇。

29 同上注，頁一三八。

30 同上注，頁七七。

31 同上注，頁一九九。

32 同上注，頁一九六。

33 廖名春，《孔子真精神《論語》疑難問題解讀》，頁一二一。

34 〔宋〕朱熹，《論語集注》，收入《四書章句集注》，頁二二七。

35 同上注，頁六九。

36 〔魏〕何晏注，〔宋〕邢昺疏，收入李學勤主編，《十三經注疏・論語注疏》（北京：北京大學出版社，二〇〇〇），卷一五，頁二三六。

37 《論語・為政・一九》，引文見〔宋〕朱熹，《四書章句集注》，頁七六。

38 〔宋〕朱熹，《論語集注》，收入《四書章句集注》，頁一九二。

39 同上注，頁二〇九。

40 參考黃俊傑，《春秋戰國時代尚賢政治的理論與實際》（台北：問學書局，一九七七）。

41 Daniel A. Bell, *The China Model: Political Meritocracy and the Limits of Democracy* (Princeton: Princeton University Press, 2015)；中譯本：貝淡寧（Daniel A. Bell）著，吳萬偉譯，《賢能政治：為什麼尚賢制比選舉民主制更適合中國》（北京：中信出版，二〇一八）。

42 〔宋〕朱熹，《論語集注》，收入《四書章句集注》，頁一九九。

43 同上注，頁一八七。

44 同上注，頁二三七。

45 〔日〕溝口雄三著，王瑞根譯，《中國的衝擊》（北京：生活・讀書・新知三聯書店，二〇一一）。

46 〔宋〕朱熹，《孟子集注》，收入《四書章句集注》，頁三九三。

47 同上注，頁二九七。

48 George Lakoff, *Moral Politics: How Liberals and Conservatives Think*（Chicago: University of Chicago Press, 1996），p. 35，以及George Lakoff, "Metaphor, Morality, and Politics, Or, Why Conservatives Have Left Liberals In the Dust," 參見：http://www.wwcd.org/issues/Lakoff.html。

49 〔宋〕朱熹，《孟子集注》，收入《四書章句集注》，頁二八九。

50 同上注，頁五一五。

51 Lucian W. Pye, *The Spirit of Chinese Politics*（Cambridge, Mass.: The M. I. T. Press, 1968）；Richard H. Solomon, *Mao's Revolution and the Chinese Political Culture*（Berkeley, Calif.: University of California Press, 1971）；Francis Fukuyama, *The End of History and the Last Man* (New York: Free Press, 1992).

52 〔宋〕朱熹，《論語集注》，收入《四書章句集注》，頁一四一。朱注引程頤之說云：「民可使之由於是理之當然，而不能使之知其所以然也。」

53 廖名春，《孔子真精神，《論語》疑難問題解讀》，頁一八。

54 〔漢〕孔安國傳，〔唐〕孔穎達疏，李學勤主編，《十三經注疏・尚書正義》，卷一二，〈洪範〉，頁三六八。

55 關於「王道」政治哲學，參看：黃俊傑，〈王道文化與二十一世紀大中華的道路〉，收入拙著，《思想史視野中的東亞》，頁一六一—一七八。

56 Jan-Werner Müller, "We Must Help One Another or Die," *The New York Times*（March 19, 2020），參見網頁版：https://www.nytimes.com/2020/03/19/opinion/coronavirus-politics.html?searchResultPosition=1。

57 〔宋〕朱熹，《論語集注》，收入《四書章句集注》，頁一八八。

58 同上注。

59 〔春秋〕晏嬰著，王連生、薛安勤編著，《晏子春秋譯注》（瀋陽：遼寧教育出版社，一九八九），卷一，〈內篇．諫上〉，頁二五。

60 蕭公權師，《中國政治思想史》（新北：聯經出版公司，一九八二、一九八三），上冊，頁六〇。

61 〔戰國〕呂不韋著，陳奇猷校釋，《呂氏春秋新校釋》（上海：上海古籍出版社，二〇〇二），下冊，頁一六七八。

62 〔清〕蘇輿著，《春秋繁露義證》（高雄：河洛圖書出版社，一九七四），卷三，頁四七。

63 〔宋〕朱熹，《論語集注》，收入《四書章句集注》，頁一九六。

64 〔漢〕司馬遷著，〔日〕瀧川龜太郎注，《史記會注考證》（台北：洪氏出版社，一九八六），卷四七，〈孔子世家第十七〉，頁七五八。

65 〔宋〕朱熹，《大學章句》，收入《四書章句集注》，頁四。

66 《論語．學而．一四》，引文見〔宋〕朱熹，《四書章句集注》，頁六八。

67 《論語．衛靈公．二六》，引文見〔宋〕朱熹，《四書章句集注》，頁二三三。

68 《論語．學而．三》，引文見〔宋〕朱熹，《四書章句集注》，頁六二。

69 《論語．公冶長．九》，引文見〔宋〕朱熹，《四書章句集注》，頁一〇五。

70 《論語．顏淵．三》，引文見〔宋〕朱熹，《四書章句集注》，頁一八三。

71 〔宋〕朱熹，《論語集注》，收入《四書章句集注》，頁七五。

72 《莊子．天運》，引文見〔清〕郭慶藩撰，王孝魚點校，《莊子集釋》，第二冊，頁五〇七。

73 《莊子．外物》，引文見〔清〕郭慶藩撰，王孝魚點校，《莊子集釋》，第四冊，頁九四四。

74 《莊子．寓言》，引文見〔清〕郭慶藩撰，王孝魚點校，《莊子集釋》，第四冊，頁九四九。

75 「但有假名，都無自性」一語，於《大般若波羅蜜多經》中數度出現，出現頻率最高者見〔唐〕玄奘譯，《大般若波羅蜜多經》，卷四九七，收入《大正新脩大藏經》，第七冊，頁五二六—五三二。

76 引文見〔唐〕玄奘譯，《大般若波羅蜜多經》，卷三六五，收入《大正新脩大藏經》，第六冊，頁八八三。

77 同上注，卷三八四，收入《大正新脩大藏經》，第六冊，頁九八四。

78 Max Weber, trans. and ed. by Edward A. Shils and Henry A. Finch, *Methodology of Social Sciences*（New York: Routledge Taylor & Francis Group, 2017）；中譯本：黃振華譯，《社會科學方法論》（台北：時報出版，一九九一）。

79 蕭公權，《中國政治思想史》，上冊，頁九七。

80 徐復觀：〈中國的治道——讀陸宣公傳集書後〉，收入氏著，蕭欣義編，《儒家政治思想與民主自由人權》（臺北：八十年代雜誌社，一九七九），引文見頁二一八。徐復觀的論敵殷海光（一九一九—一九六九）非常推崇這篇文章，認為它是「不平凡的人之不平凡的作品，〔……〕是最有價值的文章之一」，見殷海光：〈治亂底關鍵——「中國的治道」讀後〉，收入徐復觀，《（新版）學術與政治之間》（台北：台灣學生書局，一九八〇），頁一二七—一四七，引文見頁一二七，參看：黃俊傑，《東亞儒學視域中的徐復觀及其思想》（台北：臺灣大學出版中心，二〇一八）。

81 〔清〕全祖望，《鮚埼亭集》，收入《四部叢刊・正編》，卷三五，〈辨錢尚書爭孟子事〉，頁三七〇。引文見〔明〕劉三吾，〈孟子節文題辭〉，收入〔明〕劉三吾輯，《孟子節文》（洪武二十七〔一三九四〕年刊本）。《孟子節文》共有三個刊本，均收藏於北京圖書館（新館）之善本書室，已由北京圖書館古籍出版編輯組整理，北京市書目文獻出版社一九八八年出版。

82 Chun-chieh Huang, "'Human Governance' as the Moral Responsibility of Rulers in East Asian Confucian Political Philosophy," in Anthony Carty and Janne Nijman eds., *Morality and Responsibility of Rules: European and Chinese*

Origins of a Rule of Law as Justice for World Order（Oxford: Oxford University Press, 2018）, pp. 270-291.

83 林鎮國等採訪，〈擎起這把香火——當代思想的俯視〉，收入《徐復觀雜文續集》（台北：時報文化，一九八一），引文見頁四一二—四一三。

84 徐復觀，〈一個偉大書生的悲劇——哀悼胡適之先生〉，收入《徐復觀雜文：憶往事》（台北：時報文化，一九八〇），頁一四一。

85 徐復觀，〈「死而後已」的民主鬥士——敬悼雷儆寰（震）先生〉，收入《徐復觀雜文：憶往事》，頁二一四。

86 李明輝，〈當代新儒家「儒學開出民主論」的理論意涵與現實意義〉，刊於*Asian Studies II* (XVIII), 一（二〇一四），頁七—一八，引文見頁一一。

87 同上注。

88 George Lakoff, *Moral Politics: How Liberals and Conservatives Think*（Chicago: University of Chicago Press, 1996）, p. 35; George Lakoff, "Metaphor, Morality, and Politics, Or, Why Conservatives Have Left Liberals In the Dust," 參見：http://www.wwcd.org/issues/Lakoff.html。

89 《孟子．離婁上．二〇》，引文見〔宋〕朱熹，《四書章句集注》，頁三九九。

90 〔漢〕班固，《漢書》，卷九，〈元帝本紀〉，頁二七七。

91 〔宋〕司馬光，《資治通鑑》（上海：上海商務印書館，一九三六），第十二冊，卷一九四，〈唐紀十〉，頁一八七二。

92 牟宗三，《中國文化的省察》（新北：聯經出版公司，一九八三），頁六八。

93 社群主義（communitarianism）是加拿大學者Charles Taylor提出，以補近代西方文化中個人主義之不足。

94 Ying-shih Yu, "The Idea of Democracy and the Twilight of the Elite Culture in Modern China," in Ron Bontekoe and Marietta Stepaniants eds., *Justice and Democracy: Cross-Cultural Perspectives*（Honolulu: University of Hawaii Press, 1977）, pp. 199-246.

第七講

在二十一世紀「政治認同」與「文化認同」張力中如何抉擇？

引言

二十世紀末，前蘇聯解體（一九九一）、兩德統一（一九九〇），歐盟加速形成，世界歷史扉頁快速翻動，「政治認同」（political identity）與「文化認同」（cultural identity）的關係，成為二十一世紀最熱門的人文社會科學研究課題之一。直到今日，這個議題仍有很大的張力。

首先，「政治認同」與「文化認同」在每個人的生命中有相互緊張性。所謂「政治認同」是指人的「政治自我」（political self）的一種表現，正如亞里斯多德所說，「人是政治的動物」，[1] 人必營求群體之生活，人必須決定他（她）屬於哪一個政治團體（如國家），以對該政治團體盡義務（如納稅、服兵役）換取個人生命財產之安全與保障，這就是「政治認同」的表現。所謂「文化認同」則可視為人的「文化自我」（cultural self）的一種表現。人不僅僅是「政治人」（Homo politicus），也不僅僅是「經濟人」（Homo economicus），人還生活於複雜而悠久的文化網絡之中，人是一種活生生的「文化人」。

但是，「政治認同」與「文化認同」在人的生命中又有其相互滲透性。也就是說，「文化認同」與「政治認同」既可分又不可分，兩者之間有其相互滲透性，而且在多數狀況之下，「文化認同」常是「政治認同」的重要基礎，在華人社會中更是如此。在華人社會（包括中國大陸、台灣、香港、澳門以及海外華人社區）中，國家認同常通過歷史論述而建立，也因此在華人社會中，歷史教科書的撰寫一直是社會上極具爭議性的問題。臺灣社會的「認同」問題的顯題化，大約在一九九〇年代初期，但是回顧歷史，這個問題可以說是開始於一八九五年乙未割台。

一八九四年，甲午海戰在一天之內，大清帝國被新興的日本帝國海軍徹底打敗，也宣告推動了三十年的「自強運動」的結束。接著，日清簽訂《中日講和條約》（俗稱《馬關條約》），第二款第二項明訂「臺灣全島及所有附屬各島嶼」割讓予日本，從此亞洲局勢丕變，日本帝國成為亞洲新興強權。一八九五年乙未割台以後，當時台灣首富李春生（一八三八—一九二四）的「政治認同」與「文化認同」的掙扎，可以說象徵了整個世代在台灣的漢人內心的掙扎。

李春生面對雙重的「政治認同」與「文化認同」的掙扎：第一個層次的「政治認同」與「文化認同」，就是文化上對中華原鄉的認同，與作為日本帝國新殖民地台灣的二等公民的政治認同之間的張力。第二個層次，就是作為中國人的文化認同與作為基督教徒的文化認同之間的拉鋸。還有，李春生是十九世紀下半葉的買辦（comprador）階級出身。十九世紀中國社會的「買辦」都是出身社會下階層的人，他們憑藉自己的聰明，去學點英語，然後採購外國商人所需的貨物如茶葉等賣給來華的洋商，當時許多買辦因此而致富。

本講以李春生為楔子，提出三大問題：第一，十七世紀以後，東亞的「政治認同」與「文化認同」之互動，產生哪些類型的張力？第二，孔子與孟子如何思考「政治認同」與「文化認同」之問題？第三，孔孟的抉擇對二十一世紀有何新啟示？

東亞交流史中「政治自我」與「文化自我」的張力[2]

宏觀地看，近四百年來，東亞本來就是所謂的「接觸空間」（contact zone），[3] 但是特別需要指出的是，東亞各國如中、日、韓、越的互動與交流，常在文化與權力不對等的狀態下進行。因此，作為東亞的中心「中國」是什麼？這是首先值得探索的問題。十八世紀以前東亞的世界秩序觀中，「中國」的空間疆界是凝固的、「中心」與「邊陲」的分界線是確定的。十一世紀北宋石介（一〇〇五—一〇四五）的《中國論》[4] 可以作為代表；到了十八世紀，以日本淺見絅齋（一六五二—一七一二）為代表的〈中國辨〉一文，[5] 則認為「中國」空間疆界是可移動的，所謂的「中國」不是在地理上固定的疆域，而是隨著政治與文化的變化，而東移朝鮮或日本，「中心」與「邊陲」的疆界具有不確定性。

「文化」與「政治」在東亞的「自我」與「他者」互動中，形成跨越空間的「東亞文化交流圈」，出現下列四種類型張力，即：（一）「政治自我」與「文化自我」、（二）「文化自我」

與「文化他者」、（三）「政治自我」與「政治他者」、（四）「文化他者」與「政治他者」。我們將以具體的歷史實例，闡明這四種張力類型：

張力類型（一）：「政治自我」與「文化自我」

第一種張力類型出現在十七世紀日本儒家學者山崎闇齋（一六一八—一六八二）與弟子的對話中。山崎闇齋曾問他的學生：如果中國以孔子為大將，以孟子為副將，率軍攻擊日本，那麼日本學習孔孟之道的人應如何因應？學生不能回答，因而反問老師，山崎闇齋的答案是：「不幸關逢此厄，則吾黨身披堅，手執銳，與之一戰而擒孔孟，以報國恩，此即孔孟之道也。」[6] 這個假設性問題，在上世紀七、八十年代日本的大學入學考試中，一再出現在考試的題目之中。這裡的問題是：山崎闇齋假設的論點有何問題？他的說法對孔子公平嗎？為什麼？但是由此可見，山崎闇齋的「政治自我」是日本人，他的「文化自我」是孔孟之道，兩者之間在特殊狀況下是有緊張性的。

同樣的例子也出現在日據時代（一八九五—一九四五）的台灣知識分子身上。譬如在連橫（雅堂，一八七八—一九三六）所撰的《臺灣通史》[7] 裡，「棄地遺民」一詞出現三次。從現代人的角度來看，這部書至少有兩個問題：第一，他撰寫《台灣通史》應是為臺灣人民伸張正義，但為什麼封面卻是日本殖民政府的臺灣總督題字呢？第二，從二十一世紀觀點來看，這本書充滿漢人沙文主義，稱原住民為「蕃」。但是，我們應注意這本書的成書年代是一九〇八—一九一八年，有它的時空因素。日據時代的台灣知識分子的處境，生活於日本殖民地台灣，而實際上的文化認同則是中華文化，包括楊肇嘉（一八九一—一九七六）的《楊肇嘉回憶錄（一）》、[8] 葉榮鐘（一九〇〇—一九五六）的《小屋大車集》、[9] 鍾逸人（一九二一—）的《辛酸六十年：二二八事件二七部隊長鍾逸人回憶錄》、[10] 吳濁流（一九〇〇—一九七六）的《亞細亞的孤兒》[11] 等著作中，也都存在這樣的衝突。

還有一個例子，明治維新以後日本提倡「文明開化」的精神導師福澤諭吉（一八三四—一九〇一），在他所著的《勸學篇》一書中，說「『天不生人上之人，也不生人下之人』，這就是說天生的人一律平等，不是生來就有貴賤上下之別的」，[12] 主張人生而平等。但他訪問台灣時，曾在當時台灣的日文報紙上，撰文評論台灣人反對日本殖民主義的騷動，他強力主張要維護本國利益，主張掃蕩台灣。他說：「海外領土的小紛擾雖非國家的大事，但是影響卻不少。我欲再向當道勸告：應該當機立斷，一舉消除禍根，永久斷絕騷動之患。」[13] 福澤諭吉主張人生而平等，但是他又為維護本國利益而主張掃蕩台灣，豈不是自我矛盾嗎？這種矛盾，就是由於他的「文化自我」，是作為接受現代西方文化的知識分子，與他的「政治自我」作為日本帝國國民，碰到日本新獲得的殖民地台灣問題時，所發生張力的表現。

張力類型（二）：「文化自我」與「文化他者」

第二種類型是「文化自我」與「文化他者」之間，也會出現緊張。舉例言之，十七世紀日本古學派儒學大師伊藤仁齋（一六二七—一七〇五）的「文化自我」是日本文化價值的承載者，中華文化特別是儒家思想，對浸潤在日本文化的儒者伊藤仁齋，畢竟是一個「文化他者」。因此他注解《論語》「華夷之辨」時，便說只要有禮義、有文化，「夷」就是「華」。仁齋所撰《論語古義》說：日本「君臣相傳，綿綿不絕。尊之如天，敬之如神，實中國之所不及。夫子之欲去華而居夷，亦有由也」。[14] 伊藤仁齋認為中國的湯武革命，比不上日本天皇萬世一系，政治安定。孔子說「道不行，乘桴浮于海」，[15] 伊藤仁齋認為孔子想去日本，因為日本是「君子之國」。同理，朝鮮的儒者也認為孔子「乘桴浮于海」是想去朝鮮。

張力類型（三）：「政治自我」與「政治他者」

第三種類型是「政治自我」與「政治他者」之間。與王陽明（守仁，一四七二—一五二九）同時代的儒者，浙江餘姚朱舜水（一六〇〇—一六八二）在大明帝國一六四四年滅亡以後，首先亡命安南（今越南），他把越南流亡經驗寫成《安南供役紀事》。[16] 當越南國王召見朱舜水時，依照當時越南宮廷禮節，朱舜水必須跪拜，但朱舜水卻假裝聽不懂。大臣們在地上用竹竿寫一個「拜」字，朱舜水在「拜」上寫一個「不」字。越南王震怒，下令逮捕，後來朱舜水還是逃過一劫，又流亡到日本。朱舜水流亡越南與日本的期間，他的「政治自我」是大明帝國的子民，而越南國王以及日本，則是他的「政治他者」，這二者之間有極大的張力。

「政治自我」在朱舜水是大明子民，在李春生是大清子民，對他們而言，日本都是「政治他者」。但是，這種狀況不僅是在不同的國家之間，在同一個國家之間，經過改朝換代，從春秋戰國到秦漢大一統帝國，或一六四四年明清鼎革，薙髮易服時，這種「政治自我」與「政治他者」的緊張與衝突也會一再出現。而在現在的台灣，老百姓的「政治自我」與「政治他者」之間，在選舉時以及每次政黨輪替後，依然非常緊張。

張力類型（四）：「文化他者」與「政治他者」

第四種類型，是「文化他者」與「政治他者」之間有其雙重結構。日本自從西元第七世紀大化革新，效法大唐帝國體制以後，就非常嚮往文化的中國，這裡的「文化中國」是作為概念的理想中國。從西元六四五年，日本天皇年號「大化」（六四五—六五〇）取自中國古典《易經》「大化流衍，生生不息」[17]以來，沒有一個天皇的年號，不是出自中國古典。包括「大化」、

「天平」、「延喜」、「保元」、「平治」、「明治」、「大正」、「昭和」、「平成」、「令和」等等。現代日本人的中國觀，固然仍然嚮往理想中的「文化中國」，但是對現實的「政治中國」卻頗多酷評，形成某種「雙重結構」。

從以上所說「文化認同」與「政治認同」的這四種張力的類型，我們可以發現兩者之間的複雜互動關係，這種關係在二十一世紀更加複雜化。

孔子與孟子的抉擇：「文化認同」先於「政治認同」

孔子與孟子在「文化認同」與「政治認同」之間的抉擇，基本上主張「文化認同」先於「政治認同」。《論語．八佾》第五章：「子曰：夷狄之有君，不如諸夏之亡也。」[18] 第十四章又說：「周監於二代，郁郁乎文哉！吾從周。」[19] 這兩段說法都認為「文化的」比「政治的」更優先，也因此「文化認同」比「政治認同」更重要。

《論語．子罕》第十三章：「子欲居九夷。或曰：『陋，如之何！』子曰：『君子居之，何陋之有？』」[20] 孔子認為一個有文化的人住在邊鄙之地，那個地方就不會鄙陋。「九夷」一詞歷代有各種解釋，一般認為是指朝鮮半島。例如清儒劉寶楠（楚楨，一七九一——一八五五）

《論語正義》引皇侃（四八八—五四五）《論語義疏》：「東有九夷：一玄菟，二樂浪，三高麗，四滿飾，五鳧更，六索家，七東屠，八倭人，九天鄙，皆在海中之夷。玄菟、樂浪、高麗，皆朝鮮地。」[21] 並指出：「子欲居九夷，與乘桴浮海，皆謂朝鮮，夫子不見用於中夏，乃欲行道於外域，則以其國有仁賢之化故也。」[22] 但《論語》傳到日本之後，十七世紀古學派大師伊藤仁齋在《論語古義》中，則認為「子欲居九夷」這句話中的「九夷」，所說的就是日本。[23] 這種新解釋可以視為十七世紀以後日本的文化與政治主體意識茁壯的一種表現。

在《論語》這部經典中，樊遲多次問「仁」，孔子每次的答案都不相同。《論語・子路》第十九章：「子曰：居處恭，執事敬，與人忠。雖之夷狄，不可棄也。」[24] 即便是到夷狄之地都不能放棄做人做事應有的價值理念，文化傳統都不可以放棄。所以《論語・季氏》第一章說：「遠人不服，則修文德以來之。既來之，則安之。」[25] 《論語・子罕》第五章：「子畏於匡。曰：文王既沒，文不在茲乎？天之將喪斯文也，後死者不得與於斯文也；天之未喪斯文也，匡人其如予何？」[26] 朱子注「畏」，云：「畏者，有戒心之謂。」[27] 但其實清朝也有學者考證，解作「拘也」；而孔子所說的「斯文」就是「文化」，天還沒有要將文化滅絕，孔子對自己的生死有信心，這些話語一再顯示孔子重視「文化認同」甚於「政治認同」。再如孔子評論管仲（七三〇—六四五BCE），《論語・憲問》第十八章：[28]

子貢曰：「管仲非仁者與？桓公殺公子糾，不能死，又相之。」子曰：「管仲相桓公，霸諸侯，一匡天下，民到于今受其賜。微管仲，吾其被髮左衽矣。豈若匹夫匹婦之為諒也，自經於溝瀆，而莫之知也。」

孔子認為如果沒有管仲，文化早已滅絕，人們早就穿著夷狄的服裝了，所以管仲這個人，不像沒知識的人所想的那樣，在改朝換代後在水溝裡自殺，而終被世界遺忘。孔子的意思是，評論管仲的歷史地位應著眼在文化的宏揚，而不是政權的轉換。

《孟子．離婁下》第一章說，舜是西夷之人、文王是東夷之人，他們居住地相隔一千多里，時代相距千餘年，但是來到中原，都能實行他們的理想。[29] 因此，時空地域的界限不是問題，文化認同才是最重要的因素。譬如奧古斯丁（St. Augustine，三五四—四三〇）是北非人，無礙於他作為基督教神學史上提出「三位一體」論的重要神學家，他甚至被封「聖」而稱為「聖奧古斯丁」。又例如藏傳佛教大師宗喀巴（一三五七—一四一九），出生於今之青海省湟中縣，也無礙於他對印度釋迦牟尼的教義，作出精細的闡揚，被佛教徒尊稱為「第二佛陀」。現任天主教教宗方濟各（Pope Francis，二六六任），是義大利裔阿根廷人。因此我們可以說：「文化認同」遠高於「政治認同」，這個孔孟觀點是具有普世適用性的觀點。

孔孟觀點更是符合並反映中國歷史之實情，正如復旦大學葛兆光教授所說：[30]

> 首先，在歷史意義上說，「中國」是一個移動的「中國」，因為不僅各個王朝分分合合是常有的事情，歷代王朝中央政府所控制的空間邊界，更是常常變化。〔……〕其次，在文化意義上說，中國是一個相當穩定的「文化共同體」，這是作為「中國」這個「國家」的基礎。〔……〕再次，從政治意義上說，「中國」常常並不等同於「王朝」，也不是指某一家「政府」。

換言之，「中國」這個名詞並不等於秦朝，也不等於明朝、清朝，這是中國幾千年歷史所彰顯的事實。「中國是什麼」、「中國往何處去」這類問題，最近二、三十年來成為重要的學術問題，因為它不僅牽涉到亞洲各國的和平與人民的福祉，也牽涉到世界的前途。

結論與啟示

在本講授課內容之上，我們提出以下結論與啟示：第一，根據本講分析，人的「自我」浸潤在社會政治脈絡之中，並且與社會政治生活密切互動，但華人文化中的「關係的自我」（relational self）之上，卻另外有「超越的自我」（transcendental self）之面向。近四十年來所謂華人本土心理學的研究業績最大的貢獻，是指出華人心理中的「自我」，是一種「關係的自我」與西方歐美社會，個人主義式的、中產階級以上的、受良好高等教育、信仰基督宗教的歐美人的心理中的「自我」不一樣。但我想進一步指出的是，華人的心理在「關係的自我」之上，還另有「文化的自我」，甚至「超越的自我」這層面也需要注意。《莊子・齊物論》「今者，吾喪我」，[31]這句話中的「我」是社會網絡關係的我，「吾」是超越的「自我」。這一點也是我們思考華人文化時，需要注意的面向。

第二，在東亞文化交流圈中，**經由認識「他者」，而建構「自我」的意象與認同感，並且是「作為社會群體一分子」的「自我」與「他者」發生互動**。東晉時代的郭璞（景純，二七六—三二四）《山海經・序》說：「物不自異，待我而後異」，[32]「他者」不自顯異，而是等待「我」加以認識以後才會顯示「自」「他」的差異。《燕行錄》這一套資料集所收錄的是古代朝鮮官員出使北京交流，事後撰寫的報告。[33]日本從德川晚期到明治時代，有大量的日本人到中國旅遊，而留下各種見聞錄。從這些文獻中，我們都可以看到旅行者藉由「他者」而建構「自我」的線索，其中日本漢學家宇野哲人（一八七五—一九七四）在二十世紀初年來華旅遊，登長城八達嶺，在長城上卻大唱日本國歌〈君之代〉（きみがよ）。如果不登上長城，他的「愛國」情緒可能不會那麼高。[34]

第三，東亞文化圈中的「自我」與「他者」都浸潤在深厚的時間感之中，這是最具有中國特色的中國人文精神傳統。唐代詩人陳子昂（字伯玉，六六一—七〇二）的詩：「前不見古人，後不見來者。念天地之悠悠，獨愴然而涕下。」[35] 浸潤在中國社會文化中的人很少出現孤獨感，二戰初期法國存在主義大師如卡繆（Albert Camus，一九一三—一九六〇）筆下，「異鄉人」所有的那種孤獨感，在中國社會中比較少見。《水滸傳》一百零八位好漢，最後都被朝廷招安，而授予各種大大小小的官位，團圓幾乎是大多數傳統中國小說的結局。但是，在中國社會文化中，人的孤獨感與時間感密不可分，只有在人被時間「放逐」而流浪以後，在「前不見古人，後不見來者」的情境中，才會產生孤獨感。研究中國六朝文學的日本學者斯波六郎（一八九四—一九五九），曾著書研究中國文學中的孤獨感。[36]

第四，孔孟思想中，在「自我」、「他者」、「文化」、「政治」四大面向之中，以「文化自我」最為重要。但是也有例外，例如：十八世紀朝鮮的丁茶山在讀過荻生徂徠著作後，對日本大為佩服，認為日本文化比朝鮮高，所以不會侵略朝鮮。可是不久之後，豐臣秀吉（一五三六—一五九八）便攻打了朝鮮。

第五，在十七世紀以降東亞歷史中，「文化認同」與「政治認同」有其不可分割性與相互緊張性。從本講所舉的例子，包括山崎闇齋、朱舜水與李春生等。在朱舜水身上，「文化認同」與「政治認同」是合一的；在山崎闇齋身上，「文化認同」與「政治認同」則是撕裂的；在李春生的身上，「文化認同」與「政治認同」也是撕裂的，具體地表現在他所說的「新恩雖厚，舊義難忘」[37]這八個字之上，日本殖民統治者雖然對他極為禮遇，但是李春生對中國文化認同卻實在難以磨滅。從以上這些歷史人物的例子，我們可以看出：「文化認同」是「政治認同」的基礎，「政治力」雖然可以傷害「文化認同」於一時，但卻難以將「文化認同」完全切斷，明末清初儒者王船山（夫之，一六一九—一六九二）在《讀通鑑論》中說：「儒者之統，孤行而無待者也；天下自無統，而儒者有統。〔……〕斯道亙天垂地而不可亡者也」，[38]「儒者之統」遠較「帝王之統」悠久而深厚，這也許就是為什麼孔孟主張「文化認同」比「政治認同」更重要的原因吧！

附錄

一、**閱讀作業**：

1. 《論語》：〈八佾・二〉、〈八佾・五〉、〈八佾・一四〉、〈子罕・一四〉、〈子路・一九〉、〈陽貨・五〉、〈子罕・五〉、〈季氏・二〉、〈憲問・一八〉、〈八佾・九〉
2. 《孟子》：〈離婁下・一〉、〈梁惠王下・八〉

二、**延伸閱讀**：

1. 黃俊傑，《東亞文化交流中的儒家經典與理念：互動、轉化與融合》（台北：臺灣大學出版中心，二〇一六），第二章，頁三九—六〇。
2. 同上書，第四章，頁八五—九八。

三、**思考問題**：

1. 在二十一世紀的「多元認同」（multiple identities，如國家認同、階級認同、性別認同、文化認同、族群認同、宗教認同等）之中，我們應如何安頓或化解諸多不同「認同」之間的衝突？或者，您如果認為諸多不同「認同」無法化解？請問為什麼？
2. 孔孟對「認同」問題的處理，有何理論基礎？您同意嗎？為什麼？

四、關鍵詞：

1. 文化認同
2. 政治認同
3. 關係的自我
4. 超越的自我
5. 管仲

五、本講內容架構圖：

第七講‧在二十一世紀「政治認同」與「文化認同」張力中如何抉擇？

- **引言**
  - 一八九五（乙未）割台以後，李春生「政治認同」與「文化認同」的掙扎
  - 本講問題：
  - （一）十七世紀以後，東亞的「政治認同」與「文化認同」之互動，產生哪些類型的張力？
  - （二）孔子與孟子如何思考「政治認同」與「文化認同」之問題？
  - （三）孔孟的抉擇對二十一世紀有何新啟示？
- **東亞交流史中「政治自我」與「文化自我」的張力**
  - 作為「接觸空間」的東亞
  - 張力類型：（一）「政治自我」與「文化自我」（二）「文化自我」與「文化他者」（三）「政治自我」與「政治他者」（四）「文化他者」與「政治他者」
- **孔子與孟子的抉擇：「文化認同」先於「政治認同」**
  - 孔子觀點
  - 孟子觀點
  - 孔孟觀點符合並反映中國歷史之實情
- **結論與啟示**
  - 人的「自我」浸潤在社會政治脈絡之中，並與社會政治生活密切互動，但華人文化中的「關係的自我」之上，另有「超越的自我」之面向
  - 在東亞文化交流圈中經由認識「他者」，而建構「自我」的意象與認同感，並且是「作為社會群體一分子」的「自我」與「他者」發生互動
  - 東亞文化圈中的「自我」與「他者」都浸潤在深厚的時間感之中：中國人文傳統
  - 孔孟思想中在「自我」、「他者」、「文化」、「政治」四大面向之中，以「文化自我」最為重要
  - 在十七世紀以降東亞歷史中，「文化認同」與「政治認同」有其不可分割性與相互緊張性

注釋

1 亞里斯多德著，淦克超譯，《亞里斯多德的政治學》（桃園：水牛出版社，一九六八），卷一，頁六—七。

2 本節授課內容係已刊拙文之提要，詳細論述另參拙著，《東亞文化交流中的儒家經典與理念：互動、轉化與融合》（台北：臺灣大學出版中心，二〇一六），第二章，頁三九—六〇。

3 Mary L. Pratt, *Imperial Eyes: Travel Writing and Transculturation* (London: Routledge, 2000, c1992), p. 6.

4 〔宋〕石介，《中國論》，見〔宋〕石介撰，《徂徠集二十卷》（四苦全書珍本）（新北：臺灣商務印書館，一九七三）。

5 〔日〕淺見絅齋，〈中國辨〉，收入〔日〕吉川幸次郎等編，《日本思想大系・三一・山崎闇齋學派》（東京：岩波書店，一九八〇），頁四一六。

6 〔日〕原念齋，《先哲叢談》（江戶：慶元堂、擁萬堂，文化一三〔一八一六〕年刊本），卷三，頁四—五。

7 連橫，《臺灣通史》（北京：商務印書館，一九八三）。

8 楊肇嘉，《楊肇嘉回憶錄》（台北：三民書局，二〇〇四）。

9 葉榮鐘，《小屋大車集》（台中：中央書局，一九七七）。

10 鍾逸人，《辛酸六十年：二二八事件二七部隊長鍾逸人回憶錄》（台北：前衛出版社，二〇〇九）。

11 吳濁流，《亞細亞的孤兒》（新北：遠景出版社，一九九三）。

12 〔日〕福澤諭吉，《學問のすすめ》（東京：中央公論新社，二〇〇二），頁三；中譯本：群力譯，《勸學篇》（北京：商務印書館，一九九六），頁二。

13〔日〕福澤諭吉，〈台灣騷動〉，《時事新報》一八九六年一月八日，社論；陳逸雄譯解，〈福澤諭吉的台灣論說（二）〉，《台灣風物》，卷四一，第二期（一九九一年六月），引文見頁七七。

14〔日〕伊藤仁齋，《論語古義》，收於〔日〕關儀一郎編，《日本名家四書註釋全書》，論語部一，頁四。

15《論語・公冶長・六》，見〔宋〕朱熹，《四書章句集注》，頁一三。

16〔明〕朱舜水，〈安南供役紀事〉，收入《朱舜水全集》（台北：世界出版社，一九五六）。

17《繫辭傳》：「生生之謂易」，注曰：「陰陽轉易，以成化生。」，見〔晉〕王弼注，〔唐〕孔穎達疏，收入李學勤主編，《十三經注疏・周易正義》，頁三一九。

18〔宋〕朱熹，《論語集注》，收入《四書章句集注》，頁八三。

19同上注，頁八七。

20同上注，頁一五二。

21〔清〕劉寶楠（楚楨，一七九一—一八五五）《論語正義》引〔南朝・梁〕皇侃（四八八—五四五）《論語義疏》，收入〔清〕劉寶楠注，《論語正義》（上海：上海書店，一九八六），頁一八六。

22見〔清〕劉寶楠，《論語正義》，上冊，頁一八五。

23仁齋解釋《論語・子罕・一三》「子欲居九夷」章：「夫天之所覆，地之所載，鈞是人也，苟有禮義，則夷即華也；無禮義，則雖華不免為夷。舜生於東夷，文王生於西夷，無嫌其為夷也，九夷雖遠，固不外乎天地，亦皆有秉彝之性，況樸則必忠，華則多偽，宜夫子之欲居之也。吾太祖開國元年，實丁周惠王十七年，到今君臣相傳，綿綿不絕，尊之如天，敬之如神，實中國之所不及。夫子之欲去華而居夷，亦有由也。」〔日〕伊藤仁齋，《論語古義》，收於〔日〕關儀一郎編，《日本名家四書註釋全書》，論語部一，頁一三七—一三八。

24〔宋〕朱熹，《論語集注》，收入《四書章句集注》，頁二〇二。

25 同上注，頁二三七。

26 同上注，頁一四八。

27 引文見〔宋〕朱熹，《四書章句集注》，頁一四八。

28 〔宋〕朱熹，《論語集注》，收入《四書章句集注》，頁二一三。

29 《孟子・離婁下・一》：「舜生於諸馮，遷於負夏，卒於鳴條，東夷之人也。文王生於岐周，卒於畢郢，西夷之人也。地之相去也，千有餘里；世之相後也，千有餘歲。得志行乎中國，若合符節。先聖後聖，其揆一也」，見〔宋〕朱熹，《孟子集注》，收入《四書章句集注》，頁四〇五。

30 葛兆光，《何為中國：疆域、民族、文化與歷史》（香港：牛津大學出版社，二〇一四），頁三一——三二。

31 《莊子・齊物論》，引文見〔清〕郭慶藩撰，王孝魚點校，《莊子集釋》，第一冊，頁四五。

32 〔晉〕郭璞注，《山海經》，收入《四部叢刊・初編》縮本，頁一，上半頁。

33 〔韓〕林基中編，《燕行錄全集》（首爾：東國大學校出版部，二〇〇一），共一百冊，收錄朝鮮時代五百餘年間來華訪問之朝鮮人士之筆談錄、奉使錄、朝天錄及旅行札記等，史料價值極高，可以反映當時朝鮮人之中國意象，亦可部分地窺探中國朱子學與陽明學在朝鮮思想界之接受與批評。

34 〔日〕宇野哲人，《支那文明記》（東京：大同館，一九一二），收於〔日〕小島晉治編，《幕末明治中國見聞錄集成》（東京：ゆまに書房，一九九七）；中譯本見：張學鋒譯，《中國文明記》（北京：光明日報出版社，一九九九）。宇野哲人唱日本國歌一事，見中譯本頁六〇。關於宇野哲人遊華一事之討論，另參考Joshua A. Fogel, "Confucian Pilgrim: Uno Tetsuto's Travels in China, 1906," in his *The Cultural Dimension of Sino-Japanese Relations: Essays on the Nineteenth and Twentieth Centuries*（New York: M. E. Sharp, 1995）, pp. 95-117.

35 〔唐〕陳子昂，〈登幽州臺歌〉，收入〔清〕蘅塘退士編，《唐詩三百首》，頁三三。

36 〔日〕斯波六郎，《中国文学における孤独感》（東京：岩波書店，一九五八），中譯本：劉幸、李曌宇譯，

《中國文學中的孤獨感》（北京：北京師範大學出版社，二〇一九）。

37 〔清〕李春生，《東遊六十四日隨筆》（福州：美華書局，一八九六），頁五一。

38 〔明〕王夫之，《讀通鑑論》（高雄：河洛圖書出版社，一九七六），卷一五，〈宋文帝〉，頁四九七。

第八講

在二十一世紀全球化時代中，如何維持友誼？「自我」與「他者」如何互動？

引言

「自我」與「他者」的互動，隨著全球化時代與反全球化激盪的來臨日趨頻繁而密切，人與人之間「互助」、「互愛」的友誼如何可能呢？從對方的立場來思考，觀察別人對你的好，可以說是友誼的基礎。民國時代律宗的弘一大師（一八八〇—一九四二）手書的《格言別錄》說：「臨事須替別人想，論人先將自己想。惠不在大，在乎當戹，怨不在多，在乎傷心。」[1]友誼需要經過時間考驗，唐代詩人白居易（樂天，七七二—八四六）詩云：「贈君一法決狐疑，不用鑽龜與祝蓍。試玉要燒三日滿，辨材須待七年期。周公恐懼流言日，王莽謙恭未篡時。向使當初身便死，一生真偽復誰知？」（〈放言〉之三）。[2] 在「自我」與「他者」的互動之中，朋友的為人與友誼是需要經過時間考驗的。十九世紀德國哲學家狄爾泰（Wilhelm Dilthey，一八三三—一九一一）論「歷史之意義」時，指出歷史事件必須走完全幅時間過程之後，其結局與意義才能彰顯。最近有學者研究唐代中葉文人間的交誼，指出唐代文人之交友，除了提升友誼之外，也有助於在官場的升遷。[3] 可是，在利益衝突的社會與「認同」撕裂的分裂國家中，「友誼」實有其脆弱性：肝膽相照的同志常常不久就肝膽俱裂；海誓山盟的朋友難免很快就反目成仇，昔日的甜言蜜語化為今日的鋒利匕首。聰明的耶穌會士利瑪竇（Matteo

Ricci，一五五二—一六一〇）十六世紀末來到中國傳教，他寫了一篇〈交友論〉（寫於萬曆二三年，西元一五九五年），他說：「人事情莫測，友誼難憑。今日之友，後或變而成仇；今日之仇，亦或變而為友。可不敬慎乎！」[4] 又說：「平時交好，一旦臨小利害，遂為仇敵，由其交之未出於正也。交既正，則利可分，害可共矣。」[5] 利瑪竇完全點出友誼的脆弱性。

古羅馬政治家與哲學家西塞羅（Marcus Tullius Cicero，一〇六—四三BCE）與利瑪竇看待友誼的意見，事實上與儒家非常接近。本講討論三個問題：第一，孔孟對「友誼」有何看法？第二，孔孟對「自我」與「他者」的互動，提出哪些原則？第三，孔孟的建議在二十一世紀有何新啟示？

孔孟論「友誼」

孔孟認為友誼以道德為基礎，所謂「以友輔仁」、[6]「友也者，友其德也」，[7] 都是這個意思的不同角度闡述。《論語・季氏》第四章：「孔子曰：益者三友，損者三友。友直，友諒，友多聞，益矣。友便辟，友善柔，友便佞，損矣。」[8]《論語・季氏》第五章：「益者三樂，損者三樂。樂節禮樂，樂道人之善，樂多賢友，益矣。樂驕樂，樂佚遊，樂宴樂，損矣。」[9]

孔子這種論點，與亞里斯多德（Aristotle，三八四—三二二BCE）《宜高邁倫理學》一書中，論友誼以品行為本的意見可說是東西互相輝映。亞里斯多德指出：「如果他們的友誼是由於利益或娛樂的緣故而建立起來的，那麼當日為建立友誼那些吸引人的原因現在已經不存在了，友誼的斷絕似乎是不足為奇的事了。」[10]

亞里斯多德又提到人們建立友誼時，經常遇到的問題是：「假設我向某人交了朋友，我以為他是一個好人，品行良好，但是後來才看出他是一個浪人，最低限度朋友得到這種印象覺得他不是個好人，那麼我還該把這樣的人當為朋友嗎？」[11] 對於這種情形，亞里斯多德建議可以「等到朋友實在太壞而無法改正時再與他斷絕關聯不遲。只要他還有悔改的希望，那麼我們便有責任幫他改善他的品行」。[12] 不過問題是，當朋友已經露出本來面目或變成實在太壞時，可能已經來不及了。

西元前第一世紀羅馬的政治家與哲學家西塞羅著有《論友誼》一書，認為友誼以德行為本，他說：「友誼出於人性，是德性的助手，不是罪惡的夥伴。德性無法獨自地達成她的終極目標，但當與他人聯合結盟便可達成。這種人與人之間的結合，無論現在、過去或未來，都應被視為關於人性至善的最佳與最幸福的同伴關係。」[13]

這種觀點也出現在中國的《論語》，孔子說：「君子不重則不威，學則不固。主忠信，無友不如己者，過則勿憚改。」（《論語・學而・八》），[14]「無友不如己者」這句話中的「如」

這個字，應解釋為「似」，錢穆先生說：「竊謂此章所言，決非教人計量彼我之高下優劣，而定擇交之條件者。孔子之教，多直指人心。苟我心常能見人之勝己而友之，此人即易得友，又能獲友道之益矣。」[15] 錢先生之說是《論語》這一章最正確的解釋。[16] 因此，孔子認為人要「見賢思齊焉，見不賢而內自省也」。[17] 《孟子・萬章下》第八章：「孟子謂萬章曰：一鄉之善士，斯友一鄉之善士；一國之善士，斯友一國之善士；天下之善士，斯友天下之善士。以友天下之善士為未足，又尚論古之人。頌其詩，讀其書，不知其人，可乎？是以論其世也。是尚友也。」[18] 也就是說，只有好人才能看出一個地方的好人。在《孟子・萬章下》第三章，孟子又說：「**友也者，友其德也，不可以有挾也**。」[19] 友誼要看對方的德，是以友誼為目的，而不要以友誼為手段，以達到其他目的。孟子說友誼不要想到年齡的差異，或富貴、地位這些因素。

孔孟這些意見與利瑪竇可以互相印證。利瑪竇指出交友以「德」、「義」為基礎，利氏指出：「交友之貴賤，在所交之意耳，特據德相友者，今世得幾雙乎？」[20] 「友之所宜，相宥有限。友或負罪，惟小可容；友如犯義，必大乃棄。」[21] 「友之樂多於義，不可久友也。」[22] 「忍友之惡，便以他惡為己惡焉。」[23] 「我所能為，不必望友代為之。」[24] 利瑪竇又指出，交友必出於「正」：「平時交好，一旦臨小利害，遂為仇敵，由其交之未出於正也。交既正，則利可分，害可共矣。」[25] 利瑪竇強調以友誼為目的，而不是以友誼作為達到其他目的之手段。

利瑪竇看到有些友誼與婚姻建立在互相利用、以權謀私或建立在以財謀權之上，不是出於「正」。利瑪竇對中國文化有深入了解，為了傳教而精讀儒家經典，他融入中國士人生活之中，並與中國人士交往，所論極合儒家觀點。

西塞羅論友誼中「德性」產生「愛」：「當德性浮現，閃耀光芒，並認知到在他人身上也有著相同的光芒，她向那光芒移動，而且承接那人身上的光芒，從此燃起愛或友誼，因為這兩個字都來自『愛』這個動詞；此外，愛就是愛你所愛之人，沒有需求，也沒有利益的考量，但是利益會從友誼中綻放，即使你不追求它。」[26] 這也完全符合儒家的觀點。

其次，孔孟論交友的方法。第一是「忠告」，孔子說「忠告而善道之」，朋友若有不對之處，要誠懇地告訴他，若對方一再拒絕忠告的話，就應該停止規勸他，以免自取其辱。《論語．顏淵》第二十三章：「子貢問友。子曰：忠告而善道之，不可則止，無自辱焉。」[27] 朱子注云：「友所以輔仁，故盡其心以告之，善其說以道之。然以義合者也，故不可則止。若以數而見疏，則自辱矣。」[28] 朋友的性質是「以義合者」，故若義不合則疏遠，以免自取其辱。這種意見與利瑪竇、西塞羅互相呼應。利瑪竇論交友應「直言」：「正友不常，順友亦不常。逆友有理者順之，無理者逆之，故直言獨為友之責矣。」[29] 西塞羅論友誼的特質也在「忠告」，「並且要坦白正直而非嚴厲地給朋友忠告，要有耐心而非被強迫地接受忠告。必須嚴正以對的是，在友誼中沒有比虛偽奉承、哄騙諂媚及歌功頌德更具傷害性。」[30] 這與孔子說「不可則止」

是相同的道理。當代哲學家李澤厚認為，孔學中的朋友之道「以獨立、自主、平等的個體之間的關係為基礎」，[31] 是最適用於現代社會的公德，其說甚是。

孔孟論交友的第二個方法是「言而有信」。《論語・學而》第七章：「子夏曰：賢賢易色，事父母能竭其力，事君能致其身，與朋友交言而有信。雖曰未學，吾必謂之學矣。」[32]「賢賢易色」這四個字歷來有多種說法，楊伯峻先生引《漢書》卷七五〈李尋傳〉顏師古注以「易色」為「不重容貌」。[33] 這是主流解釋，意謂交友朋友要看他是否有賢德，而非容貌是否姣好。《論語・公冶長》第二十四章：「巧言、令色、足恭，左丘明恥之，丘亦恥之。匿怨而友其人，左丘明恥之，丘亦恥之。」[34] 儒家的正名主義建立在語言有其行動導向的「以言行事」（speech as act）語言觀上，因此孔子相信「巧言、令色，鮮矣仁」、[35]「敏於事，慎於言」。[36] 相對於儒家對語言的重視而言，道家與佛教始終對語言抱持懷疑的態度。

關於交友的方法，孟子也說：「信於友有道」，[37] 方法是《孟子・離婁上》第十二章所說的：「事親弗悅，弗信於友矣；悅親有道：反身不誠，不悅於親矣；誠身有道：不明乎善，不誠其身矣。是故誠者，天之道也；思誠者，人之道也。至誠而不動者，未之有也；不誠，未有能動者也。」[38] 孟子指出：侍奉雙親不能使雙親非常愉快，便很難取信於朋友，而「信」建立在「誠」之上。因為「誠」是天地間萬事萬物必然的規律，而追求「誠」則是人之所以為人的規律，孟子相信天下間沒有極度誠心卻不能使人感動的情況。利瑪竇論交友的意見與孔孟相同，也從「信」的角度論交友，而認為「交友之先宜察，交友之後宜信」。[39]

孔孟認為交朋友的第三個方法是「恭敬」。《孟子・萬章下》第四章，萬章與孟子討論與人交際往來時如何「存心」：[40]

萬章問曰：「敢問交際何心也？」

孟子曰：「恭也。」

曰：「卻之為不恭，何哉？」

曰：「尊者賜之，曰『其所取之者，義乎，不義乎』，而後受之，以是為不恭，故弗卻也。」

「卻之不恭」，孟子說長輩送你東西，考慮如果接受的話是義或是不義，經過思考才接受，這樣的話即是「不恭」。

西塞羅論友誼的建立也應以「恭敬」為基礎。他說：「因此在友誼中較優秀的人應降尊紆貴，如此他們才能以某種方式提攜較低下的人。因為有些人讓友誼變得不易處理，當他們認為自己是被看不起的；這種事並不常發生，除了發生在那些認為輕蔑是自己應得的人身上，他們須在言行上去除這種想法。」[41] 在恭敬的基礎上，才能互相擇善，互相溝通、指摘，這才是朋友之道。《孟子・盡心上》第三十七章：「孟子曰：食而弗愛，豕交之也；愛而不敬，獸畜之也。恭敬者，幣之未將者也。恭敬而無實，君子不可虛拘。」[42]孟子認為請客吃飯而內心對他並不敬愛，這種交往與豬差不多；愛他但不尊敬他，這跟禽獸的往來差不多。「恭敬者，幣之未將者也。」這個「將」字很不容易理解。《爾雅・釋言》：「將，送也」，[43]而「幣」就是禮物。所以，孟子主張「恭敬」就是指將禮物送出去之前，就要有恭敬之心，否則無法感動人。朱子注說：「此言當時諸侯之待賢者，特以幣帛為恭敬，而無其實也。拘，留也。」[44]表面的恭敬中卻沒有發乎內心的「敬」，所以君子不逗留在這個地方。

孔孟論「自我」與「他者」互動之原則

從孔孟講的具體的「自」「他」互動方法，我們可以進一步加以提煉成抽象性的互動原則，才能成為我們處理友誼時的準則。我們將孔孟論「自」「他」互動的原則，歸納為以下幾點：

第一個「自」「他」互動的原則是：「己所不欲，勿施於人」。《論語・顏淵》第二章：「仲弓問仁。子曰：出門如見大賓，使民如承大祭。己所不欲，勿施於人。在邦無怨，在家無怨。」[45]《論語・衛靈公》第二十三章：「子貢問曰：有一言而可以終身行之者乎？子曰：其恕乎！己所不欲，勿施於人。」[46] 孔子說「己所不欲，勿施於人」而不是「己所欲，施於人」，兩者的差別在於：「己所欲，施於人」是從「自我」的立場出發，而且通常具有特殊性，因為我喜歡的跟你喜歡的不同；而「己所不欲，勿施於人」，則是從人性普同性思考，想到只要是人，我不想要的，別人也會不想要，這是從他人出發，代他人著想。

第二個「自」「他」互動的原則，是「愛人」，即以「仁」待人。《論語・顏淵》第二十二章：「樊遲問仁。子曰：愛人。」[47] 又，《孟子・離婁下》第二十八章，孟子說：「仁者愛人，有禮者敬人。愛人者人恆愛之，敬人者人恆敬之。」[48] 孔孟都強調交友之際應向內思考。別人對我沒有禮貌，應先自我反省，我可能不仁無禮，不然別人不會如此待我。

孔子主張「自」「他」互動在「愛人」，孟子接著說「愛人者人恆愛之，敬人者人恆敬之」，那麼，孔孟的友誼觀是否具有某種「可交易性」（fungibility）呢？最近的研究論著指出：儒家將朋友看作好像家人一樣，儒家主張對朋友負有責任，家人關係與朋友關係不具有「可交易性」。而且，儒家主張道德有其普遍性，但是，每個人實踐道德理念時，都在特定環境之中，因此，有德的朋友一定是特殊的，而且是不可交易的。[49] 李晨陽的論述切中儒家友誼觀的核心價值，非常正確，可以闡釋我在這裡的論點。

第三個「自」「他」互動的原則是：重視「責任本位倫理」（duty-based ethic）而不是「權利本位倫理」（right-based ethic）。在《論語・子路》第三章，衛國國君等待孔子來做政治領導人，子路（仲由，五四二—四八〇BCE）問孔子如果為政，則應從何事著手。孔子說：「必也正名乎！」[50] 子路說這太迂腐，孔子解釋說：「名不正，則言不順；言不順，則事不成；事不成，則禮樂不興；禮樂不興，則刑罰不中；刑罰不中，則民無所措手足。故君子名之必可言也，言之必可行也。君子於其言，無所苟而已矣。」[51] 孔子認為作為君、作為臣、作為父、作為子，都有相應的責任，所以《論語・八佾》第十九章所說「君使臣以禮，臣事君以忠」，[52] 這種君臣之間相對的互動原則，同樣適用於人與人之間互動的友誼上。近代歐洲十九世紀以後，權利本位的哲學逐漸發展，即現在所謂「人權」（human right），西歐的「人權」論述特徵有二：其一是以個人而不是以群體為基礎，其二是把個人與國家放在對抗的脈絡中思考。儒家政治哲學不講近代西方式的「人權」，但是講「天聽自我民聽，天視自我民視」，[53] 雖然「天」不講話，但是「天」的意志體現在人民的喜歡或不喜歡這個事情上。也因此，孟子對居統治地位的人，引《尚書》「天聽自我民聽，天視自我民視」[54] 之說，課以極大的道德責任。但是，兩千年帝制中國的皇權日益高漲，孟子「民本」政治思想，終不免成為人民「永恆的鄉愁」。

孔孟所主張的第四個「自」「他」互動的原則，是「文化認同」（cultural identity）遠高於「政治認同」（political identity）。最具有代表性的是《論語・季氏》第一章，孔子說：「故遠人不服，則修文德以來之。既來之，則安之。」[55] 《孟子・離婁下》第一章，孟子也說舜是東夷之人，文王是西夷之人，雖然時空不同，但是「得志行乎中國，若合符節。先聖後聖，其揆一也」，[56] 孔孟都認同更長遠的文化價值的實踐，而不是短期的政治權力的得失。

「認同」（identity）是二十一世紀世界最重大的問題之一，上世紀末哈佛大學講座教授杭亭頓（Samuel P. Huntington，一九二七—二〇〇八），曾經預言冷戰結束後國與國之間的戰爭，最可能發生於「文明的斷層線」上，他預言二十一世紀可能會發生「文明的衝突」。[57] 他說：「不同的文明，其政經發展的主要模式互異，國際間重大議題涉及文明間的歧異，權力正由西方長期獨霸轉向非西方世界的文明。全球政治已朝多極和多元文明發展。」[58] 杭亭頓對於冷戰結束後的美國，由於缺乏強有力的敵國的挑戰而逐漸流失「認同感」，而為文深感憂慮。[59] 杭亭頓的學說很有見解，但是基本上仍是站在國與國之間的利益之立場，思考「文明的衝突」問題。孔孟以及東亞各國儒家都不是這樣看世界的走向，儒家強調「遠人不服，則修文德以來之」，[60] 從而化解「文明的衝突」於無形之中。[61] 二〇二〇年新冠肺炎病毒肆虐全球，西方知識分子觀察到一個事實：疫情控制較好的地區，都是廣義的「儒家世界」的地區，因為儒家文化強調義務先於權利。[62] 孔孟注重的文化價值理念，在二十一世紀仍有其新意義與新時代的啟示。

結論與啟示

今天我們思考二十一世紀一個最根本而重大的問題是：在全球化與反全球化震盪時代中，友誼如何維持？友誼因為「自我」與「他者」的互動而產生，「自我」與「他者」之間有其「互為依存性」。所以，從儒家的立場觀察，在「自」「他」互動之際，「存心倫理學」（Ethics of conviction）的考量優於「功效倫理學」（Ethics of consequence）。所謂「存心倫理學」，就是我們判定一個行為之道德意義時，所根據的主要判準，並非該行為所產生或可能產生的後果，而是行為者之存心如何。[63]一件事情或某種行為的好或者壞，只有看行為者的存心，也就是現在西方倫理學所謂的「存心倫理學」（Ethics of conviction），乃是相對於「功效倫理學」而言的。所謂「功效倫理學」，是指一個行為的道德價值之最後判準，在於該行為所產生或可能產生的後果。從十七世紀以後直到二十世紀初期的朝鮮半島，以及江戶時代（一六〇三—一八六八）的日本，多數儒家思想家基本上傾向於「功效倫理學」的立場。中國宋代理學家一般採取「存心倫理學」的立場，所以，唐太宗（五九八—六四九，在位於六二六—六四九）雖然開創出「貞觀之治」，然而發生於唐高祖武德九年（六二六）的玄武門之變，這件歷史事件受到南宋大儒朱熹（晦庵，一一三〇—一二〇〇）嚴厲的批評，朱子並感嘆中國歷史上「堯舜三王周公孔子所傳之道，未嘗一日得行於天地之間也。」[64] 宋明理學家對唐太宗的討論與批判，基本上就是從「存心倫理學」立場出發。但是，當唐代史學家吳兢（六七〇—七四九）所編的《貞觀政要》一書傳入日本之後，卻在日本受到極大的重視和推崇，甚至作為德川幕府的政治教材，[65] 顯示中國與日韓儒家學者在倫理學立場上明顯的不同。

另外，古羅馬西塞羅強調友誼是「德性的助手」，這項論點很能與孔孟互相呼應，因為孔孟也講「友也者，友其德也」。[66]「德」如何可能成為友誼的基礎？我認為，友誼實以朋友之間在德性的基礎上「互助」為核心。這種「互助」不只是利益上的互助，而是道德上的互相提升。只有在勵德的基礎之上，友誼才不會淪為謀求其他目的之手段，友誼才能歷經考驗而長存。這是儒家友道給我們的啟示。

附錄

一、閱讀作業：

1. 【自他互動】

《論語》：〈顏淵・二〉、〈衛靈公・二四〉、〈顏淵・二三〉、〈學而・一三〉、〈學而・一二〉、〈子路・一三〉、〈子路・三〉、〈顏淵・一一〉、〈顏淵・一九〉、〈為政・五〉、〈顏淵・二三〉、〈學而・六〉、〈微子・六〉、〈八佾・一九〉、〈子路・一八〉

《孟子》：〈告子上・五〉、〈盡心下・九〉、〈盡心上・一七〉、〈盡心上・二六〉、〈離婁下・二九〉、〈離婁上・一二〉、〈盡心下・七〉、〈離婁下・九〉、〈盡心上・一五〉、〈離婁下・二八〉、〈離婁上・四〉、〈離婁上・二七〉、〈盡心上・三七〉、〈離婁下・三〉、〈公孫丑下・二〉、〈盡心上・三一〉、〈盡心上・一九〉、〈離婁上・二〉

2. 【如何維持友誼】

《論語》：〈季氏・五〉、〈顏淵・二三〉、〈季氏・四〉、〈顏淵・二三〉、〈顏淵・二四〉、〈子張・三〉、〈學而・四〉、〈學而・七〉、〈學而・八〉、〈里仁・二六〉、〈公冶長・二五〉、〈里仁・一〉、〈里仁・一七〉、〈子路・二八〉、〈子路・二一〉、〈學而・一〉

《孟子》：〈萬章下・八〉、〈離婁

上・一二〉、〈萬章下・一二〉、〈萬章下・一三〉、〈離婁下・三〇〉、〈盡心上・三七〉

二、延伸閱讀：

1. 黃俊傑，《東亞文化交流中的儒家經典與理念：互動、轉化與融合》（台北：臺灣大學出版中心，二〇一六），第二章，頁三九—六〇。
2. 司馬遷，〈報任安書〉
3. 范仲淹，〈嚴先生祠堂記〉

＊以上二文均收入《古文觀止》

三、思考問題：

1. 友誼的基礎甚多，包括「愛」、「忠」、「誠」、「禮」、「互助」等。在二十一世紀，應以何者為優先？為什麼？
2. 孔孟主張「自我」與「他者」互動的原則有哪些？為什麼必須依循這些原則？您同意嗎？試結合您自己的生活經驗加以分析。
3. 孔孟主張自他互動之原則，「文化認同」高於「政治認同」，這種主張在二十一世紀可以成立嗎？試申論之。

四、關鍵詞：

1. 友也者，友其德也
2. 己所不欲，勿施於人

3. 責任本位倫理

4. 權力本位倫理

5. 正名

五、本講內容架構圖：

第八講・在二十一世紀全球化時代中，如何維持友誼？「自我」與「他者」如何互動？

- 引言
  - 「自我」與「他者」的互動，必須走完全幅時間過程之後，其結局與意義才能展現
  - 本講問題：
  - （一）孔孟對「友誼」有何看法？
  - （二）孔孟對「自我」與「他者」的互動，提出哪些原則？
  - （三）孔孟的建議在二十一世紀有何新啟示？
- 孔孟論「友誼」
  - 友誼以道德為基礎
  - 交朋友的方法：（一）忠告（二）言而有信（三）恭敬
- 孔孟論「自我」與「他者」互動原則
  - 「自」「他」互動的原則：
  - （一）己所不欲，勿施於人
  - （二）以「仁」待人＝愛人
  - （三）正名主義與人互動，重視「責任本位理論」不是「權利本位理論」
  - （四）「文化認同」高於「政治認同」
- 結論與啟示
  - 「自我」與「他者」之間有其「互為依存性」
  - 所以「自」「他」互動之際，「存心倫理學」的考量優於「功效倫理學」
  - 朋友之間以德性為基礎，尤以「互助」為核心

注釋

1《格言別錄：弘一法師寫本》，頁二三—二四。

2〔唐〕白居易，〈放言五首之三〉，收入孫海通、王海燕編輯，《全唐詩》（北京：中華書局，一九九九），第七冊，卷四三八，頁四八八九。

3 Anna M. Shields, *One Who Knows Me: Friendship and Literary Culture in Mid-Tang China*（Cambridge, MA.: Harvard University Asia Center, 2015）.

4 利瑪竇著，《交友論》（明崇禎二三年刻本），收入中國宗教歷史文獻集成編纂委員會編纂，《東傳福音》（合肥：黃山書社，二〇〇五），第二冊，頁二一三。

5 利瑪竇著，《交友論》（明崇禎二三年刻本），收入《東傳福音》，第二冊，頁二一五。

6《論語・顏淵・二四》：「君子以文會友，以友輔仁。」，見〔宋〕朱熹，《四書章句集注》，頁一九三。

7《孟子・萬章下・三》：「萬章問曰：『敢問友。』孟子曰：『不挾長，不挾貴，不挾兄弟而友。友也者，友其德也，不可以有挾也。』」見〔宋〕朱熹，《四書章句集注》，頁四四三。

8〔宋〕朱熹，《論語集注》，收入《四書章句集注》，頁二四〇。

9《論語・季氏・五》，見〔宋〕朱熹，《四書章句集注》，頁二四〇。

10 亞里斯多德著，高思謙譯，《亞里斯多德之宜高邁倫理學》，第三章〈友誼之斷絕〉，頁二〇八。

11 同上注。

12 同上注，頁二〇九。

13 西塞羅（Marcus Tullius Cicero）著，徐學庸譯注，《論友誼》（新北：聯經出版公司，二〇〇七），第二十二章，頁六〇。

14 〔宋〕朱熹，《論語集注》，收入《四書章句集注》，頁六五。

15 錢穆，《論語新解》，收入《錢賓四先生全集》編輯委員會編輯，《錢賓四先生全集》，第三冊，頁一四。

16 李澤厚先生說：「『無友不如己者』，作自己應看到朋友的長處解。即別人總有優於自己的地方，並非真正不去結交不如自己的朋友，或所交朋友都超過自己。如是後者，在現實上不可能，在邏輯上作為普通原則，任何人將不可能有朋友，所以它只是一種勸勉之辭。」李先生之說與錢先生的解釋若合符節，見李澤厚，《論語今讀》，頁三六。

17 《論語・里仁・一七》，見〔宋〕朱熹，《四書章句集注》，頁九七。

18 〔宋〕朱熹，《孟子集注》，收入《四書章句集注》，頁四五二。

19 同上注，頁四四三。

20 利瑪竇著，《交友論》（明崇禎二三年刻本），收入《東傳福音》，第二冊，頁二一三。

21 同上注。

22 同上注。

23 利瑪竇著，《交友論》（明崇禎二三年刻本），收入《東傳福音》，第二冊，頁二一四。

24 同上注。

25 同上注，頁二一五。

26 西塞羅著，徐學庸譯注，《論友誼》，第二十七章，頁七一。

27 〔宋〕朱熹，《論語集注》，收入《四書章句集注》，頁一九三。

28 引文見〔宋〕朱熹，《四書章句集注》，頁一九三。

29 利瑪竇著，《交友論》（明崇禎二十三年刻本），收入《東傳福音》，第二冊，頁二一一三。
30 西塞羅著，徐學庸譯注，《論友誼》，第二十五章，頁六五—六六。
31 李澤厚，《論語今讀》，頁三四三。
32 〔宋〕朱熹，《論語集注》，收入《四書章句集注》，頁六四。
33 楊伯峻，《論語譯註》，頁六。
34 〔宋〕朱熹，《論語集注》，收入《四書章句集注》，頁一一〇。
35 《論語・學而・三》，見〔宋〕朱熹，《四書章句集注》，頁六二。
36 《論語・學而・一四》：「子曰：『君子食無求飽，居無求安，敏於事而慎於言，就有道而正焉，可謂好學也已矣。』」見〔宋〕朱熹，《四書章句集注》，頁六八。
37 《孟子・離婁上・一二》，見〔宋〕朱熹，《四書章句集注》，頁三九四—三九五。
38 〔宋〕朱熹，《孟子集注》，收入《四書章句集注》，頁三九四—三九五。
39 利瑪竇著，《交友論》（明崇禎二三年刻本），收入《東傳福音》，第二冊，頁二一一二。
40 〔宋〕朱熹，《孟子集注》，收入《四書章句集注》，頁四四五。
41 西塞羅著，徐學庸譯注，《論友誼》，第二十章，頁五四。
42 〔宋〕朱熹，《孟子集注》，收入《四書章句集注》，頁五〇五—五〇六。
43 〔晉〕郭璞注，〔宋〕邢昺疏，收入李學勤主編，《十三經注疏・爾雅注疏》（北京：北京大學出版社，二〇〇〇），卷三，〈釋言〉，頁六九。
44 《孟子・盡心上・三七》，見〔宋〕朱熹，《四書章句集注》，頁五〇六。
45 〔宋〕朱熹，《論語集注》，收入《四書章句集注》，頁一八三。
46 同上注，頁二三二。

47 同上注，頁一九二。

48 〔宋〕朱熹，《孟子集注》，收入《四書章句集注》，頁四一七。

49 Chenyang Li, "A Confucian Solution to the Fungibility Problem of Friendship: Friends like Family with Particularized Virtues," *Dao: A Journal of Comparative Philosophy*, Vol.18, No. 4（December, 2019）, pp. 493-508.

50 〔宋〕朱熹，《論語集注》，收入《四書章句集注》，頁一九六。

51 《論語・子路・三》，見〔宋〕朱熹，《四書章句集注》，頁一九六。

52 〔宋〕朱熹，《論語集注》，收入《四書章句集注》，頁八八。皇侃（四八八—五四五）注這一章說：「故君能使臣得禮，則臣事君必盡忠也」，加一「則」字，似以「君使臣以禮」作為「臣事君以忠」之條件，似未盡合於孔子原意。朱子注云：「二者皆理之當然，各欲自盡而已」，朱注較佳。孔子之意蓋以為：「禮」或「忠」是個人人格之表現，完全是自己分內當為之事（朱注說：「各欲自盡而已」），並不以「他者」之行為作為此種人格表現之條件或前提，正如儒家的「慎獨」，並不是以「他者」之不在場作為前提一樣。

53 《孟子・萬章上・五》：「太誓曰：『天視自我民視，天聽自我民聽』」，見〔宋〕朱熹，《四書章句集注》，頁四三〇。

54 同上注。

55 〔宋〕朱熹，《論語集注》，收入《四書章句集注》，頁二三七。

56 〔宋〕朱熹，《孟子集注》，收入《四書章句集注》，頁四〇五。

57 Samuel P. Huntington, *The clash of civilizations and Remaking of the World Order*（NY: Simon and Schuser. 1996）；中譯參看：杭亭頓著，黃裕美譯，《文明衝突與世界秩序的重建》（新北：聯經出版公司，一九九七）。

58 Samuel P. Huntington, *The Clash of Civilizations and Remaking of the World Order*, Chapter 6；中譯參看：杭亭頓

著，黃裕美譯，《文明衝突與世界秩序的重建》，頁一四—一五。

59 Samuel P. Huntington, "The Erosion of American National Interests," *Foreign Affairs*, 76:5（Sep-Oct,1997）, pp. 28-49。一九九二年美國著名史學家施勒辛格（Arthur M. Schlesinger, Jr., 1917-2007），也著書分析美國由於種族歧視對立與族群文化認同之差異，導致美國的分裂。參看Arthur M. Schlesinger, Jr., *The Disuniting of America: Reflections on a Multicultural Society*（New York: W. W. Norton & Company, 1992）；阿瑟·施勒辛格著，馬曉宏譯，《美國的分裂：種族衝突的危機》（新北：正中書局，一九九四）。

60 《論語·季氏·一》，見〔宋〕朱熹，《四書章句集注》，頁二三七。

61 另詳拙作：Chun-chieh Huang, "A Confucian Critique of Samuel P. Huntington's Clash of Civilizations," 刊於 *East Asian: An International Quarterly*, Vol.16, No.1/2（Spring/Summer., 1997）, pp. 147-156。

62 Bruno Maçães, "Coronavirus and the Clash of Civilizations," *National Review*, March 10, 2020, https://www.hudson.org/research/15801-coronavirus-and-the-clash-of-civilizations , accessed on June 22, 2020.

63 李明輝，《孟子重探》，頁四七。

64 〔宋〕朱熹，〈答陳同甫六〉，收入《朱子文集》，第四冊，卷三六，頁一四五八。參看：〔日〕原田種成，《貞觀政要の研究》（東京：吉川弘文館，一九六五）。

65 參看：〔日〕原田種成，《貞觀政要の研究》（東京：吉川弘文館，一九六五）。

66 《孟子·萬章下·三》，見〔宋〕朱熹，《四書章句集注》，頁四四三。

第九講

在二十一世紀「自由」與「秩序」的張力之中，人應如何安身立命？

引言

在人之實存情境中，「自由」（freedom）與「秩序」（order）或者「必然」（necessity）有其辯證性關係。一方面，兩者具有互為依存性，「自由」只有在「秩序」（法治）之中才能獲得發展。以籃球比賽為例，球員能自由地發揮他的球技，這種「自由」只有在一個前提之下，也就是法治的實施，即兩隊球員都服從同樣的比賽規則。「自由」與「法治」是一物之兩面，但「秩序」（法治）之維持，卻有賴於具有「秩序」意識的人之共識。另一方面，「自由」與「秩序」兩者又互為緊張性，「自由」過度發展，必破壞「秩序」（法治），可是「秩序」（法治）過度僵化或強硬，必然壓抑「自由」，甚至使「自由」蕩然無存。譬如吳承恩（約一五〇〇—一五八二年）筆下《西遊記》中的孫悟空，雖然自由自在，但在被套上緊箍咒之後，他的「自由」，就被極度地限制而必須服從唐三藏所設定的「秩序」。

「自由」必須建立在「法治」的基礎之上，破壞了「法治」也就無「自由」可言了。根據二十世紀哲學家以撒・柏林（Isaiah Berlin，一九〇九—一九九七）的說法，「自由」包括：（一）積極的自由（“free of”，如言論自由、出版自由、講學自由）以及（二）消極的自由（“free from”，如免於被恐懼的自由、免於飢餓的自由）兩種。[1] 我們可以說「秩序」也有兩種，一是硬的秩序，如條文化的法律規定，二是軟的秩序，如無形的禮儀傳統。「自由」與「秩序」的互動，具有既不可分割而又相互緊張的辯證性關係。因此，本講將扣緊兩個問題展開討論：第一，孔孟如何思考「自由」與「秩序」／「必然」的互動問題？第二，孔孟的思考對二十一世紀有何啟示？本講將聚焦於孔孟原典，以《論語》「克己復禮為仁」說，與《孟子》「知言養氣」說為例，具體切入思考這個問題。

孔子「克己復禮為仁」說的新解釋[2]

《論語・顏淵》第一章：[3]

顏淵問仁。子曰：「克己復禮為仁。一日克己復禮，天下歸仁焉。為仁由己，而由人乎哉？」

顏淵曰：「請問其目。」

子曰：「非禮勿視，非禮勿聽，非禮勿言，非禮勿動。」

顏淵曰：「回雖不敏，請事斯語矣。」

先秦孔門師生討論最多的核心價值理念就是「仁」這個字，「仁」字在《論語》全書五十八章之中共出現一〇五次，孔子對弟子問「仁」的回答因人因時而異，孔子不重視「解仁之義」，但特重「行仁之方」，孔子在這一章的回答特別深刻，也潛藏著許多難題，例如：「克」對「自我」是壓制、控制或順應？為何「己」是被「克」的對象？為什麼「克己復禮」就是「仁」的表現？「克己」與「復禮」各為一事嗎？「己」與「禮」是私領域與公領域的關係嗎？而且，為何「一日克己復禮」就能「天下歸仁」？又，若說「為仁」是由於自己內心自主的決定，而不是由別人代你所做決定，那麼「己」又怎麼會是「克」的對象呢？

關於「仁」與「禮」的關係，有幾個問題可以進一步探索。第一，相對於作為普遍性的價值理念的「仁」而言，「禮」指特殊時空下的社會與文化中的行為規範，因時而變，因地制宜，因人而異，「禮」是受時間空間決定的行為規範，而「仁」是超越時間與空間限制，而具有普世性與普適性的德行。作為一個「仁」者，不論在非洲、在亞洲，不論在美國或在中國，作為人之所以為人應有的「仁」，是具有普遍性的。但是作為社會或文化規範的「禮」，卻因時間與空間的變化而有不同，古代中國人拱手為禮，但現代歐美人士握手為禮。因此，「仁」與「禮」之間是本末關係，「仁」是本，而「禮」是末。

其次，「仁」與「禮」是先後關係。從發生程序而言，「仁」既為「本」而「禮」為「末」，則「仁」之生成必在「禮」之先，因為「仁」乃人之所以為人之內在德行，有人就有「仁」。「禮」的發生一定是在「仁」之後，因為「仁」是普世的，但是，「禮」是文化的產物，要先有人組成社會，才會有「禮」的規範的形成。如父母先於子女，但在發生程序上為前者是否較後者更重要，則是看情況而定。

第三，「仁」與「禮」也是體用關係。「仁」是「本體」而「禮」是「作用」、「表現」，必先有「體」而後才能有「用」。因為作為「體」的「仁」是源自於人之所以為人的內在心性，如孟子提出「知其心者，知其性也；知其性者，則知天也」[4] 的心性論；「仁」或源自人與天地萬物同具之本性，如明末王陽明《大學問》所說的「大人者與天地萬物為一體者也」。[5] 所以我們可以說，「仁」是本體，有「仁」才有「禮」的作用，所以孔子講「禮云禮云，玉帛云乎哉？」[6] 講「禮」不能只是注重外面的形式，而應重視「禮之本」在於「仁」。以上是就理論上對於「仁」「禮」關係所做的剖析。

可是，「仁」與「禮」在實踐過程中，兩者的關係則較為複雜，我們可以歸納為兩種關係：(一)、「仁」與「禮」**有互相滲透性**，因為「仁」是人之主觀而內在的價值理念，須表現在「禮」之客觀行為與行動之中，而後內在於人的「仁」德才能全幅呈顯。所謂「仁」是抽象的價值理念，只存在於人的心中，只有表現於外在的行為的「禮」之上，才能具體化與外顯化。十八世紀朝鮮儒者丁若鏞（茶山，一七六二—一八三六）批判朱子以「本心之全德」釋「仁」，丁茶山說：「仁者，人也。二人為仁，父子而盡其分則仁也，君臣而盡其分則仁也。」[7] 在「盡其分」的行動還沒有完成之前，父子雙方不能宣稱他們已經實踐了「仁」。丁茶山這一種說法後面的觀念是，抽象觀念必須具體化而表現在實際行為之上。另一方面，「仁」而無「禮」則成空言，「禮」而無「仁」則成具文；人在「實存的」（existential）情境之中既以「仁」攝「禮」，又由「禮」顯「仁」，使「自然人」轉化為「文化人」，完成當代儒家學者杜維明（一九四一—）先生所謂「人文化的禮化過程」（Ritualization as humanization）。[8]

（二）、「仁」與「禮」之間又有其相互緊張性。這可以從幾個方面加以分析：一是「形式」與「本質」的緊張性。因為「仁」是人之所以為人的最根本的「內在價值」（intrinsic value），[9]「禮」可視為「仁」的外延表現，因此作為本質的「仁」與作為形式的「禮」，兩者之間必然產生緊張性。例如莎士比亞（William Shakespeare，一五六四—一六一六）在喜劇《無事煩惱》（*Much Ado About Nothing*）中的名言：「喜極而泣總比哭泣時私心竊喜要好得多」，[10] 喜極而泣的哭泣是發乎本心，但哭泣中私心竊喜則僅具哭泣之「禮」的形式。這句話的反諷之處，在於一針見血地指出只有「形式」而沒有「本質」的荒謬與無意義，而歷史上確實有許多這樣的例子。「仁」與「禮」的問題也表現而為是「自由」與「秩序」的緊張。如果說「仁」以「自由」為主，則「禮」可說是以「秩序」的建立為主，兩者之間實有其緊張關係。

《論語・顏淵》第一章在理論上有這三個層次的關係，在實踐上又有兩個複雜關係。但「仁」確實是先於「禮」，我們的講法與清朝學者的講法不同。十八世紀禮學大師凌廷堪（次仲，一七五五—一八〇九）文集有三篇文章題為〈復禮〉。在〈復禮上〉，凌廷堪論「性」、「情」、「禮」之關係，以「禮」為首出：「蓋至天下無一人不囿於禮，無一事不依於禮，循循焉日以復其性於禮而不自知也。」[11] 沒有人不是浸潤在「禮」之中，人每天都在調整自己使自己符合社會禮儀的規範。在〈復禮中〉，凌廷堪所提出「仁」、「義」、「禮」三者之關係說：「若舍禮而別求所謂德者，則虛懸而無所薄矣。蓋道無跡也，必緣禮而著見，而制禮者以之，德無象也，必藉禮為依歸，而行禮者以之。」[12] 「禮」若無「德」，則沒有附著的地方，因為「道」沒有跡象，只能依賴「禮」，「道」才能呈現。在〈復禮下〉凌廷堪申論「求禮以復性」之必要性：[13]

> 〔……〕仁者，行之盛也，孔子所罕言者也。顏淵大賢，具體而微。其問仁與孔子告之為仁者，惟禮焉爾。仁不能舍禮但求諸理也。〔……〕夫仁根於性，而視聽言動則生於情者也。聖人不求諸理而求諸禮，蓋求諸理必至於師心，求諸禮始可以復性也。顏淵見道之高堅前後幾於杳渺而不可憑，迨至博文約禮，然後曰：『如有所立，卓爾』，即立於禮之立也。

所以，凌廷堪主張要恢復人之本性，只能經過「禮」的實踐這個過程，人的善良本性才能真正的恢復。凌廷堪的「禮」學論述，強調「求諸禮始可以復性」。孔子的「立於禮」這一項命題在李澤厚先生的《論語今讀》中，獲得最精當的發揮。李澤厚說：「『禮』作為人文、理性，正是規範、塑造、建立各種內心情感即人性所在的尺度，孔子之所以再三講『立於禮』、『克己復禮為仁』，均應作此解」，[14] 此說極為精當。

主張「禮」比「仁」具有優先性，這是十八世紀以來清儒的講法。凌廷堪引《論語》原典，駁斥朱子之以「己」為「私欲」是增字解經，接著再進一步指出朱注之誤，乃在朱子哲學所持理欲二元對立的學說之上。

凌廷堪申論以「禮」攝「仁」之宗旨，他的思想立場與十八世紀中日韓儒者的思想動向互相呼應，將第十世紀宋儒所講的「**理在事上**」翻轉而為「**理在事中**」。[15] 只有在「事」之中，才能找到「禮」，而不是在諸多的「事」之上，空懸一個「理」以駕馭各種「事」。

凌廷堪的「禮」學論述，目的是希望通過「禮」而使人人生而具有之「仁」落實，達到改善社會風俗之效果。因為十八世紀下半葉的中國是資本主義萌芽、商品經濟發達的時代，社會風俗日趨澆薄。凌廷堪關心的是「『善』能獲致何種社會效果？」這個問題，而不是「『善』的本質是什麼？」或「『善』如何可能？」的問題。從倫理學的立場上說，凌廷堪的論述是「反觀念論的」倫理學；他注意「禮」的利益，在思維方法上是「反形上學的」。凌廷堪的「禮」

學之經世目標，近於「功效倫理學」（Ethics of consequence）的哲學立場。可以說，凌廷堪的說法的效果就是《韓非子》書中所說的「買櫝還珠」，[16]其所得不償其所失。也因此，凌廷堪的這種解釋，背離先秦孔門原典對話中的原始本義。

孟子〈知言養氣章〉的思想內容

孟子〈知言養氣章〉也涉及本講關心的「自由」與「必然」，以及「個人」與「社群」之間的關係。我們先讀《孟子・公孫丑上》第二章：[17]

公孫丑問曰：「夫子加齊之卿相，得行道焉，雖由此霸王不異矣。如此，則動心否乎？」

孟子曰：「否。我四十不動心。」

曰：「若是，則夫子過孟賁遠矣。」

曰：「是不難，告子先我不動心。」

曰：「不動心有道乎？」

曰：「有。北宮黝之養勇也，不膚撓，不目逃，思以一豪挫於人，若撻之於市朝。不受於褐寬博，亦不受於萬乘之君。視刺萬乘之君，若刺褐夫。無嚴諸侯。惡聲至，必反之。孟施舍之所養勇也，曰：『視不勝猶勝也。量敵而後進，慮勝而後會，是畏三軍者也。舍豈能為必勝哉？能無懼而已矣。』孟施舍似曾子，北宮黝似子夏。夫二子之勇，未知其孰賢，然而孟施舍守約也。昔者曾子謂子襄曰：『子好勇乎？吾嘗聞大勇於夫子矣：自反而不縮，雖褐寬博，吾不惴焉；自反而縮，雖千萬人，吾往矣。』孟施舍之守氣，又不如曾子之守約也。」

曰：「敢問夫子之不動心，與告子之不動心，可得聞與？」「告子曰：『不得於言，勿求於心；不得於心，勿求於氣。』不得於心，勿求於氣，可；不得於言，勿求於心，不可。夫志，氣之帥也；氣，體之充也。夫志至焉，氣次焉。故曰：『持其志，無暴其氣。』」「既曰『志至焉，氣次焉』，又曰『持其志無暴其氣』者，何也？」

曰：「志壹則動氣，氣壹則動志也。今夫蹶者趨者，是氣也，而反動其心。」

「敢問夫子惡乎長？」

曰：「我知言，我善養吾浩然之氣。」

這是《孟子》全書最精采的一章，通稱為〈知言養氣〉章，思想深刻，意蘊豐富。公孫丑問孟子假設能執政，他的政治理想便能加以實踐，孟子會不會動心。孟子說他四十歲便已經不動心了。在中國古典中，四十歲是一個關鍵，「四十而不惑」，朱子注曰：「於事物之所當然，皆無所疑，則知之明而無所事守矣」；[18] 有人注「惑者，動也」，「惑」就是被外界撼動。公孫丑又問「不動心」有方法嗎？孟子說有，孟子舉出北宮黝、孟施舍作比較，認為孟施舍的養勇比較能抓住要點。

孟子又進一步分析說：「不得於心，勿求於氣，可；不得於言，勿求於心，不可。」聽一個人講話，無法了解時，就不應該在「氣」上探索，這是對的；但聽人講話，不懂他的話，「勿求於心」，這是不可以的。因為「夫志，氣之帥也；氣，體之充也。夫志至焉，氣次焉」。「志」，就是「心之所之」，「心」是首要，「氣」是次要，所以孟子主張養勇的方式，就是從養「心」著手。對孟子來說，養勇最大的長處，是「我知言，我善養吾浩然之氣」，一旦我「善養吾浩然之氣」，就可以聽懂別人的話。孟子這項論點，涉及人的生命中的「自由」與「必然」的問題，也觸及「個人」與「社群」之間的關係。

《孟子》〈知言養氣〉章的核心概念是「氣」。二十世紀哈佛大學著名學者史華慈（Benjamin I. Schwartz，一九一六—一九九九）說「氣」是中國文化中，不能翻譯成任何西方語言而具有中國文化特色的特殊術語；[19]「氣」在中國文化各領域幾乎無所不在，中國繪畫講求「氣韻生動」，中國文章講求「文氣通暢」；中國人講話講究「辭和氣婉」；中醫望、聞、問、切，以「六氣」解釋「六疾」；古代中國人占「雲氣」以卜吉凶；古代中國用兵之前要「利氣」、「延氣」；孟子講「養氣」，荀子講「治氣養心」。在中國思想的「身體」觀中，「身體」有其不完整性，器官有待於「身體」的部分器官（尤其是首或心）之指導，或「身體」以外的力量（如禮儀）之約制，才能趨向或臻於完整。「身體」從不完整臻於完整之關鍵，則在於「氣」，亦即流動性的「氣」貫通於人之「心」（意識）與「形」（形體），而使人的身體成為整合性之整體。孟子說「養吾浩然之氣」或「夜氣」，十七世紀日本古學派大師伊藤仁齋說「蓋天地之間，一元氣而已」，[20] 十九世紀日本陽明學者山田方谷（一八〇五—一八七七）說「天地萬物一大氣」。[21] 這種「氣」論，實有中國古代醫學理論中「身」與「心」的聯繫性的理論基礎。

《孟子．公孫丑上．二》〈知言養氣〉章有四個關鍵詞。包括：

「**知言**」：孟子的主張是「**以心定言**」，但朱子則解釋為以「理」定「言」，朱注：「知言，知理也。」[22] 在《朱子語類》中又說：「知言，正是格物、致知。苟不知言，則不能辨天下許多淫、邪、詖、遁。將以為仁，不知其非仁；將以為義，不知其非義，則將和以及異而生此浩然之氣。」[23] 因為朱子從知識活動的角度來理解孟子德行之學，所以與孟子差距甚大。在東方與西方所有偉大思想傳統中，知識活動與德行修持都有緊張性，如《中庸》「尊德性」與「道問學」；或基督宗教傳統中，「祈禱」與「讀經」，佛教傳統中「廣聞」與「修心」孰先的爭論。朱子以知識活動來理解德行之學，對孔孟之學是很大的歧出，但符合朱子自身的思路。

「四十不動心」：這句話的意思是：「心」有其獨立自主性，有其自發性，不需要另外實體來指導「心」。孔子說「四十而不惑」、孟子說「四十不動心」，他們均以四十為人生之關鍵年齡，孔孟都強調人到了四十之齡，就應該建立自己的「心」之自主性與自發性。

「勇」：先秦孔孟將「勇」區分為「血氣之勇」與「道德之勇」，而重視「道德之勇」的培育，他們一貫致力於以道德理性轉化原始生命力，使生命成為一個充滿生機的意義結構之網。

「養」：首先，「養」這個字有傳統義也有現代義，如《爾雅・釋詁》云：「頤、艾、育、養也」、[24]《易・說卦傳》：「坤也者，地也，萬物皆致養焉」、[25]《尚書・大禹謨》：「政在養民」、[26]《詩經・酌》：「遵養時晦」，[27]或《論語・為政》第七章：「今之孝者，是謂能養」，[28]都是養育之義。可是，孟子講「養吾浩然之氣」是創新義，不是傳統義。孟子又形容這種「浩然之氣」說：[29]

> 難言也。其為氣也，至大至剛，以直養而無害，則塞于天地之閒。其為氣也，配義與道；無是，餒也。是集義所生者，非義襲而取之也。行有不慊於心，則餒矣。

「氣」要配合「義」和「道」，否則「氣」便會萎縮，必須是「集義」，而不是從外面襲取。孟子在這裡所說的「養」是就道德修持而言，不是如飲食等實物上的「養」。

其次，孟子的「養氣」說開啟了「養」字義的「內轉」（inward turn），凸顯其作為儒家身體哲學的功能性概念。孟子主張以人文理性來轉化原始生命，把生理意義的「氣」轉化為具有人文理性內容的「浩然之氣」。也因此，「養氣」就是「養心」，用牟宗三先生的話講，這個「心」不是「認識心」，而是「道德心」。

第三，「養」的運作是一種順取的進路，即培育仁義之心，「集義」以「養氣」。在「養氣」之後，則又有「踐形」之說。關於「踐形」說的內涵，孟子說「形色，天性也。惟聖人然後可以踐形」，[30] 人的形體是天生的，但是聖人卻可以經由精神修為而轉化外在的形貌。孟子說「仁義禮智根於心，其生色也，睟然見於面。盎于背，施於四體，四體不言而喻」，[31] 這種道德意識早就根源在心中，表現在外，展現在臉、背、四體等形體之上。在孟子思想中，人的生命可以分為三大層次：「心」、「氣」、「形」。養心即「養浩然之氣」，「浩然之氣」展現在「踐形」上。換言之，身體是「自我」與「世界」接觸的平台，身體是精神的載體。

孟子「知言養氣」說，所強調的是原始生命完全理性化之後，所呈現的綜合生命力。生理活動接受理性（意志）的指導，既屬存有意義的自然世界，又屬創生意義的文化世界，孟子又賦予「氣」以倫理學內涵。綜上所述，「養氣」之說頗能印證中國科技史大師李約瑟（Joseph Needham，一九〇〇—一九九五）所說，中國古代思想特質在於「有機體論」（organicism）的主張。[32]

結論與啟示

本講以《論語》「克己復禮」章與《孟子》「知言養氣」章為中心，分析《論語》說「為仁由己」、《孟子》說「我善養吾浩然之氣」這兩項命題時，都指向個人「主體自由」，可是他們都認為「主體自由」必須在「客觀秩序」之中才有可能獲得。因此，孔子說「克己復禮為仁」，孟子說「我知言」，亦即在「自我」與「他者」互動脈絡之中，思考「知言」如何可能之問題，一旦與「他者」互動，就必然涉及「客觀秩序」的問題。孔孟都指向「生命力」的充實與提升，但我想進一層強調的是：「生命力」的培養，關鍵在於感恩之心的升起。二〇一七年Jamie Ducharme在《時代雜誌》（*Time*）有一篇文章，概括最近美國西北大學（Northwestern University）研究團隊的研究說，感恩會帶來七種令人驚奇的健康利益，可以使人更有耐心、改善關係、改善自我照顧、改善睡眠、不會吃太多、改善憂鬱症、感到幸福。[33] 現在的問題是：感恩之心要從何處培養起來？我認為，感恩之心是起於從「他者」立場思考問題。如第八講裡探討友誼的基礎，正是在於從他者的立場出發思考。因此，通過本講相關分析，本講得出以下結論：

第一，孔孟主張「生命力」比「能力」更重要。孔子說「為仁由己，而由人乎？」[34] 孟子說「我知言，我善養吾浩然之氣」[35] 都指向一種生命力的培養與茁壯的問題。我們可以舉出兩位歷史人物為例：第一是孫中山（一八六六—一九二五）先生，孫中山推動反清革命多年，失敗十一次，以單薄之力團結民眾對抗滿清王朝，摧枯拉朽，建立亞洲第一個民主共和國；第二位是二〇一八年已過世的美國資深參議員約翰・馬侃（John McCain，一九三六—二〇一八），馬侃是美國海軍戰爭學院（Navy War College）高材生，他的祖父、父親都是海軍上將，馬侃在越戰時是戰鬥機飛行員，被越共俘虜，卻不願意放棄同僚而拒絕提早被釋放，因而被拘禁五年半，而且造成永久創傷。這兩位歷史人物都表現出生命力比能力重要的人格力量。

第二，孔子「克己復禮為仁」說開發之創新課題，值得我們深思。東亞各國儒者對孔子「克己復禮為仁」說的解釋言論方向甚多，可歸納為：（一）「主體自由」與「客觀秩序」之間的辯證性關係；（二）「自我」與「世界」之關係；（三）「自我」之修養工夫論，特別是孟子的「知言養氣」如何進行這個問題，有精采的發揮。其中，「主體自由」與「客觀秩序」互動之問題，在二十一世紀「自我」與「他者」頻繁互動的全球化時代裡，更具有嶄新的時代意涵。孔子重視「主體自由」，但又不忽視「客觀秩序」，並在兩者之間力求平衡。孔子的智慧在二〇二〇年以後新冠病毒肆虐的時代裡，取得了新的意義，也具有新的啟示。在病毒席捲全球的時刻，如何節制過度的個人主義，為有效防疫而服從「秩序」，但又能適度尊重個人之「主體自由」，孔子所說的「克己復禮為仁」，似乎為我們指出一條可能的出路。

第三，孟子「養浩然之氣」說之核心問題，在於「自我」與「他者」的互動，表現在以下五個層面：（一）「自我」與「他者」的關係；（二）「言」與「意」的關係，因為「我知言」，就是知道別人的「意」，知道別人的「心」，以「心」定「言」，以「心」養「氣」；（三）「個人」與「社會」之關係，亦可說是自由與秩序的關係；（四）「有形」與「無形」的關係；（五）「內在」與「外在」的關係。如何在以上這五種光譜的兩端之間都取得聯繫，並建立某種動態的互動與平衡之關係，這是孟子養氣之學引導二十一世紀的人深思的問題。

附錄

一、閱讀作業：

1.《論語・顏淵・一》
2.《孟子・公孫丑上・一》

二、延伸閱讀：

1. 黃俊傑，《東亞儒家仁學史論》（台北：臺灣大學出版中心，二〇一七），第四章：〈東亞儒家「仁」之內涵（二）：孔子「克己復禮為仁」說與東亞儒者的詮釋〉，頁一三五—二一〇。
2. 黃俊傑，〈孟子理想中的生命型態〉，收入《孟子》（台北：東大圖書公司，二〇〇六），頁三九—八二。
3. 黃俊傑，〈孟子思想中的生命觀〉，收入《孟學思想史論》（卷一）（台北：東大圖書公司，一九九一），頁二九—六八。

三、思考問題：

1. 孔子所提出「克己復禮為仁」這項命題，涉及「主體自由」與「客體秩序」之辯證性關係。請從孔學立場出發，申論您對「自由」與「秩序」關係之看法。
2. 孟子提出「我知言，我善養吾浩然之氣」這項命題，涉及「自我」與

「世界」之關係。請從孟子學立場出發，申論您對「自我」與「世界」的關係之看法。

四、關鍵詞：

1. 克己復禮為仁
2. 以「仁」攝「禮」
3. 由「禮」顯「仁」
4. 理在事上
5. 理在事中

五、本講內容架構圖：

第九講・在二十一世紀「自由」與「秩序」的張力之中，人應該如何安身立命？

引言

- 在人之實存情境中，「自由」與「秩序」有其辯證性關係：（一）互為依賴性（二）互為緊張性
- 兩種「自由」：（一）積極的自由（二）消極的自由
- 兩種「秩序」／「必然」：（一）硬的秩序：法律條文（二）軟的秩序：禮儀傳統
- 本講問題：（一）孔孟如何思考「自由」vs.「秩序」／「必然」的互動問題？（二）孔孟的思考對二十一世紀有何新啟示？

「克己復禮為仁」說的新解釋：「仁」「禮」關係重探

- 理論內涵與實踐過程中的「仁」「禮」關係：（一）理論內涵—本末關係／先後關係／體用關係（二）實踐過程—互相滲透性／相互緊張性
- 對清儒的批判

東亞儒者對「克己復禮為仁」說的詮釋

- 中國：（一）「克己復禮」的詮釋及其理論問題（二）何以「一日克己復禮」，就可以「天下歸仁」？（三）既言「克己」，何以又言「由己」？
- 日本與朝鮮：（一）十七世紀日本荻生徂徠（二）朝鮮儒者丁茶山

孟子〈知言養氣章〉的思想內容

- 〈孟子・公孫丑上・二〉
- 中國思想中「身體」的不完整性及其臻於完整之關鍵：「氣」論
- 孟子〈知言養氣章〉的思想內容
- 孟子「養氣」在古代中國「氣」論中的地位
- 從個人的轉化到世界的轉化
- 孟子「知言養氣」的思想史意義

結論與啟示

- 孔子主張「生命力」比「能力」更重要
- 孔子「克己復禮為仁」說開發之創新課題
- 孟子「養浩然之氣」說之核心問題，在於「自我」與「他者」的互動

注釋

1 Isaiah Berlin, *Four Essays on Liberty* (Oxford: Oxford University Press, 1969, 1977), pp. 121-154；中譯本：以撒・柏林（Isaiah Berlin）著，陳曉林譯，《自由四論》，第四章，〈兩種自由概念〉，尤其是頁二四一。

2 本節講授內容係拙著之摘要，詳細論證另詳拙著，《東亞儒家仁學史論》，第四章第三節，頁一五〇—一七九。

3 〔宋〕朱熹，《論語集注》，收入《四書章句集注》，頁一八一—一八二。

4 《孟子・盡心上・一》：「盡其心者，知其性也。知其性，則知天矣」，見〔宋〕朱熹，《四書章句集注》，頁四八九。

5 〔明〕王陽明，《大學問》，收入《王陽明全集》，下冊，卷二六，頁九六八。

6 《論語・陽貨・一一》，見〔宋〕朱熹，《四書章句集注》，頁二五〇。

7 〔韓〕丁若鏞，《論語古今注》，卷六，〈顏淵第十二〉，收入茶山學術文化財團編，《（校勘・標點）定本與猶堂全書》（首爾：茶山學術文化財團，二〇一二），第九冊，頁一五—一六。

8 杜維明說：「『禮』是『仁』的外在體現，但『禮』不僅僅是一種形式，而是能夠充分體現『仁』，從而在人倫日用中達到最高價值的一種活動。所以我提出一個觀念，就是作為人文化的禮化過程（Ritualization as humanization）」，見杜維明，《詮釋《論語》「克己復禮為仁」章方法的反思》（台北：中央研究院中國文哲研究所，二〇一五），頁一八。

9 關於「內在價值」的含義，參見：G. E. Moore, ed. by William H. Shaw, *Ethics and the Nature of Moral*

Philosophy (Oxford: Clarendon Press, 2005), chap. 7, pp. 116-131。

10 原文：“How much better is it to weep at joy than to joy at weeping”見〔英〕莎士比亞（William Shakespeare）著，朱生豪譯，《無事煩惱》（台北：世界書局，二〇一七），頁七。

11〔清〕凌廷堪，《校禮堂文集》（北京：中華書局，一九九八），卷四，〈雜著一・復禮上〉，頁二八—二九。

12 同上注，〈雜著一・復禮中〉，頁二九—三〇。

13 同上注，〈雜著一・復禮下〉，頁三一—三二。

14 李澤厚，《論語今讀》，頁二二五。

15 黃俊傑，《東亞文化交流中的儒家經典與理念：互動、轉化與融合》，第三章，頁六一—八四；Chun-chieh Huang, *East Asian Confucianisms: Texts in Contexts* (Göttingen and Taipei: V & R Unipress and National Taiwan University Press, 2015), chapter 7, pp. 131-148.

16〔戰國〕韓非著，趙沛注說，《韓非子》（開封：河南大學出版社，二〇〇八），〈外儲說・左上〉，頁二八八。

17〔宋〕朱熹，《孟子集注》，收入《四書章句集注》，頁三一七—三一八。

18 同上注，頁七一。

19 Benjamin I. Schwartz, *The World of Thought in Ancient China* (Cambridge, Mass.: The Belknap Press of Harvard University Press, 1985), Chap. 5, pp. 179-184.

20〔日〕伊藤仁齋，《語孟字義》，收入〔日〕井上哲次郎、蟹江義丸編，《日本倫理彙編》（東京：育成會，一九〇一），上卷，頁一一。

21〔日〕山田球，《孟子養氣章或問圖解》（東京弘道書院藏版）（大阪：惟明堂大阪支店，一九〇二），頁六下。

22〔宋〕黎靖德編，《朱子語類（二）》，收入《朱子全書》，第十五冊，卷五二，頁一七〇八。

23 同上注，頁一七三二。

24 〔晉〕郭璞注，〔宋〕邢昺疏，《十三經注疏・爾雅注疏》，卷二，〈釋訓・三〉，頁五五。

25 高亨，《周易大傳今注》（濟南：齊魯書社，一九七九），頁六一三。

26 〔漢〕孔安國傳，〔唐〕孔穎達疏，《尚書正義》，卷四，〈大禹謨〉，頁八九。

27 〔漢〕毛亨傳，〔漢〕鄭玄箋，〔唐〕孔穎達疏，《毛詩正義》，卷一九，〈周頌・酌〉，頁一六一〇。

28 〔宋〕朱熹，《論語集注》，收入《四書章句集注》，頁七三。

29 《孟子・公孫丑上・二》，見〔宋〕朱熹，《四書章句集注》，頁三一九。

30 《孟子・盡心上・三八》，見〔宋〕朱熹，《四書章句集注》，頁五〇六。

31 《孟子・盡心上・二一》，見〔宋〕朱熹，《四書章句集注》，頁四九七。

32 Joseph Needham, *Science and Civilization in China Vol.2：History of Scientific Thought*（Cambridge: Cambridge University Press, 1956），pp. 286-287.

33 Jamie Ducharme, "7 Surprising Health Benefits of Gratitude," *Time*（2017）；參見網頁版：https://time.com/5026174/health-benefits-of-gratitude/。

34 《論語・顏淵・一》，見〔宋〕朱熹，《四書章句集注》，頁一八一。

35 《孟子・公孫丑上・二》，見〔宋〕朱熹，《四書章句集注》，頁三一八。

第十講

人如何面對死亡？

引言

人生在世，數十寒暑，如何生得精采，死得安詳？這是每個人生命永恆的挑戰。蘇格拉底（Socrates，四六九—三九九BCE）在西元前三九九年以「腐化雅典青年」之名被判死刑，他喝下毒藥以後，已經躺下去，忽然又起來，對他旁邊的人說，請代為向某人送還一隻公雞，對方說好，然後蘇格拉底才又躺下去直至死亡。孔子也講「朝聞道，夕死可矣」，[1] 但生死畢竟是大事，在孔子最欣賞的學生顏淵死去時，孔子非常傷心地說：「噫！天喪予！天喪予！」[2] 人出生之後，有兩件事情是無法確定的：什麼時候死亡，以及以何種方式死亡。但同時，人又有兩個確定：確定會死、確定不知什麼時候與以何種方式死亡。在動亂的當前世局中，阿富汗首都喀布爾的年輕人，每天面臨隨時隨地發生的汽車炸彈案，體會死亡就近在身邊，他們隨身攜帶「口袋卡」寫上自己的姓名、血型、家人聯絡電話。在動亂的時代裡，人隨時可能死亡的恐懼揮之不去。藏傳佛教宗喀巴大師（一三五七—一四一九）在《菩提道次第廣論》說「思決定死，思維死無定期。思維死時除法而外，餘皆無益」，[3] 正是闡釋這個道理。

二十世紀英國人類學家馬林諾夫斯基（Bronislaw Kaspar Malinowski，一八八四—一九四二）曾經說，死亡在人生的一切事件中最具破壞性，所以「人類心理上，或者說在生理上，有一種自然的對於死亡的反抗。覺得死原不是真的，或以為人還有一個靈魂，而這靈魂是永生的等，都是由於一種否認個人燬滅的深刻需要而產生的」，[4] 死亡確實是人的一生之中，最重大而無法逃避的一件事情。戰後法國存在主義哲學家卡繆（Albert Camus，一九一三—一九六〇）曾說：「只有一個哲學問題是真正嚴肅的，那就是自殺。判斷人生究竟是否值得活下去，就等於答覆了哲學的根本問題。」[5] 卡謬這句話也許是說，自殺之所以是一個真正嚴肅的哲學問題，正是因為它直接涉及生死問題，更觸及生命的意義問題。

我們看到歷代偉大儒門人物，都很嚴肅面對生死這個問題。王陽明（一四七二—一五二九）一生只活了五十七歲，他在嘉靖七年（一五二九年一月九日）在福建南安命終時，學生問他有何遺言，王陽明只道出「此心光明，亦復何言？」[6] 八個字，這與他另外一首詩的「吾心自有光明月」[7] 互相呼應，反映出一種「心學」的智慧。這種「心學」可說是東方最偉大的傳統，孔孟之學其實就是一種「心學」，所以有人稱為「孔門心法」。可是，在孔子的人性論中，有許多問題並沒有解決，例如「人的善性從何而來？」，這個問題要到孟子才提出「四端之心」的理論而加以解決。陽明後學王艮（原名王銀，字汝止，號心齋，一四八三—一五四一）是泰州學派的創始人，他只活五十八歲，據《王心齋全集》的記載，王艮臨終時，見學生們在他身邊大哭，便向其中一人說：「汝知學，吾復何憂？」又跟弟子說：你有一個哥哥知道心學，我何必再擔心你們呢？你們只要能好好服侍他，人生的苦患離索，互相切磋，也就自有益處。[8] 其中，並無一句話提及死亡或其他事情。又如陽明後學羅汝芳（字惟德，號近溪，一五一五—一五八八）命終前夕，端坐堂中，命孫子與他進酒，再跟弟子一一道別。弟子們懇求他予多留一天，於是到了次日才去世。[9]

「生死學」是現代哲學的新興領域。不過講「生死學」，現代學者常常根據西方的研究文獻來論述，而西方的「生死觀」論述，有其猶太基督宗教文明作為背景。從研究的觀點來講，全盤根據西方經驗來建立的「生死學」，實際上還有很大的發展空間，如上述陽明學的大師面對死亡問題時候的行止，不禁讓人好奇，在「死亡」之前，為何人能如此淡定？因此，本講將以兩個問題來深叩孔孟。第一，孔孟如何思考「生」「死」問題？孔孟生死觀潛藏哪些人文精神價值理念？第二，孔孟生死觀與道家、佛教與基督教生死觀有何差異？

孔孟生死觀及其價值理念

孔孟生死觀的主要命題，可以歸納為三點：第一，孔孟生死觀建立在天命觀之上，兩者有深刻的關係，亦即「義」、「命」分立之說。所謂「義」是人的自覺心可以主動控制的領域，而所謂的「命」是人的生命與生俱來的客觀限制的問題。孔子主張我們要致力於自覺主宰之領域，而把客觀限制的領域當作一個事實，一個物質的客觀的原理，認知它就好。孔子最有名的表述，就是《論語・為政》第四章所說的「吾十有五而志於學，三十而立，四十而不惑，五十而知天命，六十而耳順，七十而從心所欲不踰矩」。[10] 所謂「知天命」可以說就是知道客觀限制之領域。

古代中國對「命」的態度有四種型態：第一種是義命相混，如墨子（四六八—三七六 BCE）的「天命」觀，認為「命」不可違。第二種是認為「命」有必然性，但只以「命」歸於事實意義之「必然」，於是主張人了解事實之必然規律，而以為人應順此規律以行動。第三種是主張超離「命」的控制，如道家無為之說。第四種則是孔孟所說的「義」、「命」分立，他們區分「義」與「命」，對「自覺主宰」與「客觀世界」同時承認，各自劃定其領域，就主宰性以立價值標準與文化理念，只將一切客觀限制視為質料條件。[11] 可以說，孔孟思想中的「宗教性」就是融入於「禮教性」之中，這是中國文化最重要的特點。[12] 民國十一年（一九二二），佛教徒歐陽竟無（一八七一—一九四三）有一場演講，題目是〈佛法非宗教非哲學而為今時所必需〉，其實不僅佛法是「非宗教非哲學」，孔孟思想也不是西方文化脈絡中的「宗教」，儒學沒有走向體制化宗教的道路，可是不能說儒家沒有宗教情懷，孔孟的「宗教性」就是融入在生活的「日常性」之中，因為孔孟以下的儒家都致力於「體神化不測之妙於人倫日用之間」。[13]

第二個重要命題是：「死」的意義在「生」之中彰顯。孔孟主張生命的重心在「此世」

（this-worldliness）而不是在彼世（other-worldliness），最著名的是《論語・先進》第十一章孔子說的「未知生，焉知死？」[14] 這句話兩千年來有各種解釋，朱子的解釋比較能掌握孔子的意旨。朱子說：[15]

> 問事鬼神，蓋求所以奉祭祀之意。而死者人之所必有，不可不知，皆切問也。然**非誠敬足以事人，則必不能事神**；非原始而知所以生，則必不能反終而知所以死。蓋**幽明始終，初無二理，但學之有序，不可躐**等，故夫子告之如此。

依朱子的詮釋，孔子認為死亡是每個人都將經歷的事件，不可以不知道，這是切要的問題，但是如果不是立足於誠敬而與他人相處，則沒有辦法服侍鬼神。因為死的事情與活的世界的道理始終一貫，不是兩種道理，可是學習有順序，孔子認為應先學習可掌握的部分。這也是兩千年來東亞儒者一致的態度。

道家對生死問題的看法，也常與儒家互相呼應，《莊子・大宗師》說：「善吾生者，乃所以善吾死也。」[16] 根據朱子的解釋，「死」與「生」其實是同一個光譜持續的發展，不是說「死」是一個道理，「生」是一個道理。程顥（明道，一〇三二—一〇八五）說：「死生存亡皆知所從來，胸中瑩然無疑，止此理爾。孔子言『未知生，焉知死』，蓋略言之。死之事即生是也，更無別理」，[17] 也許是朱子說法之所本。

第三個命題是，孔孟認為道德價值優先於生理的生命之價值，所以他們主張「捨生取義」、主張「殺生成仁」，《孟子・告子上》第十章說：「生，亦我所欲也，義，亦我所欲也；二者不可得兼，捨生而取義者也。」[18] 這是由於他們認為「朝聞道，夕死可矣」，「道」比「死」更重要。荀子思想有許多方面與孔子不同，但在生死問題上，看法卻是一致。《荀子・正名》說：「人之所欲，生甚矣；人之惡，死甚矣；然而人有從生成死者，非不欲生而欲死也，不可以生而可以死也」，[19] 這裡「從生成死」不就是「捨生取義」的另一種說法嗎？「從生成死」一個最好的例子是，戊戌變法失敗後，滿清官方搜捕參與變法人士，維新人士梁啟超（一八七三—一九二九）極力勸譚嗣同（一八六五—一八九八）流亡海外以避禍，但是譚嗣同卻直言：[20]

> 各國變法，無不從流血而成。今中國未聞有因變法而流血者，此國之所以不昌也。有之，請自嗣同始！

從這個個案來看，「從生成死」這個理想的實踐，涉及到生命力的問題，值得深思。

第四個命題是，孔孟在社會文化脈絡中處理生死問題。以荀子的《禮論》為代表，荀子

說：[21]

禮者，謹於治生死者也。生，人之始也；死，人之終也。終始俱善，人道畢矣。故君子敬始而慎終。終始如一，是君子之道，禮義之文也。

生死問題之於荀子，始終是在現實社會文化之中的問題，而不在於現實以外的他界之中。

根據余英時先生《東漢生死觀》一書的研究，在佛教來華以前，古代中國已有冥府信仰。[22]他引用了一九七三年長沙馬王堆三號漢墓的〈告地策〉：「十二年二月乙巳朔戊辰。家丞奮移主贓（藏）郎中。移贓物一編，書到先選（撰）句奏主贓君。」這是一篇告地下冥府主贓君的公文。主贓君也就是後來道教在佛教影響下構造出來的閻羅王，可見漢代已有初期的冥府信仰。

據余英時先生的研究，漢朝時還有「復」即「招魂」的儀式，以及「天堂」與「陰間」對立的觀念，相應於「魂」與「魄」。[23]佛教傳入中國以前，有關天堂和陰間的信仰，和魂魄二元論的觀念緊密相連。人死之後，魂和魄被認為是朝不同的方向離去，前者上天，後者入地。佛教傳入後，來世天堂和地獄相對立的觀念，才得以在中國思想裡充分發展。

孔孟與道家、佛教及基督教生死觀的對比

道家基本上將「生」和「死」當作自然一體的過程。《莊子・至樂》：「死生為晝夜」、[24]《莊子・田子方》：「死生終始將為晝夜」、[25]《莊子・知北遊》：「人生天地之間，若白駒之過郤，忽然而已。」[26] 認為「生」與「死」就好像晝夜一般，又認為人生天地之間，好像一匹白色的馬跑過石頭的間隙，忽然而已。所以莊子說，誰如果能知道生死存亡是一體的自然的過程，那我就可以跟他交朋友了。《莊子・知北遊》又說：「生也死之徒，死也生之始」，[27] 有生必有死，以前有一個三十多歲女子自殺，遺書寫說自殺的原因是，不忍心看到自己一天比一天年華老去。如果按照這個理由，大部分人豈不是都要自行了斷？因為人一生下來就一天一天走向「天增歲月人減壽」的殘酷事實。莊子的達觀的態度，就是將「生」和「死」當作自然一體循環的過程。

第二，道家對生死問題，常用「氣」之聚散來解釋，有一部分儒家學者也用「氣」的概念來解釋生死，不一定是他們受道家影響，而是因為「氣」的概念是中國思想史上共同的概念，表現在中國文化與社會生活的各個方面，如中醫師強調「血氣暢通」，知識分子撰文力求文氣通暢，畫畫講求氣韻生動等等，而孟子則加以轉化成「養浩然之氣」。《莊子・知北遊》說：「人

之生，氣之聚也。聚則為生，散則為死。」[28] 所以莊子妻死，莊子「箕踞鼓盆而歌」，[29] 因為莊子視生死為一體之過程，所以他達觀以對。莊子還用隱喻手法，去跟骷髏對話，骷髏說：「吾安能棄南面王樂而復為人間之勞乎！」[30] 意謂我哪能放棄死後好像為王的快樂，再去承擔人間的那種苦勞呢？

莊子論生死問題使用「氣」這個概念，有一部分儒家學者特別是宋朝以後有一些儒家學者，也用「氣」這個概念來解釋人的生死問題。在朱子之前，如東漢末年王充（二七—？CE）也用「氣」來解釋人之生死。十七世紀的王夫之（船山，一六一九—一六九二）講物的始生是因為「氣」的聚散，北宋以下特別是十七世紀明朝末年以後，「氣」論成為整個中日韓東亞思想界的主流論述。

佛教思考生死問題，從「四諦」「十二因緣」展開：「四諦」（苦、集、滅、道），佛教指出生命的本質就是「苦」，為什麼會有「苦」這個果呢？就是有「因」，而且是「因」的所「集」。因此，要追求這個果，要「集」滅，才能得「道」。歷來對「四諦」的解釋很多，最精簡的是《大般若經》所說：「苦是逼迫相，集是生起相，滅是寂靜相，道是出離相。自性本空，遠離二法，是聖者諦。」[31] 會生起「苦」這個逼迫之相狀，是因為「集」、「滅」是果，是寂靜的相狀，而要得到寂靜的相狀這個果，必須致力於出離的因，也就是求「道」。

關於「因緣」這個概念，我們可以看《大般若經》說：「譬如箜篌，依止種種因緣和合而有聲生（……）要和合時，其聲方起。是聲生位無所從來，於息滅時無所至去。」[32]「箜篌」是古代印度的樂器，音樂家彈奏「箜篌」時，不知道聲音從何而來，不彈奏以後聲音就消逝，不知跑到哪裡去了。佛教用「箜篌」這個古印度的樂器解釋生命的本質，樂曲從箜篌產生是「因」跟「緣」的和合而成。依此，生命的本質是「無常」，如《心經》所說「如夢幻泡影」[33]這句話，指出生命恆處於變遷之中，所以「如夢幻泡影」，這不是悲觀，而是實觀。《大般若經》說：「愚夫異生，愚癡顛倒，於無相法起有法想。執著五蘊，於無常中起於常想。於諸苦中，起於樂想。於無我中，起於我想。於不淨中，起於淨想。於無性中，執著有性。」[34]我們可以從我們求學的臺大校園這項事實來解釋：臺大作為一所現代大學，創立於一九二八年，發展至於今日，好像是一個永恆或恆常的事實；但是，我們必須指出：臺大這個現象表面上的恆常性，卻立基在無時無刻都在進行中的變異性之上。當我們講「此時此刻」這句話的時候，有教授在辦理退休，有新的教授進用，可能有同學退學，或者轉學。甚至校園裡每一朵燦爛的杜鵑花、草坪上每一根小草，都在生滅變化之中，所以「臺大」這個現象實際上是恆處於變動之中，所以我們不可以執「無常」以為有常。

佛教用十二因緣解釋生命的循環，可是因緣是「空」，而「空」不是虛無（nothingness），因為認知生命的本質是「空」，而又要認知生命中有「果報」，這就涉及十二因緣中的無限生命觀。所謂「十二因緣」就是：無明（Avijja）、行（Sankhara）、識（Vinnana）、名色

（Namarupa）、六入（Sadayatana）、觸（Phassa）、受（Vedana）、愛（Tanha）、取（Upadana）、有（Bhava）、生（Jati）、老死（Jaramarana），再回到「無明」。佛教強調十二因緣中的「識」，不是靈魂（如柏拉圖所說）而是「神識」的輪迴與再生。從對於「十二因緣」輪迴的認識之中，我們產生了一種正面的價值觀，那就是：生命的提升與永續是可能的。所以佛門中人認為修學佛法，是為了使來生更美好，以達到生生增上的生命目標。這對二十一世紀的人類而言，是最重要的一個方向，也就是「永續發展（sustainable development）」的價值觀，我們可以開發很多新的意義。

「十二因緣」觀由印度原始佛教到漢傳佛教、藏傳佛教，再東傳朝鮮半島與日本，是所有佛教宗派共享的思想概念。在佛教經典中，對「十二因緣」解釋得比較清楚的是龍樹菩薩造、鳩摩羅什譯的《大智度論》：[35]

> 過去世一切煩惱，是名「無明」。從無明生業，能作世界果，故名為「行」。從「行」生垢心，初身因，如犢子識母，自相識故，名為「識」。是「識」共生無色四陰，及是所住色，是名「名色」。是「名色」中生眼等六情，是名「六入」。情、塵、識合，是名為「觸」。從觸生「受」。受中心著，是名「渴愛」。渴愛因緣求，是名「取」。從取後世因緣業，是名「有」。從有還受後世五眾，是名「生」。從生五眾熟

壞，是名「老死」。

龍樹菩薩對於生命從「無明」到「老死」的解釋比較容易理解。

相對來講，柏拉圖（Plato，四二九—三四七BCE）主張靈魂不滅。在柏拉圖的《斐陀篇》中，柏拉圖說：「我們的靈魂是存在於我們的生死之前」（"Our soul's existence before our birth stands or falls"），[36] 所以柏拉圖的知識論主張，我們此生之所以能夠學到很多東西，是因為對過去生的回憶，所以知識乃是回憶，是柏拉圖知識論一個重要命題。

基督教對生死問題，既不講「神識」，也不講柏拉圖式的「靈魂」，而是講最後的主再臨的時刻，死而復活是可能的。如《新約全書．哥林多後書》第四章說：「外體雖然毀壞，內心卻一天新似一天」，[37] 以及《舊約全書．但以理書》第十二章說：「睡在塵埃中的，必有多人復醒，其中必有得永生者。」[38]

總結上述對比，是為了彰顯儒家的生死觀的特質。當我們問儒家的生死觀有何特點時，事實上已蘊含了某種比較的視野。亞里斯多德《詩學》講美感產生於反諷，也是從比較而來。在對比之下，儒家以生理之「死」作為文化之「生」的開始。道家將生死視為自然之過程，而儒家則將自然加以「人文化」，因此儒家可以說是一種人文理性的宗教；又，儒家不講生命輪迴、靈魂不滅或死而復活，儒家只講「殺身成仁」(如孔子)，講「捨生取義」(如孟子)，講「從生成死」（如荀子）。儒家這種觀點，可以進一步從他們對歷史人物管仲的個案作為焦點，來加以檢視。

孔孟對管仲個案的評論

儒家對生死的看法，可以用管仲（七三〇—六四五BCE）這個案作為分析的聚焦點。管仲是孔子出生之前九十六年齊國的大政治家。在《論語》《孟子》裡，談到管仲的地方甚多。在《論語》中出現的自堯至周代的歷史人物共一四〇人，孔子同時代的弟子則有二十七人，除了堯、舜、禹、湯、孔、孟等之外，管仲其人其事在東亞儒者之間最受矚目，其爭議性也極大。

按照春秋時代的政治倫理，君主被殺，臣下應該如召忽那樣自殺以示忠誠，但是管仲卻沒有自殺，而且還繼續為前政敵也就是後來的齊桓公（在位於六八五—六四三BCE）服務，當他的「相」。春秋時代的「相」之位階與權力均較低，與秦漢帝國以後的「宰相」不可同日而語，但是春秋時代的「相」還是重要政治領導人。針對管仲的個案，孔子與他的學生曾有數次討論，《論語・憲問》第十七章：[39]

子路曰：「桓公殺公子糾，召忽死之，管仲不死。」

曰：「未仁乎？」

子曰：「桓公九合諸侯，不以兵車，管仲之力也。**如其仁**！**如其仁**！」

「如其仁」，意謂應該接近仁者了吧。「九」字，朱子解釋為：「九者，糾也。」[40] 可是清朝學者考證，《論語》的「九」是實數非虛數，即齊桓公確實九次大會諸侯，而成為春秋五霸之一，這是管仲的功勞。這是孔子年輕時跟子路的對話，這時孔子是從管仲善盡臣道這個角度來說管仲「如其仁」。

在孔子跟子貢的另一場對話中，子貢（五二〇—？BCE）說管仲應該不是仁者。《論語・憲問》第十八章記載：[41]

子貢曰：「管仲非仁者與？桓公殺公子糾，不能死，又相之。」

子曰：「管仲相桓公，霸諸侯，一匡天下，民到于今受其賜。微管仲，吾其被髮左衽矣！豈若匹夫匹婦之為諒也，自經於溝瀆，而莫之知也！」

「微」就是「如果沒有」的意思。「被髮左衽」就是用夷狄的服飾，來隱喻華夏文化的滅絕。

孔子說管仲豈如一般人的愚忠，自殺而沒有人知道他的姓名。孔子重視華夏文化的延續，他稱許管仲的政治功業嘉惠人民，延續文化慧命。

可是，到了戰國時代的孟子，對管仲的評價就與孔子頗有不同。公孫丑問孟子，如果孟子在齊國主政，管仲、晏子之功業可以再現吧？孟子卻認為管仲、晏子的功業不足道，不能跟自己理想中的「王道」相比。在《孟子．公孫丑下》第二章孟子又指出他的理想說：[42]

> 豈謂是與？曾子曰：『晉楚之富，不可及也。彼以其富，我以吾仁；彼以其爵，我以吾義，吾何慊乎哉？』夫豈不義而曾子言之？是或一道也。天下有達尊三：爵一，齒一，德一。朝廷莫如爵，鄉黨莫如齒，輔世長民莫如德。惡得有其一，以慢其二哉？故將大有為之君，必有所不召之臣。欲有謀焉，則就之。其尊德樂道，不如是不足與有為也。故湯之於伊尹，學焉而後臣之，故不勞而王；桓公之於管仲，學焉而後臣之，故不勞而霸。今天下地醜德齊，莫能相尚。無他，好臣其所教，而不好臣其所受教。湯之於伊尹，桓公之於管仲，則不敢召。管仲且猶不可召，而況不為管仲者乎？

孟子認為「德」比「爵」或「齒」更重要，如齊桓公對管仲，都不敢召見他來談事情，而是去管仲的地方討論，何況是那些不願意作管仲的人（暗喻孟子自己）呢？在這一段對話中，孟子挺立了兩千多年來中國讀書人應有的風範，以及強韌的內在生命力。

到了西元第十一世紀，北宋大儒程頤（伊川，一〇三三—一一〇七）說，管仲的功業是有功而無罪，所以孔子特別稱讚管仲的功業。可是到了南宋朱子（晦庵，一一三〇—一二〇〇）卻持批判的態度，朱子認為「管仲之德，不勝其才」，[43]「管仲不知王道而行霸術」，[44]所以「管仲雖未得為仁人，而其利澤及人，則有仁之功矣。」[45]因為管仲不行王道而行霸術，「王、霸之辨」是兩千年來東亞儒家政治思想的核心問題之一。

管仲個案顯示春秋時代對一家一姓狹義的「忠」，與廣義的「仁」之間的衝突。朝鮮與日本的儒者絕大部分都是推崇管仲為仁者的。例如韓儒丁茶山（一七六二—一八三六）云：「召忽之死，固為仁矣，管仲之事，未必為不仁也。王珪、魏徵，亦其所秉者如此，必以殉死為仁者，違於經也。」[46]他們之所以如此，是因為日、韓儒家的倫理學基本上傾向於「功效倫理學」，而宋朝以後中國的倫理學思想主流是一種「存心倫理學」。兩者的差別在於，「存心倫理學」判定一個行為之道德意義時所根據的主要判準，並非該行為所產生或可能產生的後果，而是行為主體之存心。亦即用心好，結果則好，反之則否。相對於中國從十四世紀以後「存心倫理學」的昂揚，日、韓則採取「功效倫理學」的立場，即一個行為的道德價值之最後判準在於該行為所產生或可能產生的後果。管仲不自殺所產生的後果很好，因為管仲為齊桓公創造了政治功業，嘉惠人民，所以在日、韓兩地備受推崇。

針對管仲這個歷史公案的另一思考點就是，質疑他沒有自殺，到底是為公還是為私？可是更複雜的另一個可能性是，歷史上有些個案表面的為「公」實際上可能是為「私」。還有，狹義的「忠」與廣義的「仁」之間也有張力的問題。

結論與啟示

今天我們講的「死亡」學，其實是「實」學。「實」的意義有二，既是True（事實），又是Real（實在）。所謂True（事實），如同索甲仁波切（Sogyal Rinpoche，一九四七—二〇一九）在《西藏生死書》所說，關於「死亡」，有兩個事情是確定的：人確定會死，但也確定不知道何時死，因為「死無定期」；[47] 至於Real（實在），這可分成兩個方面來講，對死者個人而言：對一個人的修持最終極的測試，就是如何面對死亡的來臨。同時，對死者家屬而言，也是一個挑戰。十六世紀義大利思想家馬基維利（Machiavelli，一四六九—一五七二）在其被視為近代政治科學奠基之作的《君王論》（*The Prince*）說：「人們易於忘記他們的父親的死，卻不易忘記繼承的財產之喪失。」[48] 然則，死亡如何安頓？在本講中，我們歸納兩個面對「死亡」的方式，一是儒家的思考方法，將個人的生理生命的結束，視為在群體的文化生命之開啟，如孔子「殺身成仁」、孟子「捨生取義」、荀子「從生成死」、王陽明說「此心光明，亦復何言」，[49] 這是儒家的方法。另一個方法，是佛家的辦法，也就是將「此世」生命之結束，視為無限生命流轉永續之過程，所以致力於修行以求生生增上。

就此而言，本講提出兩個結論與啟示：

首先，孔孟在「身心一如」中思考「生」「死」的意義，以生理意義的「死」作為文化意義的「生」，這與柏拉圖採取身心二元論的立場不同。柏拉圖在《斐陀篇》中以「心」之脫離「身」而獨存界定死亡的意義。[50] 在《理想國》第十卷，柏拉圖以「靈魂脫離肉體」界定「死亡」。[51]

第二，孔孟在社會文化脈絡，也就是「公領域」與「私領域」之中，思考「生」「死」之道德含義。《論語・為政・五》說：「生事之以禮，死葬之以禮，祭之以禮」，[52] 儒家認為，生與死的問題，由始至終都是在現實社會文化之中才具有意義，而傾向不考慮現實世界之外的彼世世界。

附錄

一、**閱讀作業：**

1. 《論語》：〈雍也・八〉、〈先進・二二〉、〈子罕・一一〉、〈先進・八〉、〈先進・九〉、〈先進・七〉、〈先進・一〇〉、〈泰伯・三〉、〈衛靈公・八〉、〈泰伯・七〉、〈里仁・八〉、〈先進・一二〉
2. 《孟子》：〈告子上・一〇〉、〈盡心上・二〉

二、**延伸閱讀：**

1. 黃俊傑，《東亞儒家仁學史論》，第九章：〈東亞儒家政治思想中的「仁政」之實踐（一）：東亞儒者的管仲論及其相關問題〉，頁三七七—一四一。

三、**思考問題：**

1. 孔子所說「未知生，焉知死？」這句話，您如何理解？為什麼？
2. 在什麼意義下，儒家可以主張「神化不測的世界」應在「人倫日用的世界」中尋覓？您同意這種主張嗎？為什麼？
3. 孔子認為生理生命的結束（「殺身」）正是文化生命的展開（「成仁」）。這種說法您同意嗎？為什麼同意？如果不同意的話，請問：為什麼不同意？試申論之。

四、關鍵詞：

1. 未知生，焉知死？
2. 捨生取義
3. 從生成死
4. 十二因緣
5. 管仲

五、本講內容架構圖：

第十講・人如何面對死亡？

引言

- 生死問題是生命永恆問題
- 哲學的根本問題：自殺
- 本講問題：（一）孔孟如何思考「生」「死」問題？孔孟生死觀潛藏哪些人文價值理念？（二）孔孟生死觀與道家、佛教與基督教生死觀有何差異？

孔孟生死觀及其價值理念

- 孔孟生死觀建立在天命觀之上：義命分立
- 「死」的意義在「生」之中彰顯：生命的重心在「此世」而不是在彼世
- 道德價值優先於生理的生命價值：捨生取義
- 在社會文化脈絡中處理生死問題
- 佛教來華前，古代中國已有冥府信仰
- 「天堂」vs.「陰間」相應於「魂」vs.「魄」

孔孟與道家、佛教及基督教生死觀的對比

- 莊子以生死為自然一體之過程
- 莊子認為生死是「氣」之聚散vs.儒家也以「氣」解釋生死
- 佛教以「十二因緣」解釋無限生命中之輪迴
- 柏拉圖相信靈魂不滅
- 基督教的死而復活觀
- 總結：儒家以生理之「死」為文化之「生」：「殺身成仁」（孔）、「捨生取義」（孟）

孔孟論對管仲個案的評論

- 管仲個案顯示春秋時代狹義的「忠」與廣義的「仁」之衝突：（一）孔子評管仲vs.齊桓公（二）孟子評管仲（三）程頤的評論（四）朱子的說法（五）韓儒丁茶山的說法（六）問題：自殺與否的思考點（七）倫理學立場

結論與啟示

- 孔孟在「身心一如」中思考「生」「死」的意義：以生理意義的「死」作為文化意義的「生」
- 孔孟在社會文化脈絡（「公領域」vs.「私領域」）中思考「生」「死」之道德含義

注釋

1《論語・里仁・八》，見〔宋〕朱熹，《四書章句集注》，頁九五。

2《論語・先進・八》，見〔宋〕朱熹，《四書章句集注》，頁一七一。

3 引文見宗喀巴大師造，法尊法師譯，《菩提道次第廣論》，卷二，收入《大藏經補編》，第十冊，頁五一八。

4〔英〕馬林諾夫斯基（B. Malinowski）著，費孝通等譯，《文化論》（新北：臺灣商務印書館，一九六七台一版，原版在一九四四年出版），頁五九。

5 卡繆（Albert Camus）著，〈荒謬的推理〉，見卡繆著，張漢良譯，《薛西弗斯的神話》（台北：志文出版社，二〇〇六），頁三八。

6 引文見吳光等編校，《王陽明全集》，下冊，卷三五，頁一三二四。

7〔明〕王陽明，〈中秋〉，收入《王陽明全集》，上冊，卷二〇，頁七九二—七九三。

8〔明〕王艮，《王心齋全集》（台北：廣文書局，一九七五），卷三，頁七六。

9 羅懷智，〈羅明德公本傳〉：「公盥櫛出堂端坐，命諸孫次第進酒，各微飲，隨拱手別諸生：『我行矣，珍重，珍重。』諸生哭留，許再盤桓一日。初二日午刻，整衣冠端坐而逝」，收入方祖猷、梁一群、李慶龍等編校整理，《羅汝芳集》（南京：鳳凰出版社，二〇〇七），下冊，〈附錄〉，頁八三二。

10〔宋〕朱熹，《論語集注》，收入《四書章句集注》，頁七〇。

11 參考勞思光，《新編中國哲學史(二)》，頁一三四。

12〔日〕加地伸行，《儒教とは何か》（東京：中央公論社，一九九〇），參見中譯本：于時化譯，《論儒教》（濟南：齊魯書社，一九九三），頁九六—九七。

13 熊十力，《讀經示要》，卷一，頁六七。

14 〔宋〕朱熹，《論語集注》，收入《四書章句集注》，頁一七二。

15 引文見〔宋〕朱熹，《四書章句集注》，頁一七二。

16 《莊子·大宗師》，引文見〔清〕郭慶藩撰，王孝魚點校，《莊子集釋》，第一冊，頁二四二。

17 〔宋〕程顥、程頤，《河南程氏遺書》，收入《二程集》（上），卷第二上，頁一七。

18 〔宋〕朱熹，《孟子集注》，收入《四書章句集注》，頁四六五。

19 〈荀子·正名篇·二二〉，引文見〔清〕王先謙撰，沈嘯寰、王星賢點校，《荀子集解》，頁四二八。

20 梁啟超，〈譚嗣同傳〉，收入譚嗣同撰，《譚嗣同全集》（新北：華世出版社，一九七七），頁五二四。

21 〈荀子·禮論篇·一九〉，引文見〔清〕王先謙撰，沈嘯寰、王星賢點校，《荀子集解》，頁三五八—三五九。

22 余英時，《東漢生死觀》（新北：聯經出版公司，二〇〇八），頁一五七。

23 同上注，頁一八四。

24 《莊子·至樂》，引文見〔清〕郭慶藩撰，王孝魚點校，《莊子集釋》，第三冊，頁六一六。

25 《莊子·田子方》，同上注，頁七一四。

26 《莊子·知北遊》，同上注，頁七四六。

27 《莊子·知北遊》，同上注，頁七三三。

28 《莊子·知北遊》，同上注，頁七三三。

29 《莊子·至樂》，同上注，頁六一四。

30 同上注，頁六一九。

31 〔唐〕玄奘譯，《大般若波羅蜜多經》，卷四七二，收入《大正新脩大藏經》，第七冊，頁三八九。
32 同上注，第六冊，頁一〇六九。
33 〔唐〕圓測撰，《般若波羅蜜多心經贊》，卷二，收入《大正新脩大藏經》，第三三冊，頁五四四。
34 〔唐〕玄奘譯，《大般若波羅蜜多經》，卷四七八，收入《大正新脩大藏經》，第七冊，頁四二〇。
35 同上注，第二五冊，頁一〇〇。
36 Paul Friedländer, *Plato: The Dialogues: Second and Third Periods*, trans. from the German by Hans Meyerhoff, 77a, p. 60.
37 《新約全書・哥林多後書・四》（四：一六），見《新舊約全書》，頁二五一。
38 《舊約全書・但以理書・一二》（一二：二），見《新舊約全書》，頁一〇五五。
39 〔宋〕朱熹，《論語集注》，收入《四書章句集注》，頁二一二。
40 引文見〔宋〕朱熹，《四書章句集注》，頁二一二。
41 〔宋〕朱熹，《論語集注》，收入《四書章句集注》，頁二一三。
42 〔宋〕朱熹，《孟子集注》，收入《四書章句集注》，頁三三六—三三七。
43 引文見〔宋〕朱熹，《四書章句集注》，頁二〇九。
44 同上注，頁三一六。
45 同上注，頁二一二—二一三。
46 〔韓〕丁若鏞，《論語古今注》，卷七，〈憲問下〉，收入《（校勘・標點）定本與猶堂全書》，第九冊，頁一三六。
47 索甲仁波切著，鄭振煌譯，《西藏生死書》（台北：張老師文化，二〇〇六），頁二一。
48 馬基維利（Machiavelli）著，何欣譯，《君王論》（台北：臺灣中華書局，一九七五），頁七六。

49 引文見吳光等編校，《王陽明全集》，下冊，卷三五，頁一三二四。

50 Paul Friedländer, *Plato: The Dialogues: Second and Third Periods*, trans. from the German by Hans Meyerhoff, 63E-69E, pp. 42-43.

51 柏拉圖（Plato）著，侯健譯，《理想國》，卷一〇，〈來生說〉：「他的靈魂脫出肉體以後，便和很多人踏上征途，到了一個神祕的所在」，頁四九一。

52 〔宋〕朱熹，《論語集注》，收入《四書章句集注》，頁七二。

第十一講

人如何面對宗教信仰？

引言

二〇〇一年，正當世界各國對二十一世紀的來臨，充滿樂觀想像的時候，一批來自中東的青年，針對資本主義社會最傲慢的紐約世界貿易中心大樓給予致命一擊，這是美國自一七七六年建國以來，國外勢力發動的戰爭第一次發生在本土。九一一事件的啟示非常深刻，對美國高等教育的衝擊也很大，哈佛大學在九一一事件之後啟動核心課程的改革，增加兩個課程領域：一是「美國與世界」領域，這是為了矯正九一一事件以前美國許多人認為美國就是世界的偏差心態；一是「信仰與文明」領域。九一一事件啟示我們：二十一世紀人類文明的前途，繫於「跨宗教的對話」。

宗教信仰是人類生命中最高的激情。然而，現代知識分子應如何面對信仰問題呢？

青年馬克思說：宗教是麻痺人民的鴉片。[1] 確實，生命太苦，因此人發明了宗教。有人說神按自己的形象創造了亞當與夏娃，但是其實是人按照自己的形象創造了上帝。宗教是人所創造，但宗教被創造以後，卻也對人類社會帶來更多的問題，數千年來連綿不絕。十九世紀存在主義哲學的早期奠基者齊克果（Søren Kierkegaard，一八一三—一八五五）在《恐懼和戰慄》的〈跋〉說：「信仰是一個人身上至高無上的激情。每一代人中的很多人可能都走不到信仰那麼高那麼遠的境界，但沒有一個人走得更遠，沒有人超越信仰。」[2] 西方歷史上宗教戰爭綿延不絕，從中古時代的十字軍東征，到二〇〇一年的九一一事件，猶太基督宗教與伊斯蘭教激烈碰撞的主要原因，是因為兩者都是一神教，很難容納異教徒。

但是，東方的宗教並不是一神教，因此中國歷史上沒有西方意義下的宗教戰爭。儒、釋、道三教自北周（五五七—五八一）開始就開啟了三教講論的制度。當時，北周武帝（五四三—五七八）召集官員與沙門、道士共同講經，略辨三教先後；至唐代（六一八—九〇七）蔚為風尚，自唐高祖、太宗、玄宗，以至德宗、憲宗、文宗、宣宗、懿宗，皆曾舉行三教講論。從唐高祖武德七年（六二四），至懿宗咸通一一年（八七〇）兩百年之間，均持續舉行。[3]

可是，宗教在西方的經驗就完全不同。西元六四年，羅馬皇帝尼祿（Nero，三七—六八）迫害基督徒，將早期基督徒投入競技場，讓猛獸咬死。直至西元三一三年，君士坦丁（Constantine）大帝頒發《米蘭詔書》（*The Edict of Milan*），基督教才成為合法宗教，與羅馬國教享有同等的宗教自由。基督教與羅馬帝國經歷相當長時間的鬥爭經驗，但在東方，中國皇權與宗教衝撞，則主要在東晉（三一七—四二〇）。西元第四世紀，東晉成康年間（三二五—三四四），大臣庾冰（季堅，二九六—三四四）輔政，代晉成帝（在位於三二五—三四二）下詔，要求沙門應禮敬王者，其理由包括：（一）是否有佛，至為可疑；（二）禮敬王者是「名教有由來，百代所不廢」；[4]（三）沙門「皆晉民也，論其才智，又常人也」。[5]

其後，桓玄致書要求盧山慧遠法師（三三四—四一六）提出說明，[6] 慧遠便提出〈沙門不敬王者論〉，其主要理由在於：（一）出家人「弘教通物，則功侔帝王，化兼治道」，「出家則是方外之賓，迹絕於物。」（二）出家人不俯順世俗；（三）出家人得道，乃「獨絕之教，不變之宗」，不同於世俗；（四）人之形盡而神不滅，所以堅持沙門不應禮拜王者。[7]

可是，盧山慧遠法師的剃度師道安法師（三一二—三八五）卻有一句名言「不依國主，則法事難立」。[8] 慧遠雖強調佛教與王權的不可分割性，但又強調佛教相對於王權而有其獨立自主性。日本學者指出「沙門不敬王者論」提出時，有其經濟背景與考量，因為魏晉時代連年戰爭天下大亂，許多人出家以避戰亂，而佛寺擁有的田產非常多。[9] 但是從唐代開始，皇權便完全控制了佛教在中國的傳播，例如度牒制度的實施等；北宋歐陽修（永叔，一〇〇七—一〇七二）《歸田錄》記載北宋時，「太祖皇帝初幸相國寺，至佛像前燒香，問當拜與不拜？僧錄贊寧奏曰：『不拜』，問其何故，對曰：『見在佛不拜過去佛』（……）故微笑而頷之，遂為定制。」[10] 「見」讀為「現」，也就是「現在佛」（指皇帝）不必禮敬「過去佛」（指釋迦牟尼）。

宗教為人所發明，雖然慰藉人心，但是卻同時為人類帶來許多現實問題，如許多宗教組織常發生的犯罪案件等等。這讓我們想起，人是有限的，我們只能「依法不依人」。本講從以下問題出發思考：古代中華文明從原始宗教信仰，到人文精神的躍動發生於何時？「天」「人」關係經歷何種變化？孔孟思想有何宗教面向？孔孟如何思考宗教信仰問題？

中華文明的「天人合一」與「樞軸突破」

中華文化主軸在「天人合一」，這是國內外學人的共識。遠在一九五八年，當代新儒家四位學者，發表了〈中國文化與世界：我們對中國學術研究及中國文化與世界文化前途之共同認識〉的宣言，他們呼籲：[11]

> 我們希望世界人士研究中國文化，勿以中國人祇知重視現實的人與人間行為之外表規範，以維持社會政治之秩序，而須注意其中之天人合一之思想，從事道德實踐時對道之宗教性的信仰。

二十世紀當代新儒家所發表的這一篇宣言磅礡有力，他們指出中國文化核心價值在「天人合一」，深具慧識。為了從比較宏觀脈絡探討孔孟的宗教情操，本講需要從一個專業名詞「樞軸突破」（axial breakthrough）講起。在二十世紀上半葉，德國哲學家雅斯培（Karl Jaspers，一八八三—一九六九）在《歷史的起源與目標》（*The Origin and Goal of History*）[12] 一書中指出，在西元前第一個千年紀元期間，遠古中華文明、希臘文明、以色列文明、印度文明都經歷過他所謂的「哲學突破」（"philosophic breakthrough"）。這個說法最近幾十年來，經過許多重要學者接續研究，特別是以色列希伯來大學社會學著名學者艾森斯塔特（Shmuel Noah Eisenstadt，一九二三—二〇一〇），將這個名詞改為「樞軸突破」加以推廣之後，廣為人知。

中華文明的「樞軸突破」與其他古文明不大一樣，中華文明的人文精神是在人與人之間的對話所產生的，中華古文明沒有人與神之間鬥爭的緊張性。《論語》所出現的人的姓名共一百四十人，這些人當中孔子同時代的學生有二十七個人。東方的聖書如《論語》，是人與人對話的結晶；但西方的聖書如《聖經》，則是人與神的契約（covenant，如「山上寶訓」）等；又如古希臘人文精神的起源，是人與神的抗爭。馬拉松戰爭以後，雅典城邦出現三大劇作家之一，在索福克勒斯（Sophocles，？—四〇六BCE）《伊底帕斯王》（*The King Oedipus*）這部悲劇作品之中，神已經定了伊底帕斯（Oedipus）殺父娶母的命運，而他的一生就是在抗拒神給他制定的命運。古希臘的人文精神可以說就是從人對神的對抗之中發展茁壯的。

但是，中華文明的樞軸突破，不是在人與神的抗爭之中，而是在「天」「人」協調的狀態底下完成的。已故考古學家張光直（一九三一—二〇〇六）論商周文化的特徵，指出商周統治階層菁英，普遍相信天乃上帝、神祇、祖先魂靈的居所。祂們共同持有關於人間事務的所有智慧。天的智慧就是對人間事務的預知，因為神祇、祖靈皆被賦予預言的能力。政治權威建立在對「天」的智慧之壟斷，商朝君王遂將與「天」交通收為己有。巫師（薩滿，shaman）是唯一能夠通「天」的特殊群體。因此，巫師成為君王最信賴的助手，而君王實際上便是「群巫之長」。神祇或祖靈降臨世界與巫師溝通，必須憑藉特殊禮儀以及種類繁多的道具來進行。其中，青銅禮器（如鼎）在諸儀式道具中最為重要。禮器上的動物形象，也是儀式道具的重要部分，因為商人相信某些動物能夠協助巫師溝通天地。[13]

在中國文化史上，「天人合一」這個核心價值觀念，有新與舊之差別。舊的「天人合一」，是以巫（shaman）作為溝通的橋梁。商代宗教裡有所謂「上帝」，便是當時宗教信仰裡最高的神的意思。所以十五與十六世紀耶穌會士來華，讀到《尚書》有「上帝」這個名詞，即援以翻譯「God」這個字。可以說，商代是神權的時代。到了春秋時代，出現「人」的覺醒，宗教邁向人文化，《左傳》桓公六年（七〇六BCE）說：「（季梁）對曰：夫民，神之主也。是以聖王先成民而後致力於神。」[14] 僖公五年（六五五BCE）：「（公之奇）曰：民不易物，惟德緊物。如是，則非德，民不和，神不享矣。神所憑依，將在德矣。」[15] 昭公十八年（五二四BCE），子產曰：「天道遠，人道邇，非所及也，何以知之。」[16] 人之覺醒，在春秋時代成為新的潮流，形成新版本的「天人合一」理念。二十世紀新儒家徐復觀（一九〇四—一九八四）在所著《中國人性論史（先秦篇）》中，特別強調「周初人文精神的躍動」。[17]

余英時先生在《論天人之際：中國古代思想起源試探》一書中，[18] 分析新「天人合一」論，指出新「天人合一」脫胎於舊「天人合一」，即商代人格神的「上帝」的概念，從降神的經驗保留下來，孔子以後儒家有關人與天地及萬物「一體」之論證，便是源於「巫」的經驗。舊「天人合一」以「巫」作為「人」「神」交通之管道，而新「天人合一」則是將特殊性的「巫」，轉化為以普遍性的「心」，作為「人」與「天」（或「道」）互通合一之中介。「治氣養心之術」的興起與發展，便成為春秋戰國以來中國思想的主流，如孟子、管子的思想文獻皆有所呈現。

孔孟思想中的宗教面向

我們思考所謂「人文精神」一個最好的切入點，便是從「人」與「神」的關係著手，在某種意義上也就是「自由」與「命定」之間的關係。在西元前第一個千年紀元「樞軸突破」以後，古代希臘文明的人文精神，表現在人對神的不滿與對抗，古希臘悲劇作品呈現了這種人文精神。猶太基督文明中的人文精神，則是「人」臣服於「神」，如《聖經・創世紀》第二十二章，亞伯拉罕（Abraham）聽到神的指示，要殺死他的愛子以撒（Isaac）以獻祭給神，這是基督教神學非常重要的故事。[19] 早期神學家解釋的重點，是以亞伯拉罕作為神的使者，對神的信仰與服從（faith & obedience）；而在中古以後，解釋的重點則移到神的憐憫（God's mercy）。

在儒家影響之下，中國文化特別注重「義」、「命」分立。《論語・為政》第四章，孔子說

「五十而知天命」，[20] 也就是說到了五十歲的年齡時，已經對於人無法掌控的領域有所了解。在《論語》中出現的「命」，多半是指限制來講，而「天命」一詞則多半指「天」之難知的意志來講，兩者略有不同。中國文化落實在從當下現世之中創造自己生命的意義，正如李澤厚先生所說：[21]

> 中國文化／哲學（……）重生成（becoming）大於重存在（being），重功能（function）大於重實體（substance），重人事大於重神意（神靈也完全服務於人事），也可以說都是這種「知命」的精神。

在《論語》裡，孔子的宗教態度有幾次表述，共同呈現孔子對商朝以來的傳統宗教加以轉化。孔門師生最為關注的「仁」，固然有繼承在孔子之前的「愛人」之義，但亦有其超越的面向，也就是主張「仁」（也就是「人」，「仁」者，「人」也）的本性與不可知的「天道」之間，有互相呼應的關係。二十世紀奧地利心理學家榮格（Carl Gustav Jung，一八七五—一九六一）為德國漢學家尉禮賢（Richard Wilhelm，一八七三—一九三〇）所翻譯的德文版《易經》，寫長達二十幾頁的「序」，曾一針見血地指出，從《易經》顯示的古代中國人思想的特徵，呈現一種「共時性原理」（Principle of synchronicity）。[22] 這種「共時性原理」，呈現在孔子思想中「天命」與「人心」的互為循環、互相詮釋與相互呈顯之上。

孔子並不排斥宗教信仰。《論語・述而》第三十四章說「丘之禱久矣」，[23] 表示孔子以恭敬的態度來面對民間信仰中的神祇；《論語・憲問》第三十八章，孔子又說：「道之將行也與？命也。道之將廢也與？命也。公伯寮其如命何！」[24] 這裡的「命」是指一種無法改變的「命運」；但與此同時，《論語・述而》第二十章卻也指出：「子不語：怪，力，亂，神。」[25] 對孔子這句話，朱子的解釋是：[26]

> 怪異、勇力、悖亂之事，非理之正，固聖人所不語。鬼神，造化之迹，雖非不正，然非窮理之至，有未易明者，故亦不輕以語人也。

朱子以上的解釋，顯然是從他的「理」的哲學立場出發，所提出的闡釋。《論語・先進》第十一章，孔子又說「未知生，焉知死」，[27] 歷代儒者對這一章的解釋出入甚大，朱子的解釋是：人界與死後世界運作的原理一樣；因此，重點應放在人世間上，而不要浪費生命去想一些死後世界的事情。「死」與「生」是同樣的道理，我們能掌控的也就是「生」的領域，把「生」發揮得最好，這就是安頓「死」最好的方式。孔子對「知」的認定，見於《論語・雍也》第二十章：[28]

樊遲問知。子曰：「務民之義，敬鬼神而遠之，可謂知矣。」問仁。曰：「仁者先難而後獲，可謂仁矣。」

朱注：「專用力於人道之所宜，而不惑於鬼神之不可知，知者之事也。」

「知」便是「智」的意思；而「惑」則是「動」的意思，如「四十而不惑」，即心不為外在各種事情而有所撼動，不為鬼神的事情而撼動，便是一種智慧。《論語．八佾》第十三章又說：[29]

王孫賈問曰：「與其媚於奧，寧媚於竈，何謂也？」子曰：「不然，獲罪於天，無所禱也。」

孔子相信有一個超越的「天」，但「天」並不是如西方猶太基督宗教信仰中的人格神（Personal God）。與此同時，孔子對同時代的人之祭祀鬼神，也保持一種虔敬的態度。《論語．八佾》第十二章：「祭如在，祭神如神在。子曰：吾不與祭，如不祭。」[30] 朱子《集註》引程頤（伊川，一〇三三—一一〇七）曰：「祭，祭先祖也。祭神，祭外神也。祭先主於孝，祭神主於敬。」[31]

然則，孔子的鬼神觀如何呢？答案很可能就在「敬」這個字之上。「敬」這個字是十六世紀以後，江戶時代日本思想最重要的關鍵字，到了十八世紀以後才被「誠」這個字所取代。可是，孔子固然對傳統宗教保持「敬」的態度，但他說「不怨天，不尤人。下學而上達。知我者，其天乎！」（《論語・憲問・三七》）[32] 孔子相信「人」可以上達「天」的意志。我們可以進一步思考的問題是：在孔子思想中，「人」與「天」之關係如何？原始宗教的「理性化」與「人文化」如何可能？原始宗教要祭祀，孔子不迷信，但在孔子的思想中，「天」仍存在，誠如余英時所說：[33]

> 孔子對於「天」和「天命」抱著深摯的信仰，但卻不把「天」當做人格神來看待。由於後世儒家繼承了這一取向並不斷有新的發展，它終於成為儒家的內核。

如果用當代學者的話，我們可以說儒家是「沒有神祇的宗教」（Religion without God）[34] 或「無形的宗教」（Invisible Religion），[35] 也就是每個人訴諸於內心的深思與反省，而不是求之於外在的有形的神來給予加持、祝福。

這種儒家式宗教思想具有東方文化特色，如日本神道教的廟宇，也沒有一個一個的神的像或雕塑，而只有一塊木板而已，隨人拍手而招喚神祇。更進一步講，孔子思想的宗教向度，有完成「超越的（transcendent）遙契」的虔敬之情。孔子說「不怨天，不尤人」（《論語・憲問・

三七》）、[36]「五十而知天命」（《論語・為政・四》）、[37]「君子有三畏：畏天命，畏大人，畏聖人之言。」（《論語・季氏・八》）[38]等等。「人」與「超越實體」（ultimate reality）之間，經由「知」而「敬」而「畏」以完成一種宗教意識。

在孔子之後，《中庸》的思想也呈現出一種新的宗教向度，牟宗三先生稱為「內在的（immanent）遙契」，也就是「誠」的重要性特別突出。《中庸》說：「唯天下至誠，為能經綸天下之大經，立天下之大本，知天地之化育。」（三十二章）[39]又說：「唯天下至誠，為能盡其性；能盡其性，則能盡人之性；能盡人之性，則能盡物之性；能盡物之性，則可以贊天地之化育；可以贊天地之化育，則可以與天地參矣。」（二十二章）[40]或「誠者，天之道也；誠之者，人之道也。」（二十章）[41]儒家強調人應使「誠」這種精神境界在人的心中湧現。牟宗三先生在《中國哲學的特質》一書中說，在孔子的時代裡，「誠」表現為對客觀性的注重；戰國晚期到西漢早期，則過渡到對主體性的注重，牟先生說：[42]

> 超越的遙契著重客體性（Objectivity），內在的遙契則重主體性（Subjectivity）。由客觀性的著重過渡到主體性的著重，是人對天和合了解的一個大轉進。而且，經此一轉進，主體性與客觀性取得一個「真實的統一」(Real Unification)，成為一個「真實的統一體」（Real Unity）。

許多宗教信仰都有一個特點，就是對「同一性」（Principle of identity）的追求。因為人不是神，但人總希望達到神或「終極實體」（ultimate reality）的境界。這種艱苦的探索與追求，可稱為對於「同一性的追求」。孔子許多的言論，可以從這個角度來理解，也許就能比較理解孔子何以如此說。

儒家的宗教向度，在孔子之後表現在孟子的性善論上。人性本善的根據，孔子未能明言，孟子明示「仁義禮智根於心」，孟子強調人與生俱來的「性善」，有其超越性的基礎，《孟子・盡心上》第一章說：[43]

> 盡其心者，知其性也。知其性，則知天矣。存其心，養其性，所以事天也。殀壽不貳，修身以俟之，所以立命也。
>
> 朱注：「心者，人之神明，所以具眾理而應萬事者也。性則心之所具之理，而天又理之所從以出者也。人有是心，莫非全體，然不窮理，則有所蔽而無以盡乎此心之量。故能極其心之全體而無不盡者，必其能窮夫理而無不知者也。既知其理，則其所從出，亦不外是矣。以大學之序言之，知性則物格之謂，盡心則知至之謂也。」

朱子認為人「心」之中存藏諸多的「理」，這是朱子「理」的哲學所推衍出來必然的講法。但是，孟子認為人的「心」是價值意識的發動機，是一種「道德心」，而不是一種「認知心」。依孟子，經由「知心」、「知性」而可以「知天」。誠如余英時先生所說，孟子的意思是：人完成「與自己合一」，也完成「與宇宙合一」，[44] 從「心」之「存養」、「擴充」，以「盡心」、「知性」、「知天」。

孟子的宗教向度也表現在以超越性的「天」作為王權的限制。在《孟子・萬章上》第五章，孟子的學生萬章問說古代的王者掌有天下，是誰所授予？孟子認為而且強調是「天與之」，「天」以實際的形式來表現，限制王權的擴張，孟子說：[45]

> 曰：「使之主祭而百神享之，是天受之；使之主事而事治，百姓安之，是民受之也。天與之，人與之，故曰：天子不能以天下與人。」

孟子指出堯不能將政權傳予舜，舜不能傳給禹，因為只有經過「天」的認可才能傳遞政權。但是，所謂「天與」，實際上只有在「人歸」之上才能獲得印證。因此，孟子又引用《尚書》「天視自我民視，天聽自我民聽」，[46] 以證實人對「天」的肯認。這是十七世紀黃宗羲（梨洲，一六一〇—一六九五）撰寫《明夷待訪錄》[47] 之前，中國最磅礡有力的「民本」政治理論。可是，從現代人的觀點來說，孟子此說仍有進一步批判的空間：何人擁有特權可以解讀「天」之意志？是原始宗教中的「巫」抑或人文宗教中的「人」？是文化菁英或是平民百姓？這些問題的叩問，可以帶領我們深入儒家政治思想中的菁英主義色彩及其前近代的性格。

孔孟以後，對儒學的宗教性提出最完整論述的是《中庸》這部書。《中庸》原是《禮記》中的一章，南宋大儒朱子將〈中庸〉與〈大學〉從《禮記》中獨立而出，並與《論語》、《孟子》合編成《四書》之後，成為西元第十世紀以後中國讀書人最重視的一部經典。杜維明先生曾撰專書，深入析論《中庸》所呈現的儒家的宗教性。[48] 杜先生指出：《中庸》的核心概念有三：「君子」、「政」與「誠」。「君子」投身於不斷深化主體性的過程，「政」乃是為了建構一個「信賴社群」，「誠」則以建立「道德形上學」為目標。杜先生強調：儒學的宗教性，見之於人之投身於成為一個人的學習過程之中，這是一種「終極的自我轉化」[49] 的自我淬鍊的歷程，人在這種「終極的自我轉化」的過程中，不是超離人性，而是實現人性。

杜維明將《中庸》所體現的儒家人文主義稱為「包容的人文主義」，[50] 他說：「這種人文主義內蘊著一種與天的『盟約』，因為我們的道德責任不在於把我們自己作為一個孤立的個體來實現自己，也不在於把我們的社群完善成某種自足的實存，而是通過自我實現和社群完善去實現『與天地參』的人類的最高理想。」[51] 正是在「人」與具有超越性的「天」之間的誠敬的對話之中，體現了儒家的宗教感與宗教情操。

結論與啟示

本講提出以下結論與啟示：首先，中華文明的「樞軸突破」之後經歷「天人合一」思想的本質性轉化。在商代文化中，舊的天人關係是集體本位的思想，而商王就是集體的最高代表，代表所有的人，經由巫而與「天」通。孔子以後，儒家也講「天人合一」，但那是個人本位的思維，每人經由「修德」而向內深思，而上達天命。這種個人本位精神與一五一七年馬丁・路德（Martin Luther，一四八三—一五四六）宗教改革以後的基督新教倫理可以比擬。現代社會學奠基者之一韋伯（Max Weber，一八六四—一九二〇）在研究基督新教倫理與資本主義精神時，曾援引十七世紀英國詩人彌爾頓（Milton，一六〇八—一六七四）在《失樂園》（*Paradise Lost*）的起首，就描寫亞當與夏娃自從無法拒絕蛇的誘惑而吃下禁果之後，造就諸多罪惡，而被神逐出伊甸園，他們離開樂園之際，回首眺望，發現樂園已陷入一片火海之中。[52] 但在宗教改革以後，人可以經由閱讀聖經來與上帝溝通，而不再依靠教皇或教士。這種人神關係的轉變，反映在德國信仰新教的地區產生較多專業人士，而信仰天主教的地方，專業人士較少。在中國，這種狀況也表現在超越世界與現實世界之媒介，也就是從商代薩滿宗教的「巫」轉而為孔孟的「心」，每個人的「內向超越」，要依賴自己的「修德」而不是「上帝」。孔孟以降的「修德」觀，成為中國人自我觀的主流思想。隋唐時代大乘佛法大盛，因為中國佛教三宗華嚴、天台、禪宗都講「心」的絕對自主性，講人要為自己的自由負起最後的責任，這與儒家的「修德」觀念互相呼應。

由此看來，**孔子的歷史地位在於他對宗教的態度，既因襲又創新**，以「禮教性」作為「宗教性」。但是進一步說，此處所謂「宗教性」或「宗教感」，並不是西方文化中的「宗教」（Religion）。因為儒家的「宗教性」，在時間脈絡中表現而為對歷史文化傳統，以及古聖先賢的崇敬之情。就儒家的「宗教性」是一種個人性的、浸透身心的（pervasive）、體驗的（experiential）、「實存的」（existential）「宗教」而言，儒家經典就是儒者企慕聖境、優入聖域的心靈探索的紀錄。在儒家傳統中，「宗教性」融入於「禮教性」之中，徹底展現中華文化中「宗教」的「人文化」的特質。

因此，**儒家的宗教行為以祭禮最重要**，如《禮記．祭統》云：「禮有五經，莫重於祭。」[53]這種以祭禮為主的宗教行為，目的在於為未死者之繼志述事，並讓生者感念親恩，弘揚孝道。《禮記．祭統》云：[54]

> **祭者所以追養繼孝也**。〔……〕是故孝子之事親也，有三道焉：**生則養**，**沒則喪**，**喪畢則祭**。養則觀其順也，喪則觀其哀也，祭則觀其敬而時也。

在以上這種說法中，「祭」這種宗教行為的意義，必須在「追養繼孝」的「禮教」之中呈現，最能表現出儒家以「宗教性」融入「禮教性」之中，儒家體神化不測之妙於人倫日用之間的思想。

進一步分析，東西方宗教觀念的比較，可以用「有形的宗教」與「無形的宗教」加以概括。關於歐洲二戰以後宗教信仰的發展趨勢，當代德國社會學家盧克曼（Thomas Luckmann，一九二七—）在一九六七年的著作《無形的宗教：現代社會中的宗教問題》，[55] 以德國社會作為研究對象指出，傳統的以教會制度為基礎的「有形宗教」，如新教或舊教，已逐漸成為一種邊緣現象。二戰以後興起的，是以個人虔信（individual religiosity）為基礎的「無形宗教」（invisible religion）。虔信的個人可能不會經常去教堂，但是每天閱讀聖經，並藉由聖經而與上帝對話，這種人愈來愈多。我們可以說，孔孟的「天」正是一種「無形的宗教」。事實上，經歷中華文化洗禮以後的佛教，也不是將釋迦牟尼當作人格神來膜拜，而是認為神就存在於虔敬的人的「心」之中。

附錄

一、**閱讀作業：**

1. 《論語》，〈述而・三四〉、〈憲問・三八〉、〈述而・二〇〉、〈先進・一一〉、〈雍也・二二〉、〈八佾・一三〉、〈八佾・一二〉、〈憲問・三五〉

2. 《孟子》，〈萬章上・五〉、〈盡心上・一〉

二、**延伸閱讀：**

1. 杜維明，《中庸：論儒學的宗教性》（北京：生活・讀書・新知三聯書局，二〇一三）。

2. 黃俊傑，〈試論儒學的宗教性內涵〉，收入氏著，《東亞儒學史的新視野》（台北：臺灣大學出版中心，二〇一五），頁六五—八四。

3. Shu-hsien Liu, "The Religious Import of Confucian Philosophy: Its Traditional Outlook and Contemporary Significance," *Philosophy East and West*, Vol. 21, No.2（April, 1971）, pp. 157-175；劉述先，〈由當代西方宗教思想如何面對現代化問題的角度論儒學傳統的宗教意涵〉，劉述先主編，《當代儒學論集：傳統與創新》（台北：中央研究院中國文哲研究所籌備處，一九九五），頁一—三二。

4. 加地伸行，《儒教とは何か》（東京：

中央公論社，一九九〇）；中譯本：于時化譯，《論儒教》（濟南：齊魯書社，一九九三）。

5. 小島毅，〈儒教是不是宗教？——中國儒教史研究的新視野〉，收入周博裕編，《傳統儒學的現代詮釋》（台北：文津出版社，一九九四），頁二九—四四。

6. 小島毅，〈中國儒教史の新たな研究視角について〉，《思想》第八〇五號（一九九一年七月號），頁七九—九八。

三、思考問題：

1. 孔子所說「未知生，焉知死？」這句話，您如何理解？為什麼？
2. 在什麼意義下，儒家可以主張「神化不測的世界」應在「人倫日用的世界」中尋覓？
3. 孔子認為生理生命的結束（「殺身」）正是文化生命的展開（「成仁」）。這種說法您同意嗎？為什麼同意？為什麼不同意？試申論之。

四、關鍵詞：

1. 樞軸突破
2. 義命分立
3. 敬鬼神而遠之
4. 內在的遙契
5. 無形的宗教

五、本講內容架構圖：

第十一講・人如何面對宗教信仰？

引言

- 九一一的啟示：二十一世紀人類前途繫於「跨宗教的對話」
- 宗教信仰是人類生命最高的激情
- 東西方宗教vs.政治之關係：（一）基督教vs.羅馬皇帝（二）中國佛教vs.皇帝
- 本講問題：（一）古代中華文明從原始宗教信仰到人文精神的躍動發生於何時？「天」「人」關係經歷何種變化？（二）孔孟思想有何宗教面向？孔孟如何思考宗教信仰問題？

中華文明的「天人合一」與「樞軸突破」

- 中華文化主軸在「天人合一」
- 樞軸突破
- 中華文明的「樞軸突破」
- 新「天人合一」論的形成

孔孟思想中的宗教面向

- 中西文化中「人」↕「神」之關係
- 孔子對自覺主宰與客觀限制的反省
- 孔子對傳統宗教的轉化：「性」與「天道」的貫通＝「仁」
- 孔子思想的宗教向度：「超越的（transcendent）遙契」
- 《中庸》思想的宗教向度：「內在的（immanent）遙契」
- 「超越的遙契」與「內在的遙契」之合一
- 孟子的宗教向度

結論與啟示

- 中國文明「軸心突破」之後「天人合一」的轉化
- 孔子的歷史地位：既因襲創新，以「禮教性」作為「宗教性」
- 孔孟思想有強烈的「宗教性」或「宗教感」，但不是西方文化中的「宗教」

注釋

1 馬克思著，《黑格爾法哲學批判·導言》，收入《馬克思恩格斯選集》，卷一上，頁二。
2 索倫·齊克果著，張卓娟譯，《恐懼和戰慄》，頁一四九。
3 羅香林，〈唐代三教講論考〉，收入羅香林，《唐代文化史》（新北：臺灣商務印書館，一九七四），頁一五九—一七六。
4 〔晉〕庚冰，〈代晉成帝沙門不應盡敬詔〉，收入〔南朝·梁〕僧祐編，劉立夫、魏建中、胡勇譯註，《弘明集》（北京：中華書局，二〇一三），下冊，頁三二二。
5 同上注。
6 〔晉〕桓玄，〈桓玄書與遠法師〉，收入《弘明集》，下冊，頁八七二。
7 〔晉〕釋慧遠，〈沙門不敬王者論〉，收入《弘明集》，上冊，頁三一六、三二四、三三三。
8 〔南朝·梁〕釋慧皎撰，湯用彤校注，湯一玄整理，《高僧傳》（北京：中華書局，一九九二），卷五，頁一七八。
9 〔日〕村上嘉实，《六朝思想史研究》（京都：平樂寺書店，一九七六），頁一七三。
10 〔宋〕歐陽修，《歸田錄》（北京：中華書局，一九八一），卷一，頁六。
11 唐君毅、張君勱、牟宗三、徐復觀，〈中國文化與世界：我們對中國學術研究及中國文化與世界文化前途之共同認識〉，刊於《民主評論》一九五八年元月號，收入唐君毅，《說中華民族之花果飄零》（台北：三民書局，一九八九），頁一二五—一九二，引文見頁一四五。

12 卡爾・雅斯培（Karl Jaspers）著，魏楚雄、俞新天譯，《歷史的起源與目標》（北京：華夏出版社，一九八九），第一篇〈世界歷史〉第一章軸心期，頁七—二九。

13 以上論述參考：張光直著，郭淨譯，《美術、神話與祭祀》（瀋陽：遼寧教育出版社，一九八八），第三、四章。

14 《左傳・桓公六年》，見楊伯峻，《春秋左傳注》，上冊，頁一一一。

15 《左傳・僖公五年》，見楊伯峻，《春秋左傳注》，上冊，頁三〇九—三一〇。

16 《左傳・昭公一八年》，見楊伯峻，《春秋左傳注》，下冊，頁一三九五。

17 徐復觀，《中國人性論史（先秦篇）》，頁一五。

18 參看：余英時，《論天人之際：中國古代思想起源試探》，第六章〈天人合一的歷史演變〉，頁一七一—二一八。

19 《舊約全書・創世紀・二二》，見《新舊約全書》，頁二三—二四。

20 〔宋〕朱熹，《論語集注》，收入《四書章句集注》，頁七〇。

21 李澤厚，《論語今讀》，頁二四五。

22 C.G. Jung, "Foreword," in Richard Wilhelm trans., *The I Ching or Book of Changes* (New York: Princeton University Press, 1977), pp. xxi-xxxix.

23 〔宋〕朱熹，《論語集注》，收入《四書章句集注》，頁一三六。

24 同上注，頁二一九。

25 同上注，頁一三二。

26 同上注。

27 同上注，頁一七二。

28 同上注，頁一二〇。
29 同上注，頁八六。
30 同上注。
31 同上注。
32 同上注，頁二一九。
33 余英時，《論天人之際：中國古代思想起源試探》，頁五四。
34 Ronald Dworkin, *Religion without God* (Boston: Harvard University Press, 2013).
35 Thomas Luckmann, *The Invisible Religion: The Problem of Religion in Modern Society* (New York: MacMillan Publishing Company, 1967).
36 〔宋〕朱熹，《論語集注》，收入《四書章句集注》，頁二一九。
37 同上注，頁七〇。
38 同上注，頁二四一。
39 〔宋〕朱熹，《中庸章句》，收入《四書章句集注》，頁五一。
40 同上注，頁四三。
41 同上注，頁三八。
42 牟宗三，《中國哲學的特質》，收入氏著，《牟宗三先生全集》，第二八冊，頁四二—四三。
43 引文見〔宋〕朱熹，《孟子集注》，收入《四書章句集注》，頁四八九。
44 余英時，《論天人之際：中國古代思想起源試探》，頁一三〇—一三一。
45 〔宋〕朱熹，《孟子集注》，收入《四書章句集注》，頁四三〇。
46 《孟子・萬章上・五》：「太誓曰：『天視自我民視，天聽自我民聽』」，見〔宋〕朱熹，《四書章句集注》，頁四三〇。

47〔明〕黃宗羲，《明夷待訪錄》（北京：中華書局，一九八一）。

48 Wei-ming Tu, *Centrality and Commonality: An Essay on Chung-yung*（Honolulu: University of Hawaii Press, 1989, Revised edition）；中譯本：段德智譯，《中庸：論儒學的宗教性》（北京：生活・讀書・新知三聯書局，二〇一三）。

49 杜維明著，段德智譯，《中庸：論儒學的宗教性》，頁一一六。

50 同上注，頁一一七。

51 同上注，頁一二〇—一二一。

52 John Milton著，劉捷譯述，《失樂園》（上海：上海譯文出版社，二〇一二），頁一—七。

53《禮記・祭統》，見〔清〕孫希旦，《禮記集解》，下冊，頁一二三六。

54 同上注，頁一二三七—一二三八。

55 盧克曼（Thomas Luckmann）著，覃方明譯，《無形的宗教：現代社會中的宗教問題》（北京：中國人民大學出版社，二〇〇三）。

第十二講

結論

引言

在本課程的最後一講，我們回顧源遠流長的歷史巨流，深感孔孟思想和中國文化的互動極為深刻，其中較為突出的現象有以下三點：第一，孔子的稱號在歷史長河中屢有變遷，擺盪於「師」與「王」之間以及「師」與「聖」之間。在春秋時代（七二二—四六四BCE），當孔子晚年回到魯國時，魯國人尊孔子為「國老」；孔子過世之後，魯哀公（在位於四九四—四六八BCE）尊孔子為「尼父」；到了戰國（四六三—二二二BCE）時代，孟子尊稱孔子為「聖人」，而且是「聖之時者也」，[1] 孔子開始取得「聖人」稱號。進入漢代（二〇六BCE—二二〇CE）以後，「太史公」司馬遷（一四五—八七BCE）《史記》則將孔子的傳記安排在「世家」，與王侯並列，並稱他為「至聖」，《史記》全書屢次出現孔子行誼，司馬遷著史一再引用孔子的話，欽聖之情洋溢於全書；班固（三二—九二）《漢書・古今人表》將孔子列為「聖人」，[2]《淮南子・主術訓》、[3] 王充（二七—？CE）《論衡・定賢》[4] 則稱孔子為「素王」，意謂沒有即位（未獲政治權力）的「王」，強調孔子在文化思想上的長遠影響。

到了魏晉時代（二二〇—五八九），北魏孝文帝（四八一—四九九）定孔子諡號為「文聖尼父」。隋唐時代（五八一—九〇七），隋文帝（在位於五八一—六〇四）尊孔子為「先師尼父」，唐高祖（在位於六一八—六二六）定孔子為「先師」，唐太宗（在位於六二六—六四九）先定孔子為「先聖」，又改為「宣父」，唐高宗（在位於六四九—六八三）尊孔子為「太師」，而唐玄宗（在位於七一二—七五六）追謚孔子為「文宣王」。第十世紀進入宋代（九六〇—一二七九）以後，北宋真宗（在位於九九七—一〇二二）加謚孔子為「玄聖文宣王」或「至聖文宣王」。到了蒙元時代，剛即位不久的元武宗（在位於一三〇七—一三一一），在大德一一年（一三〇七）璽書加封孔子為「大成至聖文宣王」。逮乎明代（一三六八—一六四四），明世宗（在位於一五二一—一五六七）嘉靖九年（一五三〇）改孔子「王」謚，去王號和「大成文宣」之稱。至此，孔子又由「王」轉為「師」，以「至聖先師」為孔子的稱謂。降及清代（一六四四—一九一二），順治二年（一六四五）清世祖（在位於一六四三—一六六一）封孔子為「大成至聖文宣先師」，後來康熙（在位於一六六一—一七二二）皇帝又親自為孔廟寫下「萬世師表」的匾額。十六世紀以降，明清兩代皇帝所採取的是以「師」限「聖」的政策。[5]

但是，到了清代末年，中國走入兩千年來國勢最衰微的時代，傳統文化成為被攻擊的對象，從民國初年「五四時代」以來，中國知識分子高喊打倒「孔家店」；至文化大革命（一九六六—一九七六）期間，更一度貶抑孔子為「孔老二」、「臭老九」，如毛澤東（一八九三—一九七六）在一九七三年八月賦詩贈郭沫若（鼎堂，一八九二—一九七八）：「勸君少罵秦始皇，焚坑事業要商量；祖龍魂死秦猶在，孔學名高實秕糠。」[6] 可是，自從二十世紀八〇年代以來，孔子的地位逐漸恢復。

第二，在孔子的稱號因時而變之時，孔子的歷史角色也隨著時代學術之轉移而變遷。在西漢今文學家當中，孔子是政治家，《六經》被視為孔子政治思想之書；在東漢古文學者眼中，孔子則是史學家，視《六經》為孔子整理古代史料之典籍。到了宋代以後，隨著宋學興起，學者又以孔子為哲學家，以《六經》為孔子載道之書。[7] 用《論語》中的話來說，《六經》是「為人之學」，是治理帝國的學問；而《四書》是「為己之學」，是調伏內心的學問。朱子《四書章句集注》的完成，可以說是代表近世中國的新的歷史階段的來臨。在西元第十世紀北宋以前「周孔」並稱，[8] 孔子的地位繼周公之後，所重在孔子的「業」；第十世紀以後則「孔孟」並稱，所重在孔子的「德」。

第三，孔子的形象及其思想的解釋從未「定於一」，而是與時俱進、因地制宜，因人而異。從戰國時代到漢朝初年，孔子形象從「大儒」轉化為「至聖」，也從「行動者」變成了「立法者」，反映這段時期知識文化之變遷。[9] 漢代讖緯之書中的孔子形象，則具有「神道設教」之功能。[10] 幾十年來出土的漢代墓葬和祠堂畫像，出現最多的是「孔子見老子圖」，因為孔子見老子故事意涵豐富，反映「漢人心目中的孔子和老子本來就是面目多端，且隨時代而有多層次的變化」。[11] 宋代理學家所建構的孔子形象，則是一個「樂道者」。[12] 西藏文化中的孔子形象則具有占卜的功能，甚至被理解為文殊師利菩薩的傳人之一。[13] 德川時代日本知識人的孔子形象則多元多樣，有人斬斷孔子與後儒之關係，有人為化解神皇之道與孔子之道的緊張，而主張孔子生於日本。[14] 十八世紀越南儒者范阮攸（一七三九—一七八六）筆下的孔子形象，則是一個超越學習歷程的「生知」的聖人。[15] 到了二十世紀，被稱為「日本現代資本主義之父」的澀澤榮一（一八四〇—一九三一）撰寫《論語與算盤》一書，[16] 對日本民間社會影響極大。澀澤榮一主張「義」「利」合一，通過結合孔子思想與現代資本主義，而建立「士魂商才」的新倫理典範。[17]

總而言之，在亞洲文化史上的孔子形象及其思想，因應時間與空間的變化而呈現不同的面貌。東亞文化史上的孔子，就像歐洲文化史上的耶穌一樣，[18] 是一個「文化英雄」，也是一個「文化符號」，不同時代與地區的人對孔子思想與《論語》進行不同的解釋，也讀入自己的生命歷程與價值理念，對孔子形象也進行不同的建構，可以說是「一個孔子，各自表述」！

不僅孔子思想的解釋與孔子形象，在歷史中一再變化，孟子的思想與形象的解釋，兩千多年來也屢經變遷。南宋的朱子（一一三〇—一二〇〇）[19] 與陸象山（一一三九—一一九三）[20] 早就注意到，荀子（二九八—二三八BCE）、揚雄（五三BCE—一八CE）、王通（文中子，五八四—六一七）、韓愈（退之，七六八—八二九）等歷代儒者對孟子評價不一。事實上，兩千多年來中、韓、日、越各國儒者對孟子的解釋，一直從未「定於一」，構成中國思想史的一個突出現象。[21]

孔孟論「人」的本質及其「自我」的轉化

現在，我們將這個學期講課的要點，再加以綜合整理。首先，孔孟認為人性本善，人的善性有其超越性根據。在孔子時代，說法較素樸，只談「性相近，習相遠」；到了孟子，則提出更細緻的哲學論證，亦即當代哲學家牟宗三先生所楷定的八個字：**「仁義內在」**，**「即心見性」**，[22]人的「仁」與「義」的價值理念是內在的，而人性則是由「心」所顯發的。孟子屢次指出這一點，如《孟子‧告子上》第十五章：「心之官則思，思則得之，不思則不得也。此天之所與我者」，[23]《孟子‧盡心上》第一章所說「存其心，養其性，所以事天也」。[24]歸納起來，孔、孟思想中的人觀實有一共同平台，那就是：**孔孟都是「體神化不測之妙於人倫日用之間」**，[25]認為生命的超越性見之於生活的日常性之中，並且與禮教性融合為一。

關於孔孟的人觀之核心概念「自我」這個問題，孔孟的判斷認為**「自我」轉化之關鍵在「心」**。誠如孟子所說「仁義禮智根於心」，所以「人皆可以為堯舜」。這其中潛藏著兩個論點：（一）孔孟都主張一種**「道德的平等主義」**；（二）每個人都擁有內在的善苗。可以說，孔孟是無可救藥的**樂觀主義者**（incurable optimist），歷代儒家知識人也都認為天地再黑暗，也總有日月重光的一天。孔子說「修己以敬」、「修己以安人」、「修己以安百姓」，[26]儒家知識人認為身心一體，所以「修身」等於修心，並從「修身」「齊家」到「治國」「平天下」，展開「儒家整體規劃」。可是，現代人或許會進一步質疑：孔孟的道德平等主義，為何無補於改善兩千多年來，中國人輾轉呻吟在專制帝王的統治之下這項歷史事實？換言之，為什麼儒家的道德平等主義無法轉化成政治上的平等主義？

針對這個問題，我們可以說：孔孟主張的道德平等主義，乃屬於思想的領域，中國從秦始皇以後，政治上有其悠久的專制傳統，但是，這是屬於政治制度的領域。思想領域與政治領域之間，雖互有關係，但是實有其不可互相化約性，兩者各有不同的運作邏輯，「政治」與「思想」兩個領域無法完全互相化約。

另外，所謂「儒家整體規劃」的展開，還有一個值得思考的問題：「修己」是自我意志可控制的範圍，屬於內在範疇，但是「安人」、「安百姓」則是外在範疇。在實際運作上，外在範疇往往不隨內在範疇而轉動。這個問題雖然持之有故，言之成理，但是，孔孟可能會這樣回答：只要每一個人做好「修己」的工夫，整個社會與國家就會走向平治。孔孟認為世界的轉化，起於「自我」的轉化。

孔孟也提出「自我」轉化必須「養氣」，也就是「養心」。因為儒家的「浩然之氣」是配「義」與「道」。幾千年來中國儒家都追求安「心」，如蘇軾〈定風波〉詞云：「此心安處是吾鄉」[27]，朱熹詩云：「出入無時是此心，豈知雞犬易追尋」[28]、「困衡此日安無地，始覺從前枉寸陰」[29]、

「明明直照吾家路，莫指并州作故鄉」[30]的詩句，王陽明有「吾心自有光明月」[31]的詩句，儒家都認為自我轉化的關鍵在於「心」。

孔孟論社會關懷與政治生活

孔孟都認為，從「自我」到社會、國家、世界是一個同心圓展開的過程。這個理念內部有幾個關鍵性命題值得思考。

首先，根據朱子的解釋，孔、孟都認同「愛有等差」，但主張「施由親始」。[32]「愛有等差」是《孟子》書中引述墨者對儒家的批評，然不失為對儒家貼切的評論。因為**儒家的倫理思想，傾向於「不可取代性」原則大於「可取代性」原則**，例如在孟子與桃應討論舜為天子，假定其父瞽叟殺人的事件時，孟子就認為：舜應該在瞽叟犯罪被關起來之後，放棄國君地位與權力，劫獄並與父親一同亡命海濱，服侍父親，怡然自得。孟子的理由即在於：作為孝子的舜，對他的父親瞽叟孝順這件事，只有舜才能做；而作為統治者這件事，任何有能力的人都可取而代之，所以孟子認為「不可取代性」原則優先於「可取代性」原則，亦即血緣原則優先於非血緣原則。儒家論家庭與社會，重「情」遠勝於重「理」。儒家主張節制情欲，但不容許寡情、絕情乃至無情。[33] 儒家言說從未離「事」而言「理」，儒家說「理」則溫柔敦厚，常曲折以言之，「比」「興」以言之，「意」在「言」外，甚至「意」在「言」後，所以類推思維、聯繫性思維與譬喻思維最為發達。儒家處世待人務求以「情」感人，而不求以「理」勝人，所以，在儒家傳統中，倫理學很發達，而知識論則晦而不彰。

在儒家「五倫」之中，有一倫是十六世紀以後來華的耶穌會士所特別重視的，那就是友誼這一倫。孟子說「友也者，友其德也」、[34] 孔子說「無友不如己者」，「如」者，「似」也。[35] 這個「不如己」不是指社會地位或權力高低的問題，而是指德性修持而言。孔孟啟示我們，**友誼建立的基礎在於道德的提昇**。

接着，關於政治治理的問題，孔孟高舉「**道德政治**」的大纛，從孔子的「雍也可使南面」，延伸到孟子「王道」政治的理想。在孟子的描述裡，政府的角色略近於現代語言學家勒考夫（George Lakoff，一九四一—）所謂的「慈愛父母模式」（nurturant parent model）。[36] 孟子主張以「不忍人之心」行「不忍人之政」，這就是孟子魂牽夢縈的「**仁政**」**理想**。孟子「仁政」理想，尤以同理心（empathy）為基礎，要求國君以「不忍人之心」苦民所苦，行「不忍人之政」而「與民同樂」。如果說儒家「仁政」在很大程度之內是一種「情感政治」，似亦不為過。一九二四年孫中山（一八六六—一九二五）在日本神戶發表「大亞洲主義」的演講時，曾在結論中強調：明治維新成功後的日本，正處於中華文化的王道精神與西方文化的霸道主義的十字路口上。孫中山警惕日本人應善自抉擇，[37] 然而日本最終選擇侵略中國與亞洲各國的道路，走上歷史的悲劇。王道政治的理想，在二十一世紀隨著中國崛起，而重新取得新的高度。近年來，聯合國提出「全球永續發展指標」，包括：經濟發展、環境保護、社會正義。前兩者目前已普遍受到重視，但是後者，仍沒有完全達到。最近，台灣的中華文化永續發展基金會，提出以儒家價值理念為基礎的「**王道永續發展指標**」，其中包含五大元素：**仁政、反霸、民本、生生不息、同理心**。這套指標還在發展與研究之中，期許將來能夠促使儒家王道政治理念，發揮二十一世紀的新意義，並補聯合國「全球永續發展指標」之不足。台灣著名企業家多年來也提倡「王道價值系統觀」，呼籲企業人士「除了『有形、直接、現在』的顯性價值之外，還要兼顧『無形、間接、未來』的隱性價值」。[38] 台灣甚至有一家銀行取名為「王道銀行」。

中國政治思想史中，「治道」發達而「政道」不彰。「治道」是指技術性的統治措施如稅制、井田制度等，而「政道」則是指統治權的合法性的問題。蕭公權先生在抗戰期間一九四〇年夏季所完成的《中國政治思想史》，早已指出中國政治思想中「政術」多而「政理」少；[39] 牟宗三先生在一九六〇年代的著作《政道與治道》中，曾深入探索中國思想中「治道」發達而「政道」不彰的種種內容，[40] 凡此皆因兩千餘年皇帝專制的政治現實所導致，孔孟思想中的道德政治終為專制政體所架空，「王道」政治終不免淪為中國儒家知識分子心中「永恆的鄉愁」，其事可哀，其情可憫！

從本課程所分析的儒家的道德政治，引導我們思考許多問題，其中較為重要的是：如果「王」背叛「道」，「王道」政治無法落實，則人民應如之何？這個問題涉及社會學大師韋伯（Max Weber）所謂「政權合法性」（legitimacy）的問題。又例如處在二十一世紀後工業時代的複雜社會中，個別公民的權益（rights）要如何保護之問題？這是十九世紀上半葉法國偉大政治哲學家托克維爾（Alexis de Tocqueville，一八〇五—一八五九）在《論美國的民主》一書中所提出，美國式的民主中潛藏的「身分平等」（Equality of conditions）理念，[41] 所帶來的「多數暴力」（the tyranny of majority）等種種現代民主政治的弊病之問題。

二十一世紀世界各地「民主政治」的發展令人擔心，美國政治學者甚至有所謂「民主倒退」、「選舉的專制」的提法。中國自古以來有「菁英（尚賢）政治」的政治思想，傳統的「尚賢」政治理想應如何落實於現代「民主政治」之中，而使兩者取得平衡？這個問題就是許多學者殫精以思的，所謂**「儒家民主」如何可能的問題**。這個問題隨著世局的變化，必將召喚世人深思。

孔孟論生死與信仰

最後，關於生死問題，孔孟都主張在必然的「死」之中追求「生」之意義。孔子說「殺身成仁」、孟子講「捨生取義」、荀子說「從生成死」，他們都共同肯定生理生命之「死」之時，正是文化生命之「生」的開啟之日，並以此作為安頓生死問題的可行辦法。

儒家與佛教都正視死亡的必然性，但是儒佛安頓生死的理論基礎並不相同。**儒家的生命價值觀建立在文化的價值觀之上**，個人的生理生命雖然已經結束，但個人生命已融入文化巨流之中，成為文化大巨流的小水滴，所以面對死亡，儒家態度坦然，正如王陽明臨終時所說：「此心光明，亦復何言」，[42] 生時全力以赴，盡其在我。死時則缺憾還諸天地。個人生命與群體文化傳承有其密切之關係，儒家思想的特點正在於此。**佛教的生死觀則建立在無限生命觀之上**，佛教將人的生死問題，放在生命永續發展的脈絡中思考。南北朝時代，佛教與中國文化的爭論，集中在「形盡神不滅論」之上，佛門人士相信人的軀體雖然死了但神識未滅，生命無限，永續經營，生生增上。

孔孟都主張超越而高遠的「天命」，可以下貫而為人的「心」「性」。《中庸》有「天命之謂性」之說，[43] 孔子說「五十而知天命」，[44] 孟子說「知心」、「知性」、「知天」，自古以來儒家都相信「天」心與人「心」可以有互相呼應（resonance）的關係，所謂「天道性命相貫通」，就是指此而言。也因此，儒家主張即「世俗」即「神聖」（The Secular as Sacred），[45]《論語》所念茲在茲的是人倫日用的世界，孔門之學乃是一種「實學」，孔子之教可稱為一種「人文教」。[46]

結論與啟示

這門課程以十個現代人關心的問題叩問孔孟，從「自我」的修身到家、國、天下的轉化，從「自」「他」互動，到「自由」與「秩序」的張力，孔孟都主張諸多光譜的兩端之間並不是一種「零和遊戲」，孔孟都強調先反求諸己，以誠待人，代人著想，從而達到「自」「他」和諧，以「自我」轉化通往「世界」的轉化。孔孟也認為：人只要努力向內調伏，向內深思，必能使「自我」之「心」與「天心」互通，達到孔子所說「五十而知天命」之生命境界，坦然面對生命的必然過程，坦然面對死亡的來臨。孔孟所開啟的這種「**即世俗即神聖**」的中國文化的生命智慧，正是儒家人文傳統的基本特徵。

但是，從現代的觀點來看，孔孟所開啟的儒家人文精神傳統也不免有其局限性：第一個局限性是，歷代儒家對人性的幽闇面過於忽視，他們相信人性本善，相信人可以愈來愈美好。孔孟對世界充滿了「樂觀精神」，但是孔孟卻都忽略人的生命具有與生俱來的幽闇面或佛教所說的「無明」，這種幽闇面使人的生命常常造作許多罪惡，也常常陷入某種無意義感。所謂人生的無意義感，就像二十世紀德國哲學家海德格（Martin Heidegger，一八八九—一九七六）所說，人是被上帝拋擲到人間的無意義之存在。一九一九年德國社會學大師韋伯（Max Weber，一八六四—一九二〇）在他的《中國的宗教：儒教與道教》[47]一書中，就批評儒家對人性的看法未能注意人性的幽闇面。第二個局限性是，儒家嚮往「聖君賢相」所統治的世界，但卻過度忽視現實政治中「政治領域」與「道德領域」的運作邏輯不同，也忽視「權力制衡」（Check and balance）之必要性的問題。第三個局限性是，儒家對現實世界中的「惡之來源」這個重大問題，難以提出周延而有力的解釋。以上這三項孔孟思想的局限性，都是孔孟在二十一世紀所面對的挑戰，也是我們在二十一世紀「深叩孔孟」時，必須深思的課題。我們必須深思這些重大課題，研讀孔孟才能從經典中出新解於陳篇，汲取儒家的智慧，開啟新時代的希望。

總而言之，儒家傳統源遠流長，儒家理想中的君子「尊德性而道問學，致廣大而盡精微，極高明而道中庸」，[48]在孔孟所開啟的東亞儒家文化圈中，各地儒者都在親緣倫常與人倫日用之中學思並進、優入聖域，經由「自我」的轉化而致力於世界的轉化，安頓並創造生命永續的意義。

附錄

一、**閱讀作業：**

1. 黃俊傑，《東亞儒家仁學史論》，第十一章〈結論〉。

二、**延伸閱讀：**

1. 牟宗三，《中國哲學的特質》收入氏著，《牟宗三先生全集》（新北：聯經出版公司，二〇〇三），第二十八冊。
2. 余英時，〈中國思想史研究綜述：中國思想史上四次突破〉，收入氏著，《人文與民主》（台北：時報文化，二〇一〇），頁一四五—一七〇。

三、**思考問題：**

1. 如果孔孟活在二十一世紀，他們對當前世界現狀，可能表示什麼意見？為什麼？試申論之。
2. 為什麼「殺身」（「捨生」）可以「成仁」（「取義」）？其理論基礎何在？試從孔孟的生死觀析論之。

四、**關鍵詞：**

1. 「自我」的轉化
2. 仁義內在
3. 即心見性
4. 天道性命相貫通
5. 天命之謂性
6. 體神化不測之妙於人倫日常之間

五、本講內容架構圖：

第十二講・結論

- 引言
  - 歷史長河中孔子稱號的變遷
  - 孔子形象隨著時代學術而變遷
  - 歷史長河中儒學內涵的變化
  - 孔孟對二十一世紀的召喚
- 孔孟論「人」的本質及其「自我」的轉化
  - 人性本善及其超越性根據
  - 「自我」轉化之關鍵在「心」
- 孔孟論社會關懷與政治生活
  - 從「自我」到社會：同心圓的展開
  - 道德政治的願景及其問題
- 孔孟論生死與信仰
  - 在「死」中求「生」
  - 「天命」下貫而為「心」「性」
- 結論與啟示
  - 孔孟「心」學精神原鄉是二十一世紀人類的安魂劑
  - 走過二十世紀的亂離與苦難，迎向二十一世紀梅花的綻放

注釋

1 《孟子・萬章下・一》：「孔子，聖之時者也」，見〔宋〕朱熹，《四書章句集注》，頁四四〇。

2 〔漢〕班固，《漢書》，卷二〇，〈古今人表第八〉，頁九二四。

3 〔漢〕劉安等編，阮青注釋，《淮南子》（北京：華夏出版社，二〇〇〇），〈主術訓〉：「孔子之通，智過於萇弘，勇服于孟賁，足躡效菟，力招城關，能亦多矣，然而勇力不聞，伎巧不知，專行教道，以成素王，事亦鮮矣。」頁一八一—一八二。

4 〔漢〕王充，〈定賢〉：「孔子不王，素王之業」，見氏著，《論衡》，頁二六四。

5 羅夢冊（一九〇六—一九九一）曾說：「於此『至聖先師』的符籙下，生活於驚濤駭浪之中的孔子，卻變成一位終生終世安份守己的好好先生，亦並一招生收費，出賣知識的教授老儒。等而下之，且並為封建秩序、王朝利益的維護者」，見氏著，《孔子未王而王論》（台北：台灣學生書局，一九八二），頁二九九。

6 毛澤東，〈讀《封建論》呈郭老〉，見公木、趙麗著，《毛澤東詩詞・注釋賞析》（珠海：珠海出版社，一九九九），頁二八六。

7 周予同，〈序言〉，皮錫瑞著，《經學歷史》（香港：中華書局，一九六一），頁三。

8 〔後漢〕馬融（七九—一六六）撰，〈長笛賦〉，有「溫直擾毅，孔孟之方也」一句，已「孔孟」並稱，但僅能視為特例，「孔孟」並稱並非漢代習見之用詞。

9 參考伍振勳，〈大儒與至聖：戰國至漢初的孔子形象〉，收入黃俊傑編，《東亞視域中孔子的形象與思想》，頁一—三〇。

10 徐興無，〈異表：讖緯與漢代的孔子形象建構〉，收入黃俊傑編，《東亞視域中孔子的形象與思想》，頁三一—八一。

11 邢義田，《畫外之意：漢代孔子見老子畫像研究》（台北：三民書局，二〇一八），頁七二。

12 林永勝，〈作為樂道者如孔子：論理學家對孔子形象的建構及其思想史意義〉，收入黃俊傑編，《東亞視域中孔子的形象與思想》，頁八三—一三〇。

13 曾德明、林純瑜，〈西藏文化中的孔子形象〉，收入黃俊傑編，《東亞視域中孔子的形象與思想》，頁一六七—二一四。

14 張崑將，〈德川學者對孔子思想的異解與引申〉，收入黃俊傑編，《東亞視域中孔子的形象與思想》，頁二一五—二三七。

15 林維杰，〈越儒范阮攸《論語愚按》中的孔子形象〉，收入黃俊傑編，《東亞視域中孔子的形象與思想》，頁三三九—三六六。

16 〔日〕澀澤榮一，《論語と算盤》（東京：國書刊行會，一九八五、二〇〇一）。本書有中譯本：洪墩謨譯，《論語與算盤》（新北：正中書局，一九八八）。

17 參看：黃俊傑，〈澀澤榮一解釋《論語》的兩個切入點〉，收入氏著，《德川日本《論語》詮釋史論》，頁三五三—三七〇。

18 Jaroslav Pelikan, *Jesus through the Centuries: His Place in the History of Culture* (New Haven and London: Yale University Press, 1986).

19 〔宋〕朱熹，〈白鹿書堂策問〉，《晦庵先生朱文公文集》，卷七四，收入《朱子全書》，第二四冊，頁三五七九。

20 〔宋〕陸九淵，《陸九淵集》（北京：中華書局，一九八〇），卷二四，頁二八八—二八九。

21 參看：黃俊傑，《孟學思想史論（卷二）》（台北：中央研究院中國文哲研究所，一九九七初版，二〇二二年增訂新版）。

22 牟宗三，《中國哲學的特質》：「孟子所代表的一路，中心思想為『仁義內在』，即心說性。孟子堅主仁義內在於人心，可謂『即心見性』，即就心來說性」，收入氏著，《牟宗三先生全集》，第二八冊，頁五七。

23 〔宋〕朱熹，《孟子集注》，收入《四書章句集注》，頁四六九。

24 同上注，頁四八九。

25 熊十力，《讀經示要》，卷一，頁六七。

26 《論語・憲問・四五》，見〔宋〕朱熹，《四書章句集注》，頁二二二。

27 〔宋〕蘇軾，〈定風波・南海歸贈王定國侍人寓娘〉，收入《蘇軾詞編年校注》，中冊，頁五七九。

28 〔宋〕朱熹，〈復齋偶題〉，《晦庵先生朱文公文集》，卷二，收入《朱子全書》，第二〇冊，頁二八四。

29 〔宋〕朱熹，〈困學二首（其一）〉，《晦庵先生朱文公文集》，卷二，收入《朱子全書》，第二〇冊，頁二八四。

30 〔宋〕朱熹，〈送林熙之詩五首〉，《晦庵先生朱文公文集》，卷六，收入《朱子全書》，第二〇冊，頁四一八。

31 〔明〕王陽明，〈中秋〉，收入《王陽明全集》，上冊，卷二〇，頁七九二—七九三。

32 《孟子・滕文公上・五》中，孟子拒墨者夷子所堅持的「愛無差等，施由親始」一說，朱熹注曰：「孟子言人之愛其兄子與鄰之子，本有差等」，見〔宋〕朱熹，《四書章句集注》，頁三六五—三六六。

33 善乎錢賓四先生之言也：「在全部人生中，中國儒家思想，則更看重此心之『情感』部分，尤勝於其看重『理智』的部分。〔……〕儒家論人生，主張節欲，寡欲，以至於無欲。但絕不許人寡情，絕情，乃至於無情。」見錢穆，〈孔子與中國文化及世界前途〉，《孔子與論語》，收入《錢賓四先生全集》編輯委員會編輯，《錢賓四先生全集》，第四冊，引文見頁三五三。

34 《孟子・萬章下・三》，見〔宋〕朱熹，《四書章句集注》，頁四四三。

35 《論語・學而・八》，見〔宋〕朱熹，《四書章句集注》，頁六五。

36 George Lakoff, *Moral Politics: How Liberals and Conservatives Think*（Chicago: University of Chicago Press, 1996）, p. 35.

37 羅家倫主編，中國國民黨中央委員會黨史委員會編輯，《國父年譜》（台北：近代中國出版社，一九九四），下冊，〈在神戶講演「大亞洲主義」〉，頁一五七二—一五七四。

38 施振榮，〈王道價值系統觀：翻轉「士農工商」的傳統思維〉，《聯合報》，二〇二〇年十二月三日，A十三版；〈王道與第六倫〉，《聯合報》，二〇二一年二月一日，A十三版。

39 蕭公權師，《中國政治思想史》，下冊，頁九四六。

40 見牟宗三，《政道與治道》，收入氏著，《牟宗三先生全集》，第十冊，頁一、五三—五四、五八、一四九—一五五。

41 托克維爾著，董果良譯，《論美國的民主》，下卷，頁九二三。

42 引文見吳光等編校，《王陽明全集》，下冊，卷三五，頁一三二四。

43 《中庸章句・一》，見〔宋〕朱熹，《四書章句集注》，頁二二。

44 《論語・為政・四》，見〔宋〕朱熹，《四書章句集注》，頁七〇。

45 Herbert Fingarette, *Confucius: The Secular as Sacred*（Prospect Heights, Ill: Waveland Press, 1999）；中譯本：彭國翔、張華譯，《孔子：即凡而聖》（南京：江蘇人民出版社，二〇〇二）。

46 錢賓四先生說：「孔子教義，其重要點乃在以人教人，然後由『人』而上合於『天』，從『可知』以達於『不可知』。故孔子之教，乃為一種人文教。」見錢穆，〈孔子與中國文化及世界前途〉，《孔子與論語》，收入《錢賓四先生全集》編輯委員會編輯，《錢賓四先生全集》，第四冊，引文見頁三四九。

47 Max Weber, translated by Hans H. Gerth, *Religion of China: Confucianism and Taoism* (London: MacMillan Publishing Company, 1951)；中譯本：簡惠美譯，《中國的宗教：儒教與道教》（台北：遠流出版公司，一九八九）。

48 《中庸章句・二七》，見〔宋〕朱熹，《四書章句集注》，頁四七。

引用書目

【中日文論著】

一、古代文獻

〔春秋〕晏嬰著，王連生、薛安勤譯注，《晏子春秋譯注》（瀋陽：遼寧教育出版社，一九八九）。
〔戰國〕呂不韋著，陳奇猷校釋，《呂氏春秋新校釋》（上海：上海古籍出版社，二〇〇二）。
〔戰國〕韓非著，趙沛注，《韓非子》（開封：河南大學出版社，二〇〇八）。
〔漢〕毛亨傳，〔漢〕鄭玄箋，〔唐〕孔穎達疏，《毛詩正義》（北京：北京大學出版社，二〇〇〇）。

〔漢〕陸賈撰，王利器校注，《新語校注》（北京：中華書局，一九八六）。
〔漢〕劉安等編，阮青注釋，《淮南子》（北京：華夏出版社，二〇〇〇）。
〔漢〕孔安國傳，〔唐〕孔穎達疏，收入李學勤主編，《十三經注疏・尚書正義》（北京：北京大學出版社，二〇〇〇）。
〔漢〕司馬遷著，〔日〕瀧川龜太郎注，《史記會注考證》（台北：洪氏出版社，一九八六）。
〔漢〕劉向，《說苑》，收入《四部叢刊・初編・子部》（新北：臺灣商務印書館，一九六五年景印刊本）。
〔漢〕王充，《論衡》（上海：上海古籍出版社，一九九〇）。
〔漢〕班固，《漢書》（台北：鼎文書局，一九八六）。
〔漢〕班固等撰，《白虎通》（上海：商務印書館，一九三六）。
〔漢〕趙岐，《孟子注疏》（北京：北京大學出版社，二〇〇〇）。
〔漢〕鄭玄注，〔唐〕賈公彥疏，收入李學勤主編，《十三經注疏・周禮注疏》（北京：北京大學出版社，二〇〇〇）。
〔魏〕何晏，《論語集解》，收入《四部叢刊・三編》（新北：臺灣商務印書館，一九七五）。
〔魏〕何晏注，〔宋〕邢昺疏，《論語注疏》（台北：藝文印書館，一九五五年景印清嘉慶二十年江西南昌府學刊本）。
〔魏〕何晏注，〔宋〕邢昺疏，收入李學勤主編，《十三經注疏・論語注疏》（北京：北京大學出版社，二〇〇〇）。
〔魏〕何晏集解，〔南朝・梁〕皇侃義疏，〔清〕鮑廷博校，《論語集解義疏》（台北：藝文印書館景印知不足齋叢書本，一九六六）。
〔晉〕王弼注，《老子道德經》（上海：上海書店，一九八六）。
〔晉〕王弼注，〔唐〕孔穎達疏，收入李學勤主編，《十三經注疏・周易正義》（北京：北京大學出版社，二〇〇〇）。
〔晉〕郭璞注，〔宋〕邢昺疏，收入李學勤主編，《十三經注疏・爾雅注疏》（北京：北京大學出版社，二〇〇〇）。
〔晉〕郭璞注，《山海經》，收入《四部叢刊・初編》縮本（新北：臺灣商務印書館，一九六五年景印刊本）。
〔東晉〕法顯譯，《大般涅槃經》，收入大正新修大藏經刊行會編，《大正新修大藏經》，第一冊（東京：大藏出版株式會社，一九八八）。
〔東晉〕佛馱跋陀羅譯，《大方廣佛華嚴經》，收入大正新修大藏經刊行會編，《大正新修大藏經》，第九冊（東京：大藏出版株式會社，一九八八）。
〔劉宋〕求那跋陀羅譯，《雜阿含經》，收入大正新修大藏經刊行會編，《大正新修大藏經》，第二冊（東京：大藏出版株式會社，一九八八）。
〔劉宋〕范曄，《後漢書》（北京：中華書局，一九九七）。

〔南朝・梁〕僧祐編，劉立夫、魏建中、胡勇譯註，《弘明集》（北京：中華書局，二〇一三）。
〔南朝・梁〕皇侃，《論語義疏》，收入〔清〕劉寶楠注，《論語正義》（上海：上海書店，一九八六）。
〔南朝・梁〕釋慧皎撰，湯用彤校注，湯一玄整理，《高僧傳》（北京：中華書局，一九九二）。
〔唐〕玄奘譯，《大般若波羅蜜多經》，收入大正新修大藏經刊行會編，《大正新修大藏經》，第六冊、第七冊（東京：大藏出版株式會社，一九八八）。
〔唐〕圓測撰，《般若波羅蜜多心經贊》，收入大正新修大藏經刊行會編，《大正新修大藏經》，第三三冊（東京：大藏出版株式會社，一九八八）。
〔唐〕般若譯，《大方廣佛華嚴經》，收入大正新修大藏經刊行會編，《大正新修大藏經》，第十冊（東京：大藏出版株式會社，一九八八）。
〔宋〕石介，《徂徠集二十卷》（四苦全書珍本）（新北：臺灣商務印書館，一九七三）。
〔宋〕歐陽修，《歸田錄》（北京：中華書局，一九八一）。
〔宋〕邵雍，《邵雍全集》（上海：上海古籍出版社，二〇一五）。
〔宋〕司馬光，《資治通鑑》（上海：上海商務印書館，一九三六）。
〔宋〕楊時，《龜山集》（新北：臺灣商務印書館，一九七三）。
〔宋〕鄭汝諧，《論語意原》（北京：中華書局，一九八五）。
〔宋〕朱熹，《四書章句集注》（台北：臺灣大學出版中心，二〇一六）。

〔宋〕朱熹，《四書或問》（上海：上海古籍出版社，二〇〇一）。
〔宋〕朱熹，《晦庵先生朱文公文集》，收入《朱子全書》，第二十冊（上海：上海古籍出版社；合肥：安徽教育出版社，二〇〇二）。
〔宋〕朱熹，《孟子或問》，收入《朱子全書》，第六冊（上海：上海古籍出版社；合肥：安徽教育出版社，二〇〇二）。
〔宋〕朱熹著，陳俊民編校，《朱子文集》（台北：財團法人德富文教基金會，二〇〇〇）。
〔宋〕朱熹集傳，《詩經》（上海：上海古籍出版社，二〇〇九）。
〔宋〕程顥、程頤，《河南程氏遺書》，收入《二程集》（上）（北京：中華書局，二〇〇四）。
〔宋〕陸九淵，《象山語錄》（台北：臺灣中華書局，一九六六）。
〔宋〕陸九淵，《象山全集》（四部備要本）。
〔宋〕陸九淵，《陸九淵集》（北京：中華書局點校本）。
〔宋〕楊簡，《慈湖遺書》（新北：臺灣商務印書館景印文淵閣四庫全書，一九八三）。
〔宋〕陳善，《捫蝨新話》（上海：上海書店，一九九〇）。
〔宋〕陳淳，《北溪大全集》（新北：臺灣商務印書館景印四庫全書珍本，一九七一）。
〔宋〕錢時，《融堂四書管見》（新北：臺灣商務印書館景印四庫全書珍本，一九六九—一九七〇）。
〔宋〕祝穆撰，《新編事文類聚》（京都：中文出版社，一九八九）。
〔宋〕黎靖德編，《朱子語類》（北京：中華書局新校標點本，一九八六）。

〔宋〕許謙，《讀論語叢說》（續修四庫全書）（上海：上海古籍出版社，一九九五）。

〔元〕宗喀巴大師造，法尊法師譯，《菩提道次第廣論》，收入藍吉富主編，《大藏經補編》，第十冊（台北：華宇出版社，一九八五）。

〔元〕宗喀巴大師造，法尊法師譯，《辨了不了義善說藏論》，收入藍吉富主編，《大藏經補編》，第十冊（台北：華宇出版社，一九八五）。

〔明〕朱元璋，〈皇陵碑〉，收入杜聯喆輯，《明人自傳文鈔》（台北：藝文印書館，一九七七），頁六七—六九。

〔明〕劉三吾輯，《孟子節文》（洪武二十七〔一三九四〕年刊本）（北京：書目文獻出版社，一九八八）。

〔明〕王恕，《石渠意見》（北京：中華書局，一九八五）。

〔明〕王陽明著，吳光等編校，《王陽明全集》（上海：上海古籍出版社，一九九二）。

〔明〕王艮，《王心齋全集》（台北：廣文書局，一九七五）。

〔明〕吳承恩，《西遊記》（合肥：黃山書社，一九九八）。

〔明〕章一陽輯，《金華四先生四書正學淵源》，收入《四庫全書存目叢書》，第一六三冊（台南：莊嚴文化，一九九七）。

〔明〕朱舜水，《朱舜水全集》（台北：世界出版社，一九五六）。

〔明〕黃宗羲，《明夷待訪錄》（北京：中華書局，一九八一）。

〔明〕王夫之，《讀四書大全說》（影印同治四年湘鄉曾氏刊本）（高雄：河洛圖書出版社，一九七四）。
〔明〕王夫之，《讀通鑑論》（高雄：河洛圖書出版社，一九七六）。
〔明〕王夫之，《四書箋解》（長沙：嶽麓書社，一九九一）。
〔清〕張廷玉等，《明史》（四部備要本）。
〔清〕全祖望，《鮚埼亭集》，收入《四部叢刊・正編》（新北：臺灣商務印書館，一九七九年景印上海涵芬樓刊本）。
〔清〕蘅塘退士編，《唐詩三百首》（浙江：浙江人民出版社，一九八〇）。
〔清〕趙翼著，王樹民校正，《廿二史箚記》（訂補本）（北京：中華書局，一九八四）。
〔清〕崔東壁著，《孟子事實錄》，收入崔東壁著，顧頡剛編訂，《崔東壁遺書》（上海：上海古籍出版社，一九八三）。
〔清〕孫希旦，《禮記集解》（北京：中華書局，一九八九）。
〔清〕董誥等編，《全唐文》（太原：山西教育出版社，二〇〇二）。
〔清〕凌廷堪，《校禮堂文集》（北京：中華書局，一九九八）。
〔清〕劉寶楠注，《論語正義》（上海：上海書店，一九八六）。
〔清〕俞樾，《群經平議》（高雄：河洛圖書出版社，一九七五）。
〔清〕李春生，《東遊六十四日隨筆》（福州：美華書局，一八九六）。

〔清〕王先謙撰，沈嘯寰、王星賢點校，《荀子集解》（北京：中華書局，一九八八）。
〔清〕郭慶藩撰，王孝魚點校，《莊子集釋》（北京：中華書局，一九八五）。
〔清〕蘇輿著，《春秋繁露義證》（高雄：河洛圖書出版社，一九七四）。
〔日〕伊藤仁齋，《論語古義》，收入〔日〕關儀一郎編，《日本名家四書註釋全書》（東京：鳳出版，一九七三）。
〔日〕伊藤仁齋，《童子問》，收入〔日〕家永三郎等校注，《近世思想家文集》（東京：岩波書局，一九六六、一九八一）。
〔日〕伊藤仁齋，《語孟字義》，收入〔日〕井上哲次郎、蟹江義丸編，《日本倫理彙編》（東京：育成會，一九〇一）。
〔日〕淺見絅齋，〈中國辨〉，收入〔日〕吉川幸次郎等編，《日本思想大系・三一・山崎闇齋學派》（東京：岩波書店，一九八〇）。
〔日〕伊藤東涯，《閒居筆錄》，收入〔日〕關儀一郎編，《日本儒林叢書》（東京：鳳出版，一九七一）。
〔日〕大塩中齋，《洗心洞箚記》，收入《佐藤一齋．大塩中齋》（日本思想大系・四六）（東京：岩波書店，一九八三）。
〔日〕山田球，《孟子養氣章或問圖解》（東京弘道書院藏版）（大阪：惟明堂大阪支店，一九〇二）。
〔韓〕李珥，《擊蒙要訣》，收入魏常海主編，《韓國哲學思想資料選輯》（北京：國際文化出版公司，二〇〇〇）。
〔韓〕李瀷，《星湖疾書》，收入《韓國經學資料集成》，第三九冊（首爾：成均館大學大東文化研究院，一九八八）。
〔韓〕丁若鏞，《論語古今注》，收入茶山學術文化財團編，《（校勘・標點）定本與猶堂全書》，第九冊（首爾：茶山學術文化財團，二〇一二）。
〔古印度〕龍樹菩薩造，鳩摩羅什譯，《大智度論》，收入大正新修大藏經刊行會編，《大正新修大藏經》，第二五冊（東京：大藏出版株式會社，一九八八）。

二、專書

毛澤東，《毛主席詩詞》（北京：人民文學出版社，一九六三）。
皮錫瑞，《經學歷史》（香港：中華書局，一九六一）。
牟宗三，《中國文化的省察》（新北：聯經出版公司，一九八三）。
牟宗三，《心體與性體》，收入氏著，《牟宗三先生全集》（新北：聯經出版公司，二〇二〇年一二月二版），第五冊。
牟宗三，《政道與治道》，收入氏著，《牟宗三先生全集》（新北：聯經出版公司，二〇二〇年十二月二版），第十冊。

牟宗三，《中國哲學的特質》，收入氏著，《牟宗三先生全集》（新北：聯經出版公司，二〇二〇年十二月二版），第二八冊。
余英時，《東漢生死觀》（新北：聯經出版公司，二〇〇八）。
余英時，《論天人之際：中國古代思想起源試探》（新北：聯經出版公司，二〇一四）。
吳濁流，《亞細亞的孤兒》（新北：遠景出版社，一九九三）。
李叔同，《格言別錄：弘一法師寫本》（新北：傳文文化事業有限公司，一九九六）。
李開復，《AI新世界》（台北：天下文化出版公司，二〇一八）。
李澤厚，《論語今讀》（北京：生活・讀書・新知三聯書店，二〇〇四）。
杜維明，《詮釋《論語》「克己復禮為仁」章方法的反思》（台北：中央研究院中國文哲研究所，二〇一五）。
呂妙芬，《成聖與家庭人倫：宗教對話脈絡下的明清之際儒學》（新北：聯經出版公司，二〇一七）。
邢義田，《畫外之意：漢代孔子見老子畫像研究》（台北：三民書局，二〇一八）。
徐復觀，《中國人性論史（先秦篇）》（新北：臺灣商務印書館，一九六九）。
高亨，《周易大傳今注》（濟南：齊魯書社，一九七九）。
馬一浮，《復性書院講錄》（台北：廣文書局，一九七一）。
連橫，《臺灣通史》（北京：商務印書館，一九八三）。
孫震，《半部論語治天下：論語選譯今譯》（台北：天下文化出版公司，二〇一八）。

孫震，《儒家思想在二十一世紀》（台北：天下文化出版公司，二〇一九）。
孫震，《孔子新傳》（台北：天下文化出版公司，二〇二一）。
孫至誠評註，《孔北海集評註》（上海：商務印書館，一九三五）。
孫海通、王海燕編輯，《全唐詩》（北京：中華書局，一九九九）。
索甲仁波切著，鄭振煌譯，《西藏生死書》（台北：張老師文化，二〇〇六）。
張光直著，郭淨譯，《美術、神話與祭祀》（瀋陽：遼寧教育出版社，一九八八）。
張蔭麟，《中國史綱》（南京：江蘇文藝出版社，二〇〇八）。
陳啟天，《增訂韓非子校釋》（新北：臺灣商務印書館，一九六九）。
陳榮捷，《王陽明傳習錄詳註集評》（台北：台灣學生書局，一九八三）。
陳登原，《國史舊聞》（新北：台灣大通書局影印本）。
許同莱，《孔子年譜》（台北：中華文化出版事業委員會，一九五五）。
郭齊勇編，《儒家倫理爭鳴集：以「親親互隱」為中心》（武漢：湖北教育出版社，二〇〇四）。
郭齊勇主編，《儒家倫理新批判之批判》（武漢：武漢大學出版社，二〇一一）。
勞思光，《新編中國哲學史（一）》（台北：三民書局，二〇一二）。
費孝通，《鄉土中國與鄉土重建》（台北：風雲時代出版公司，一九九三）。
黃俊傑，《春秋戰國時代尚賢政治的理論與實際》（台北：問學書局，一九七七）。
黃俊傑，《孟學思想史論（卷一）》（台北：東大圖書公司，一九九一）。

黃俊傑，《孟學思想史論（卷二）》（台北：中央研究院中國文哲研究所，一九九七，增訂新版，二〇二二）。

黃俊傑，《德川日本《論語》詮釋史論》（台北：臺灣大學出版中心，二〇〇七）。

黃俊傑，《儒家思想與中國歷史思維》（台北：臺灣大學出版中心，二〇一四）。

黃俊傑編，《東亞視域中孔子的形象與思想》（台北：臺灣大學出版中心，二〇一五）。

黃俊傑，《東亞儒家人文精神》（台北：臺灣大學出版中心，二〇一六）。

黃俊傑，《思想史視野中的東亞》（台北：臺灣大學出版中心，二〇一六）。

黃俊傑，《東亞文化交流中的儒家經典與理念：互動、轉化與融合》（台北：臺灣大學出版中心，二〇一六）。

黃俊傑，《東亞儒家仁學史論》（台北：臺灣大學出版中心，二〇一七）。

黃俊傑，《東亞儒學視域中的徐復觀及其思想》（台北：臺灣大學出版中心，二〇一八）。

黃永武編，《敦煌遺書最新目錄》（台北：新文豐出版公司，一九八六）。

程樹德，《論語集釋》（北京：中華書局，一九九〇）。

鄒同慶、王宗堂著，《蘇軾詞編年校注》（北京：中華書局，二〇〇二）。

楊伯峻，《孟子譯註》（北京：中華書局，一九六〇）。

楊伯峻，《春秋左傳注》（北京：中華書局，一九九五）。

楊伯峻，《論語譯註》（北京：中華書局，二〇〇九）。

楊家駱主編，《文文山全集》（台北：世界書局，一九六二）。
楊肇嘉，《楊肇嘉回憶錄》（台北：三民書局，二〇〇四）。
葉榮鐘，《小屋大車集》（台中：中央書局，一九七七）。
葛兆光，《何為中國：疆域、民族、文化與歷史》（香港：牛津大學出版社，二〇一四）。
熊十力，《讀經示要》（新北：廣文書局，一九七〇）。
廖名春，《孔子真精神，《論語》疑難問題解讀》（貴陽：孔學堂書局，二〇一四）。
魯迅，《集外集》（北京：人民文學出版社，一九七三）。
劉夢溪，《馬一浮與國學》（北京：生活・讀書・新知三聯書店，二〇一五）。
蕭公權，《中國政治思想史》（新北：聯經出版公司，一九八二、一九八三）。
錢穆，《中國歷史精神》（北京：九州出版社，二〇一二）。
錢穆，《錢賓四先生全集》編輯委員會編輯，《錢賓四先生全集》（新北：聯經出版公司，一九九四—一九九八）。
鍾逸人，《辛酸六十年：二二八事件二七部隊長鍾逸人回憶錄》（台北：前衛出版社，二〇〇九）。
魏道儒，《壇經譯注》（北京：中華書局，二〇一〇）。
羅夢冊，《孔子未王而王論》（台北：台灣學生書局，一九八二）。
〔日〕加地伸行，《儒教とは何か》（東京：中央公論社，一九九〇）；中譯本：于時化譯，《論儒教》（濟南：齊魯書社，一九九三）。

〔日〕伊藤太郎，《日本魂による論語解釋學而第一》（津市：論語研究會，一九三五）。

〔日〕宇野哲人，《支那文明記》（東京：大同館，一九一二），收於〔日〕小島晉治編，《幕末明治中國見聞錄集成》（東京：ゆまに書房，一九九七）；中譯本：張學鋒譯，《中國文明記》（北京：光明日報出版社，一九九九）。

〔日〕村上嘉実，《六朝思想史研究》（京都：平樂寺書店，一九七六）。

〔日〕原念齋，《先哲叢談》（江戶：慶元堂、擁萬堂，文化一三〔一八一六〕年刊本）。

〔日〕原田種成，《貞觀政要の研究》（東京：吉川弘文館，一九六五）。

〔日〕斯波六郎，《中国文学における孤獨感》（東京：岩波書店，一九五八）；中譯本：劉幸、李曌宇譯，《中國文學中的孤獨感》（北京：北京師範大學出版社，二〇一九）。

〔日〕溝口雄三著，王瑞根譯，《中國的衝擊》（北京：生活・讀書・新知三聯書店，二〇一一）。

〔日〕溝口雄三著，鄭靜譯，《中國的公與私・公私》（北京：生活・讀書・新知三聯書店，二〇一一）。

〔日〕福澤諭吉，《學問のすすめ》（東京：中央公論新社，二〇〇二）；中譯本：群力譯，《勸學篇》（北京：商務印書館，一九九六）。

〔日〕澀澤榮一，《論語と算盤》（東京：國書刊行會，一九八五、二〇〇一）；中譯本：洪墩謨譯，《論語與算盤》（新北：正中書局，一九八八）。

〔韓〕林基中編，《燕行錄全集》（首爾：東國大學校出版部，二〇〇一）。

〔古希臘〕柏拉圖（Plato）著，侯健譯，《理想國》（新北：聯經出版公司，一九八〇）。

〔古希臘〕亞里斯多德（Aristotle）著，淦克超譯，《亞里斯多德的政治學》（桃園：水牛出版社，一九六八）。

〔古希臘〕亞里士多德（Aristotle）著，高思謙譯，《亞里士多德之宜高邁倫理學》（新北：臺灣商務印書館，一九七九）。

〔古羅馬〕西塞羅（Marcus Tullius Cicero）著，徐學庸譯注，《論友誼》（新北：聯經出版公司，二〇〇七）。

〔德〕馬克思（Karl Marx）著，《黑格爾法哲學批判・導言》，收入中共中央馬克思恩格斯列寧斯大林著作編譯局編譯，《馬克思恩格斯選集》（北京：人民出版社，一九七二）。

〔德〕馬克思（Karl Marx）著，《路易波拿巴的霧月十八日》，收入中共中央馬克思恩格斯列寧斯大林著作編譯局編譯，《馬克思恩格斯選集》（北京：人民出版社，一九七二）。

〔德〕馬克思（Karl Marx）著，中共中央馬克思恩格斯列寧斯大林著作編譯局譯，《資本論》（新北：聯經出版公司，二〇一七）。

〔德〕卡爾・雅斯培（Karl Jaspers）著，魏楚雄、俞新天譯，《歷史的起源與目標》（北京：華夏出版社，一九八九）。

〔德〕伽達瑪（Hans-Georg Gadamer）著，洪漢鼎譯，《真理與方法》（台北：時報文化，一九九三）。

〔德〕盧克曼（Thomas Luckmann）著，覃方明譯，《無形的宗教：現代社會中的宗教問題》（北京：

中國人民大學出版社，二〇〇三）。
〔法〕托克維爾（Alexis de Tocqueville），董果良譯，《論美國的民主》（北京：商務印書館，二〇一三）。
〔法〕卡繆（Albert Camus）著，張漢良譯，《薛西弗斯的神話》（台北：志文出版社，二〇〇六）。
〔法〕托瑪・皮凱提（Thomas Piketty）著，詹文碩、陳以禮譯，《二十一世紀資本論》（新北：衛城出版社，二〇一四）。
〔法〕阿瓦列多（Facundo Alvaredo）、江瑟（Lucas Chancel）、皮凱提（Omas Piketty）、賽斯（Emmanuel Saez）、祖克曼（Gabriel Zucman）等著，劉道捷譯，《世界不平等報告二〇一八》（新北：衛城出版社，二〇一八）。
〔英〕莎士比亞（William Shakespeare）著，朱生豪譯，《無事煩惱》（台北：世界書局，二〇一七）。
〔英〕馬林諾夫斯基（B. Malinowski）著，費孝通等譯，《文化論》（新北：臺灣商務印書館，一九六七年台一版，原版在一九四四年出版）。
〔英〕霍布斯（Thomas Hobbes）著，黎思復譯，《利維坦》（北京：商務印書館，一九八五）。
〔英〕約翰·彌爾頓（John Milton）著，劉捷譯述，《失樂園》（上海：上海譯文出版社，二〇一二）。
〔義〕馬基維利（Machiavelli）著，何欣譯，《君王論》（台北：臺灣中華書局，一九七五）。
〔義〕利瑪竇（Matteo Ricci）著，《交友論》（明崇禎二十三年刻本），收入中國宗教歷史文獻集成編纂委員會編纂，《東傳福音》（合肥：黃山書社，二〇〇五），第二冊。

〔丹〕索倫・齊克果（Søren Kierkegaard）著，張卓娟譯，《恐懼和戰慄》（香港：商務出版社，二〇一七）。

〔俄〕巴斯特納克（Boris Leonidovich Pasternak）著，陳惠華譯，《齊瓦哥醫生》（台北：志文出版社，一九八六）。

〔美〕休斯頓．史密斯（Huston Smith）著，劉安雲譯，《人的宗教：人類偉大的智慧傳統》（新北：立緒文化，一九九八）。

《新舊約全書》（香港：聖經公會發行，一九六二）。

三、論文

毛澤東，〈讀《封建論》呈郭老〉，見公木、趙麗著，《毛澤東詩詞　注釋賞析》（珠海：珠海出版社，一九九九），頁二八六。

牟宗三，〈關於「生命」的學問——論五十年來的中國思想〉，收入氏著，《生命的學問》（台北：三民書局，二〇一八），頁三三—三九。

伍振動，〈大儒與至聖：戰國至漢初的孔子形象〉，收入黃俊傑編，《東亞視域中孔子的形象與思想》，頁一—三〇。

余英時：〈試說儒家的整體規劃〉，收入氏著，《宋明理學與政治文化》（台北：允晨文化，二〇〇四），頁三八八—四〇七。
李明輝，〈當代新儒家「儒學開出民主論」的理論意涵與現實意義〉，刊於*Asian Studies* II（XVIII），一（二〇一四），頁七—一八。
李明輝，〈孔子論「學」：儒家的文化意識〉，收入氏著，《儒家視野下的政治思想》（台北：臺灣大學出版中心，二〇〇五），頁一—一六。
李明輝：〈《孟子》知言養氣章的義理結構〉，收入氏著，《孟子重探》（新北：聯經出版公司，二〇〇一），頁九。
李明輝，〈孟子王霸之辨重探〉，收入氏著，《孟子重探》（新北：聯經出版公司，二〇〇一），頁四七。
李明輝，〈《論語》「宰我問三年之喪」章中的倫理學問題〉，收入氏著，《儒學與現代意識》（台北：臺灣大學出版中心，二〇一六），頁二一三—二三九。
林永勝，〈作為樂道者如孔子：論理學家對孔子形象的建構及其思想史意義〉，收入黃俊傑編，《東亞視域中孔子的形象與思想》，頁八三—一三〇。
林維杰，〈越儒范阮攸《論語愚按》中的孔子形象〉，收入黃俊傑編，《東亞視域中孔子的形象與思想》，頁三三九—三六六。
林鎮國等採訪，〈擎起這把香火——當代思想的俯視〉，收入《徐復觀雜文續集》（台北：時報文化，一九八一），頁四〇七—四一四。

胡適，〈我的兒子〉，刊於《每週評論》第三三期（一九一九年八月三日）。
唐君毅、張君勱、牟宗三、徐復觀，〈中國文化與世界：我們對中國學術研究及中國文化與世界文化前途之共同認識〉，刊於《民主評論》一九五八年元月號，收入唐君毅，《說中華民族之花果飄零》（台北：三民書局，一九八九），頁一二五—一九二。
孫中山，〈在神戶講演「大亞洲主義」〉，收入羅家倫主編，中國國民黨中央委員會黨史委員會編輯，《國父年譜》（台北：近代中國出版社，一九九四），下冊，頁一五七二—一五七四。
徐復觀，〈中國的治道——讀陸宣公傳集書後〉，收入氏著，蕭欣義編，《儒家政治思想與民主自由人權》（台北：八十年代雜誌社，一九七九），頁二一八。
徐復觀，〈一個偉大書生的悲劇——哀悼胡適之先生〉，收入《徐復觀雜文：憶往事》（台北：時報文化，一九八〇），頁一四〇—一四二。
徐復觀，〈「死而後已」的民主鬥士——敬悼雷儆寰（震）先生〉，收入《徐復觀雜文：憶往事》，頁二一三—二二〇。
徐興無，〈異表：讖緯與漢代的孔子形象建構〉，收入黃俊傑編，《東亞視域中孔子的形象與思想》，頁三一—八一。
殷海光，〈治亂底關鍵——「中國的治道」讀後〉，收入徐復觀，《（新版）學術與政治之間》（台北：台灣學生書局，一九八〇），頁一二七—一四七。
容肇祖，〈明太祖的《孟子節文》〉，《讀書與出版》卷二，第四期（一九四七年四月），頁一六—二一。
梁啟超，〈譚嗣同傳〉，收入譚嗣同撰，《譚嗣同全集》（新北：華世出版社，一九七七），頁五二四。
郭齊勇、陳曉杰，〈中國哲學史研究值得關注的幾個領域〉，《光明日報》第十一版，二〇一九年十一月二十日。
張崑將，〈德川學者對孔子思想的異解與引申〉，收入黃俊傑編，《東亞視域中孔子的形象與思想》，頁二二五—二三七。
黃俊傑，〈澀澤榮一解釋《論語》的兩個切入點〉，收入氏著，《德川日本《論語》詮釋史論》（台北：臺灣大學出版中心，二〇〇七），頁三五三—三七〇。
黃俊傑，〈王道文化與二十一世紀大中華的道路〉，收入氏著，《思想史視野中的東亞》（台北：臺灣大學出版中心，二〇一六），頁一六一—一七八。
曾德明、林純瑜，〈西藏文化中的孔子形象〉，收入黃俊傑編，《東亞視域中孔子的形象與思想》，頁一六七—二一四。
羅懷智，〈羅明德公本傳〉，收入方祖猷、梁一群、李慶龍等編校整理，《羅汝芳集》（南京：鳳凰出版社，二〇〇七），下冊，頁八三二。
羅香林，〈唐代三教講論考〉，收入羅香林，《唐代文化史》（新北：臺灣商務印書館，一九七四），頁一五九—一七六。
〔日〕山下寅次，〈論語編纂年代考〉，收入氏著，《史記編述年代考》（東京：六盟館，一九四〇），頁一八七—二五二。

〔日〕越智重明，〈孝思想の展開と始皇帝〉，《國立臺灣大學歷史學系學報》第十五期（一九九〇年十二月），頁三九—六四。

〔日〕福澤諭吉，〈台灣騷動〉，《時事新報》一八九六年一月八日，社論；陳逸雄譯解，〈福澤諭吉的台灣論說（二）〉，《台灣風物》，〈卷四一，第二期（一九九一年六月），頁七七。

〔韓〕金培懿，〈東亞儒家親情倫理觀——以「親親相隱」論所作之考察〉，收入《經學》（首爾：韓國經學學會，二〇二〇），創刊號，頁二三五—二七二。

〔德〕馬克思（Karl Marx）著，〈關於費爾巴哈的提綱〉，收入中共中央馬克思恩格斯列寧斯大林著作編譯局編譯，《馬克思恩格斯選集》（北京：人民出版社，一九七二），卷一上，頁一六—一九。

〔德〕馬克思（Karl Marx）、恩格斯（Friedrich Engels）著，〈共產黨宣言〉，收入中共中央馬克思恩格斯列寧斯大林著作編譯局編譯，《馬克思恩格斯選集》（北京：人民出版社，一九七二），卷一上，頁二五二—二五三。

【英文論著】

一、專書

Aeschylus, trans. by James Scully and C. John Herington, *Prometheus Bound*（New York: Oxford University Press, 1975, 1989）.

Ames, Roger T. and Henry Rosemont Jr., *Confucian Role Ethics: A Moral Vision for the 21st Century?*（Göttingen, Germany and Taipei: V & R Unipress and Taiwan University Press, 2016）.

Ames, Roger T., *Confucian Role Ethics: A Vocabulary*（Hong Kong: Chinese University Press, 2010）.

Aristotle, ed. and tr. by Ernest Barker, *The Politics of Aristotle*（London: Oxford University Press, 1977）。中譯本：淦克超譯，《亞里斯多德的政治學》（桃園：水牛出版社，一九六八）。

Barker, Ernest ed. & tr., *The Politics of Aristotle*（London: Oxford University Press, 1997）.

Bell, Daniel A., *The China Model: Political Meritocracy and the Limits of Democracy*（Princeton: Princeton University Press, 2015）。中譯本：貝淡寧（Daniel A. Bell）著，吳萬偉譯，《賢能政治：為什麼尚賢制比選舉民主制更適合中國》（北京：中信出版，二〇一八）。

Berlin, Isaiah, *Four Essays on Liberty*（Oxford: Oxford University Press, 1969, 1977）。中譯本：以撒・柏林（Isaiah Berlin）著，陳曉林譯，《自由四論》（新北：聯經出版公司，一九八六）。

Brennan, Jason, *Against Democracy*（Princeton, N.J.: Princeton University Press, 2016）。中譯本：劉維仁譯，《反民主：選票失能、理性失調，反思最神聖制度的狂亂與神話》（新北：聯經出版公司，二〇一九）。

Dworkin, Ronald, *Religion without God*（Boston: Harvard University Press, 2013）.

Fei, Hsiao-tung, Chih-i Chang, Paul Cooper and Margaret Park Redfield, *Earthbound China: A Study of Rural Economy in Yunnan*（Chicago: University of Chicago Press, 1945）.

Fingarette, Herbert, *Confucius: The Secular as Sacred*（Prospect Heights, Ill: Waveland Press, 1999）。中譯本：彭國翔、張華譯，《孔子：即凡而聖》（南京：江蘇人民出版社，二〇〇二）。

Friedländer, Paul, *Plato: The Dialogues: Second and Third Periods,* trans. from the German by Hans Meyerhoff（Princeton: Princeton University Press, 1970）.

Fukuyama, Francis, *The End of History and the Last Man*（New York: Free Press; Toronto: Maxwell Macmillan Canada; New York: Maxwell Macmillan International, 1992）.

Horkheimer, Max, and Theodor W. Adorno, *Dialectic of Enlightenmen*（Stanford, Calif.: Stanford University Press, 2002）。中譯本：林宏濤譯，《啟蒙的辯證》（台北：商周出版，二〇〇九）。

Hsu, Francis L. K., *Under the Ancestors' Shadow: Chinese Culture and Personality*（New York: Columbia University Press, 1948）.

Huang, Chun-chieh, *East Asian Confucianisms: Texts in Contexts*（Göttingen and Taipei: V & R Unipress and National Taiwan University Press, 2015）.

Huntington, Samuel P., *The Clash of Civilizations and Remaking of the World Order*（NY: Simon and Schuser. 1996）。中譯參看：杭亭頓著，黃裕美譯，《文明衝突與世界秩序的重建》（新北：聯經出版公司，一九九七）。

James, William, *The Varieties of Religious Experience: A Study in Human Nature*（New York: Longmans, Green & Co., 1909）.

Lakoff, George, *Moral Politics: How Liberals and Conservatives Think*（Chicago: University of Chicago Press, 1996）.

Lau, D.C., trans., *The Analects*（Hong Kong: The Chinese University Press, 1992）.

Lau, D.C., trans., *Mencius*（Hong Kong: The Chinese University Press, 2003）.

Luckmann, Thomas, *The Invisible Religion: The Problem of Religion in Modern Society*（New York: MacMillan Publishing Company, 1967）.

M. Schlesinger, Arthur Jr., *The Disuniting of America: Reflections on a Multicultural Society*（New York: W. W. Norton & Company, 1992）。中譯本：阿瑟．施勒辛格著，馬曉宏譯，《美國的分裂：種族衝突的危機》（新北：正中書局，一九九四）。

Moore, G. E., ed. by William H. Shaw, *Ethics and the Nature of Moral Philosophy*（Oxford: Clarendon Press, 2005）.

Munro, Donald J. *The Concept of Man in Early China*（Stanford, Calif.: Stanford University Press, 1969）。中譯本：丁棟、張興東譯，《早期中國「人」的觀念》（北京：北京大學出版社，二〇〇九）。

Needham, Joseph, *Science and Civilization in China: History of Scientific Thought* Vol.2（Cambridge: Cambridge University Press, 1956）.

Nylan, Michael, and Thomas A. Wilson, *Lives of Confucius: Civilization's Greatest Sage* Through the Ages（New York: Doubleday, 2010）。中譯本：何劍葉譯，《幻化之龍：兩千年中國歷史變遷中的孔子》（香港：香港中文大學，二〇一六）。

Pelikan, Jaroslav, *Jesus through the Centuries: His Place in the History of Culture*（New Haven and London: Yale University Press, 1986）。

Peters, R.S., *Ethics and Education*（London: George Allen and Unwin, 1966）.

Pratt, Mary L., *Imperial Eyes: Travel Writing and Transculturation*（London: Routledge, 2000, c1992）.

Pye, Lucian W., *The Spirit of Chinese Politics*（Cambridge, Mass.: The M. I. T. Press, 1968）.

Rawls, John, A *Theory of Justice*（Cambridge, Mass.: The Belknap Press of Harvard University Press, 1999）。中譯本：何懷宏、何包鋼、廖申白譯，《正義論》（北京：中國社會科學出版社，二〇〇九）。

Runciman, David, *How Democracy Ends*（New York: Basic Books, 2018）。中譯本：梁永安譯，《民主

會怎麼結束：政變、大災難和科技接管》（新北：立緒文化，二〇一九）。
Schwartz, Benjamin I., *The World of Thought in Ancient China*（Cambridge, Mass.: The Belknap Press of Harvard University Press, 1985）.
Shields, Anna M., *One Who Knows Me: Friendship and Literary Culture in Mid-Tang China*（Cambridge, MA.: Harvard University Asia Center, 2015）.
Slaughter, Sheila, and Larry L. Leslie, *Academic Capitalism: Politics, Polices, and the Entrepreneurial University*（Baltimore and London: Johns Hopkins University Press, 1997）.
Solomon, Richard H., *Mao's Revolution and the Chinese Political Culture*（Berkeley, Calif.: University of California Press, 1971）.
Tu, Wei-ming, *Centrality and Commonality: An Essay on Chung-yung*（Honolulu: University of Hawaii Press, 1989, Revised edition）。中譯本：段德智譯，《中庸：論儒學的宗教性》（北京：生活・讀書・新知三聯書局，二〇一三）。
Weber, Max, *Religion of China: Confucianism and Taoism*, trans. by Hans H. Gerth（London: MacMillan Publishing Company, 1951）。中譯本：簡惠美譯，《中國的宗教：儒教與道教》（台北：遠流出版，一九八九）。
Weber, Max, *Methodology of Social Sciences*, trans. and ed. by Edward A. Shils and Henry A. Finch（New York: Routledge Taylor & Francis Group, 2017）。中譯本：黃振華譯，《社會科學方法論》（台北：時報文化，一九九一）。

二、論文

Diamond, Larry, "Facing up to the Democratic Recession," in Larry Diamond and Marc F. Plattner eds., *Democracy in Decline*?（Baltimore: Johns Hopkins University Press, 2015）, pp. 98-118.

Elstein, David, "Why Early Confucianism Can Not Generate Democracy," *Dao: A Journal of Comparative Philosophy*（2010）, Vol. 9, pp. 427-443.

Fogel, Joshua A., "Confucian Pilgrim: Uno Tetsuto's Travels in China, 1906," in his *The Cultural Dimension of Sino—Japanese Relations: Essays on the Nineteenth and Twentieth Centuries*（New York: M. E. Sharp, 1995）, pp. 95-117.

Huang, Chun-chieh, "Historical Thinking in Classical Confucianism: Historical Argumentation from the Three Dynasties," in Chun-chieh Huang and Erik Zürcher eds., *Time and Space in Chinese Culture*（Leiden: E. J. Brill, 1995）, pp. 72-88.

Huang, Chun-chieh, "A Confucian Critique of Samuel P. Huntington's Clash of Civilizations," *East Asian: An International Quarterly*, Vol.16, No.1/2（Spring/summer., 1997）, pp. 147-156。

Huang, Chun-chieh, " 'Time' and 'Supertime' in Chinese Historical Thinking," in Chun-chieh Huang and John B. Henderson eds., *Notions of Time in Chinese Historical Thinking*（Hong Kong: Chinese University Press, 2006）, pp. 19-44.

Huang, Chun-chieh, 'Mencius' Educational Philosophy and Its Contemporary Relevance," *Educational Philosophy and Theory*, Vol. 46, No. 13 (December, 2014), pp. 1462-1473.

Huang, Chun-chieh, " 'Human Governance' as the Moral Responsibility of Rulers in East Asian Confucian Political Philosophy," in Anthony Carty and Janne Nijman eds., *Morality and Responsibility of Rules: European and Chinese Origins of a Rule of Law as Justice for World Order* (Oxford University Press, 2018), pp. 270-291.

Huntington, Samuel P., "The Erosion of American National Interests," *Foreign Affairs*, 76:5 (Sep-Oct,1997): 28-49。

Jung, C.G. "Foreword," in Richard Wilhelm trans., *The I Ching or Book of Changes* (New York: Princeton University Press, 1977), pp. xxi-xxxix.

Li, Chenyang, "A Confucian Solution to the Fungibility Problem of Friendship: Friends like Family with Particularized Virtues," *Dao: A Journal of Comparative Philosophy*, Vol.18, No.4 (December, 2019), pp. 493-508。

Tillman, Hoyt Cleveland, "The Development of Tension between Virtue and Achievement in Early Confucianism: Attitudes toward Kuan Chung and Hegemon (pa) as Conceptual Symbols," *Philosophy East and West*, Vol. 31, No. 1, (January | 1981), pp. 17-28.

人名索引

五劃

六劃

七劃

十一劃

十二劃

十三劃

十四劃

十五劃

十六劃

十七劃

十八劃

十九劃

二十劃

二十一劃

顧炎武

名詞索引

五劃

六劃

七劃

八劃

九劃

十劃

十一劃

十二劃

十三劃

十四劃

十五劃

十六劃

十七劃

二十劃

二十三劃

二十五劃

深叩孔孟

2022年3月初版　　定價：新臺幣480元

著　者	黃俊傑
叢書主編	沙淑芬
校　對	陳佩伶
內文排版	菩薩蠻
封面設計	廖婉茹

出版者	聯經出版事業股份有限公司
地址	新北市汐止區大同路一段369號1樓
叢書主編電話	(02)86925588轉5310
台北聯經書房	台北市新生南路三段94號
電話	(02)23620308
台中分公司	台中市北區崇德路一段198號
暨門市電話	(04)22312023
台中電子信箱	e-mail：linking2@ms42.hinet.net
郵政劃撥帳戶第	0100559-3號
郵撥電話	(02)23620308
印刷者	世和印製企業有限公司
總經銷	聯合發行股份有限公司
發行所	新北市新店區寶橋路235巷6弄6號2樓
電話	(02)29178022

副總編輯	陳逸華
總編輯	涂豐恩
總經理	陳芝宇
社長	羅國俊
發行人	林載爵

行政院新聞局出版事業登記證局版臺業字第0130號

本書如有缺頁，破損，倒裝請寄回台北聯經書房更換。　ISBN 978-957-08-6198-3 (平裝)
聯經網址：www.linkingbooks.com.tw
電子信箱：linking@udngroup.com

國家圖書館出版品預行編目資料

深叩孔孟/黃俊傑著．初版．新北市．聯經．2022年3月．
400面．14.8×21公分
ISBN 978-957-08-6198-3（平裝）

1.CST：孔孟思想 2. CST：儒學

121.2 111000725